Eine Studie über das Bewusstsein

Ein Beitrag zur Psychologie

Annie Besant

Verlag Heliakon

Titel: Eine Studie über das Bewusstsein

Verlag Heliakon

Umschlaggestaltung: Verlag Heliakon

Titelbild: Pixabay (geralt)

www.verlag-heliakon.de
info@verlag-heliakon.de

ISBN: 9783943208-84-9

Inhaltsverzeichnis

Vorwort

Dieses Buch will denen helfen, die das Wachstum und die Entwicklung des Bewusstseins erforschen wollen und Winke und Anregungen geben, die ihnen vielleicht nützen können. Es beansprucht nicht, eine erschöpfende Darstellung des Gegenstandes zu sein, sondern, wie der Untertitel angibt, mehr ein Beitrag zur Wissenschaft der Psychologie. Viel umfassenderes Material, als mir zu Gebot steht, ist für eine irgendwie erschöpfende Darstellung der vielseitigen Wissenschaft nötig, die sich mit der Entfaltung des Bewusstseins befasst. Dieses Material sammelt sich allmählich immer mehr an, aber bis jetzt hat noch keiner den Versuch gemacht, es zu ordnen und ein systematisches Ganze daraus herzustellen.

In diesem kleinen Band habe ich nur einen geringen Teil dieses Materials bearbeitet, hoffe aber, dass es dem einen oder anderen, der das große Feld der Entwicklung des Bewusstseins beackert, Nutzen bringt und dass es in der Zukunft als ein Stein in dem vollendeten Bau dienen wird. Ein großer Architekt ist dazu nötig, den Plan zu dem Tempel der Erkenntnis zu entwerfen und geschickte Bauleute, um das Gebäude zu errichten; sei es genug für den Augenblick, eine Lehrlingsarbeit zu leisten und den rohen Stein zum Gebrauch für den sachkundigen Baumeister zuzubereiten.

Annie Besant.

Erster Teil – Das Bewusstsein

Einleitung

Die Entfaltung des Bewusstseins in den Wesen, zu deren Entwicklung ein Sonnensystem als Feld dient, ist ein sehr schwieriger Gegenstand der Untersuchung; keiner von uns kann zur Zeit hoffen, mehr zu leisten, als einen geringen Teil des komplizierten Ganzen zu bemeistern; aber es ist vielleicht möglich, auf diese Weise doch einen Teil der Lücke in unsrer Erkenntnis auszufüllen und uns einige leidlich klare Umrisse zu liefern, die uns zu einem Plan für unsre weiteren Arbeiten verhelfen können. Wir vermögen jedoch diese Umrisse in einer den Verstand befriedigenden Weise nicht darzustellen, wenn wir nicht vorher unser Sonnensystem als Ganzes betrachten und versuchen, uns eine wenigstens ungefähre Vorstellung von den Anfängen eines solchen Systems zu machen.

§ 1. Die Anfänge

Wir haben gelernt, dass die Materie in einem Sonnensystem in sieben großen Abarten oder *Ebenen* existiert; auf dreien von diesen, der physischen, der emotionellen (astralen) und der mentalen, oft als *die drei Welten* bezeichnet, die wohlbekannten Triloki oder Tribhuvanam der Hindu-Kosmogonie, spielt sich die normale Entwicklung der Menschheit ab. Auf den zwei nächst höheren, den spirituellen Ebenen – denen der Weisheit und der Macht, von Buddhi und Atma – verläuft die besondere Entwicklung der Initiierten, nach der ersten der *großen Initiationen* (Einweihungen). Diese fünf Ebenen bilden das Feld der Entwicklung für das Bewusstsein des Menschen, bis dies in dem göttlichen Bewusstsein aufgeht.

Die zwei Ebenen über diesen fünf stellen die Sphäre für die göttliche Tätigkeit dar, sie umgeben alles und fassen alles ein; ihnen entströmen alle göttlichen Kräfte, die das ganze System beleben und erhalten. Sie sind zurzeit vollständig über unsere Erkenntnis erhaben und die wenigen Winke, die uns über sie gegeben sind, bringen uns wahrscheinlich so viel Kunde, wie unser beschränktes Fassungsvermögen begreifen kann. Es ist uns gesagt, dass es die Ebenen des göttlichen Bewusstseins sind, das Feld für die Manifestation des Logos (oder der göttlichen Dreieinigkeit, der drei Logoi), von wo er seine Strahlen aussendet als Schöpfer, Erhalter und Zerstörer, ein Universum entwickelt, es während dessen Lebens-Periode erhält und es schließlich in sich zurückzieht. Auch der Name dieser zwei Ebenen ist uns mitgeteilt; die niedere heißt die Annpâdaka, die, in welcher *noch kein Vehikel geformt worden ist*[1]; die höhere ist die Adi – *die erste*, das Fundament, der Ursprung des Universums, dessen Stütze und Quelle seines Lebens.

Wir haben so die sieben Ebenen eines Universums, eines Sonnensystems, das, wie wir aus dieser kurzen Beschreibung ersehen, aus drei Gruppen besteht: I. das Feld, nur für die Manifestation des Logos; II. das Feld für die übernormale menschliche Entwicklung, für die der Initiierten; III. das Feld der elementaren, mineralischen, pflanzlichen, tierischen und normal menschlichen Entwicklung.

Wir können diese Tatsachen tabellarisch darstellen wie folgt:

I. Das Feld für die Manifestation des Logos:

    1. Adi-Ebene

    2. Anupâdaka-Ebene

II. das Feld für die übernormale menschliche Entwicklung:

    3. Atma-Ebene

    4. Buddhi-Ebene

III. das Feld der elementaren mineralischen, pflanzlichen, tierischen u. normalen menschliche Entwicklung:

    5. Mentale Ebene

    6. Emotionelle Ebene

    7. Physische Ebene

Man hat sich die zwei höchsten Ebenen als schon vorhanden zu denken, vor dem das Sonnensystem entstand; die höchste, die Adi, besteht aus soviel Materie des Raumes [matter of space] (als Punkte zu symbolisieren), als der Logos vorgesehen hat, um daraus die materielle Grundlage des hervorzurufenden Sonnensystems zu gestalten.

Wie ein Werkmeister das Material auswählt, das er zu seinem Werk verarbeiten will, so wählt auch der Logos die Materie und den Ort aus für sein Universum.

Ähnlich mögen wir uns vorstellen, dass die Anupâdaka (symbolisiert durch Linien) aus dieser selben Materie besteht, nur modifiziert durch des Logos individuelles Leben, *gefärbt*, um einen bezeichnenden bildlichen Ausdruck zu gebrauchen, durch sein allbeseelendes Bewusstsein, wodurch sie sich in gewisser Weise von der Materie der entsprechenden Ebene anderer Sonnensysteme unterscheidet. Es wird uns gesagt, dass die Haupt-Vorgänge in dieser vorbereitenden Tätigkeit durch gewisse Symbole dargestellt werden können; von diesen sind uns zwei Gruppen gegeben worden, von denen die eine die dreifache Manifestation des Logos-Bewusstseins kennzeichnet und die andere die dreifache Veränderung in der Materie, entsprechend dem dreifachen Leben, – die Lebens- und die Form-Aspekte der drei Logoi. Wir können sie nebeneinanderstellen als gleichzeitige Vorgänge:

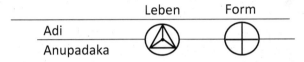

Wir haben hier unter *Leben* den ursprünglichen Punkt in der Mitte des Kreises, den Logos als das Eine, innerhalb des sich selbst gesetzten Kreis-Umfanges aus feinster Materie, in die er sich eingeschlossen hat, zum Zweck der Manifestation, zum Zweck des Ausströmens des Lichtes aus der Finsternis.

Es entsteht sofort die Frage: weshalb drei Logoi? Obgleich wir hier an die tiefste Frage der Metaphysik rühren, die (auch nicht einmal vollständig) auseinanderzusetzen einen ganzen Band in Anspruch nehmen würde, müssen wir hier doch die Antwort andeuten und es dem eingehenden Nachdenken überlassen, sie auszuarbeiten.

In der Analyse von allem, was existiert, kommen wir zu der großen allgemeinen Wahrheit: Alles ist zu sondern in ein *Ich* und ein *Nicht-Ich*, ein *Selbst* und ein *Nicht-Selbst*. Jedes einzelne gehört zu der einen oder der anderen Abteilung, – zum *Selbst* oder zum *Nicht-Selbst*. Es gibt nichts, was nicht bei der einen oder der anderen untergebracht werden kann. *Selbst ist Leben, Bewusstsein, Nicht-Selbst ist Materie, Form.*

Hier haben wir also eine Zweiheit, eine Dualität. Aber diese Zwillinge sind nicht zwei getrennte Dinge, isoliert und ohne Zusammenhang; es besteht ein fortdauerndes Verhältnis zwischen beiden, ein fortwährendes Annähern und Zurückziehen, ein Eins werden und eine Wieder-Trennung; dieses Hin- und Herschieben stellt sich dar als das ewig veränderliche Universum. So haben wir eine Dreiheit, nicht eine Zweiheit – das Selbst, das Nicht-Selbst und das Verhältnis zwischen ihnen. Alles ist darin einbegriffen, alle Dinge und alle Verhältnisse tatsächliche und mögliche. Daher liegt die Dreiheit – keine kleinere und keine größere Zahl – allen Universen zusammen und jedem Universum im einzelnen zugrunde.[2]

Diese Grund-Tatsachen legen dem Logos eine Dreifaltigkeit der Manifestation in einem Sonnensystem auf, und es geht daher das Eine, der Punkt, in drei Richtungen nach dem Umfang des Kreises der Materie, und kehrt auf sich selbst zurück und stellt so an jedem der drei Berührungspunkte mit dem Umkreis einen verschiedenen Aspekt dar, – die drei fundamentalen Ausdrucksweisen des Bewusstseins:

Wille, Weisheit und Tätigkeit – die göttliche Triade oder Dreifaltigkeit[3]. Denn das universelle Selbst, das Pratyag âtmâ, das *Innen-Selbst*, das an das Nicht-Selbst denkt, identifiziert sich mit diesem und nimmt dadurch an seinem Wesen teil; das ist die göttliche *Tätigkeit*. Sat, Dasein, das dem Nicht-Daseienden verliehen wird, der universelle denkende Geist[4]. Das Selbst, das sich selbst erkennt, ist Weisheit, Chit, das Prinzip der Erhaltung. Das Selbst, das sich von dem Nicht-Selbst in seine eigene, eigentliche Natur zurückzieht, ist Seligkeit (Bliss), Ananda, befreit von der Form.

Jeder Logos eines Universums wiederholt dies universelle Selbst-Bewusstsein: in seiner Tätigkeit ist er der schöpferische, denkende Geist, Kriyâ, dem universellen Sat entsprechend – dem Brahma der Hindu, dem Heiligen Geist der Christen, dem Chochmah der Kabbalisten. – In seiner Weisheit ist er die erhaltende, ordnende Vernunft, Jnâna – dem universellen Chit entsprechend, dem Vishnu der Hindu, dem *Sohn* der Christen, dem Binah der Kabbalisten. In seiner Seligkeit ist er der Auflöser der Formen, der Wille, Ichchhâ – dem universellen Ananda entsprechend, dem Shiva der Hindu, dem *Vater* der Christen, dem Kether der Kabbalisten.

So treten in jedem Universum die drei Logoi auf, die drei Wesenheiten, die ihr Universum schaffen, erhalten und zerstören; jede zeigt bei ihrem Wirken im Weltall vorherrschend den einen Hauptaspekt, dem die beiden anderen untergeordnet sind; aber auch diese sind in jeder Wesenheit natürlich stets gegenwärtig. Daher spricht man von jedem in Tätigkeit getretenen Gott als einer Dreieinigkeit. Die Vereinigung dieser drei Aspekte oder Phasen der Manifestation an ihren äußeren Berührungspunkten mit dem Umkreis ergibt das grundlegende Dreieck der Berührung mit der Materie, das mit den drei anderen Dreiecken, die durch die Hinzunahme der Bewegungs-Linien des Punktes entstehen, die göttliche Tetraktys bildet, manchmal die kosmische Vierheit (quaternary) genannt: die drei göttlichen Aspekte in Verbindung mit der Materie – zur Schöpfung bereit. Diese bilden ein Ganzes, die *Oberseele*[5] des Kosmos, der entstehen soll.

Bezüglich der Form mögen wir zunächst auf die Wirkung dieser Aspekte blicken, auf die Reaktion der Materie ihrerseits auf diese Aspekte. Diese sind natürlich nicht dem Logos eines Systems eigentümlich, sondern entstehen aus den Beziehungen der universellen Materie zu den drei Aspekten oder Seiten des universellen Selbst.

Die Seite der Seligkeit oder des Willens gibt der Materie die Eigenschaft der Beharrung – Inertia – Tamas – die Macht des Widerstandes, der Beständigkeit, der Ruhe. Die Seite der Tätigkeit gibt der Materie seine Reaktionsfähigkeit auf äußere Einwirkung – Rajas – Beweglichkeit. Der Aspekt der Weisheit ist Rhythmus – Satva – Schwingung, Harmonie. Mithilfe der so vorbereiteten Materie können die Aspekte des Logos-Bewusstseins sich als Wesen manifestieren.

Der Logos – noch nicht der *erste*, da noch kein zweiter vorhanden – ist als ein Punkt darzustellen, der einen Kreis von Materie ausstrahlt und der ihn umgibt als das Feld des kommenden Universums; *er ist funkelnd in unvorstellbarem Glanz, ein wahrer Berg des Lichts*, wie Manu sich ausdrückt, aber das Licht ist unsichtbar, außer auf den spirituellen Ebenen.

Dieser große Kreis, diese große Sphäre ist auch wohl die primäre Substanz, die Urmaterie, genannt worden; sie ist der selbst bedingte Logos, in jedem Punkt ungetrennt von der Materie, die er seinem Universum angepasst hat, bevor er sich in seiner zweiten Manifestation ein wenig davon zurückzieht; es ist die Sphäre des sich selbstbedingenden Willens, welcher zur schöpferischen Tätigkeit führen wird: *Ich bin Das*, wenn das *Das* als das Nicht-Selbst erkannt wird.

Symbolisch ausgedrückt – um die Vorstellung der Form zu geben, wie sie von der Seite der Erscheinung aus gesehen wird – schwingt der Punkt zwischen Mittelpunkt und Umkreis hin und her und zieht so die Linie, die das Auseinanderrücken von Geist-(Spirit) Materie markiert[6] und macht dadurch das Erkennen möglich, und erzeugt so die Form für den zweiten Aspekt, das Wesen, das wir den zweiten Logos nennen, symbolisch dargestellt durch die Linie oder den Durchmesser des Kreises.

In Beziehung hierauf heißt es in mystischer Sprache: *Du bist mein Sohn, heute habe ich Dich gezeuget* (Ps. II, 7). Dies Verhältnis von Vater zu Sohn, des ersten zum zweiten Logos, innerhalb der Einheit des göttlichen Seins, erstreckt sich natürlich auf den *Tag* der Manifestation – der Lebensperiode eines Universums.

Es ist die Zeugung des Sohnes, die Erscheinung der Weisheit, des zweiten Logos, die in der Welt der Form durch die Differenzierung, das Auseinanderrücken von Geist und Materie markiert wird – der beiden Pole des Webstuhls, zwischen denen das Gewebe des Universums gewoben wird, die Spaltung gleichsam der neutralen, inaktiven Elektrizität – die den ersten Logos symbolisieren mag – in die zwiefache Form der positiven und negativen Elektrizität. –

Das Symbol des zweiten Logos, wodurch das Unmanifestierte manifestiert, das Ungeoffenbarte geoffenbart wird.

Diese Trennung innerhalb des ersten Logos zeigt sich uns sinnbildlich sehr deutlich in der Vorbereitung zur Vervielfältigung der Zellen, die wir auf der physischen Ebene studieren können; wir sehen hier den Prozess, der schließlich dazu führt, dass eine Trennungswand auftritt, wodurch aus einer Zelle zwei werden.

Denn alles, was *hier unten* geschieht, ist nur ein Wiederschein in grober Materie von den Vorgängen auf höheren Ebenen und wir können oft für unsere lahme Vorstellungskraft in unserem Stadium der physischen Entwicklung eine Krücke finden. *Wie oben, so unten.* Das Physische ist der Reflex des Spirituellen.

Dann schwingt der Punkt mit der Linie, die sich mit ihm bewegt, in rechtem Winkel zur vorherigen Schwingung und so entsteht das Kreuz

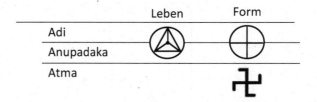

noch innerhalb des Kreises, das Kreuz, das auf diese Weise *hervorgeht aus dem Vater und dem Sohn*, das Symbol des dritten Logos, der schöpferischen Intelligenz, der göttlichen Tätigkeit, jetzt fertig und bereit zur Manifestation als Schöpfer. Dann manifestiert er sich als das aktive Kreuz – die Swastika (Hackenkreuz), der erste der Logoi, der sich außerhalb der zwei höchsten Ebenen manifestiert – obschon selbst die dritte Stufe der göttlichen Entfaltung.

§ 2. Die Entstehung der Monaden

Bevor wir jedoch die schöpferische Tätigkeit des dritten Logos betrachten, müssen wir die Entstehung der Monaden besprechen, der Einheiten des Bewusstseins, zu deren Entwicklung in der Materie das zu schaffende Universum als Feld dienen soll. Wir werden im zweiten Kapitel gründlicher auf sie zurückkommen. Die Myriaden solcher Einheiten, die sich in dem kommenden Universum entwickeln sollen, sind innerhalb des göttlichen Lebens erzeugt, wie Keimzellen im Organismus, vordem das Feld ihrer Entwicklung Gestalt gewonnen hat. Von diesem Hervorbringen steht geschrieben: Das fasste den Entschluss: Ich will mich vervielfältigen und geboren werden[7] und die Vielen entstanden in dem Einen durch diesen Willensakt. Der Wille hat seine zwei Seiten, die der Anziehung und der Abstoßung, des Einatmens und des Ausatmens, und wenn die Abstoßungs-(die Ausatmungs-)Phase wirkt, dann entsteht eine Trennung, ein Auseinandergehen.

Diese Vervielfältigung innerhalb des Einen durch die Betätigung des Willens bezeichnet den ersten Logos, den ungeteilten *Herrn*, den ewigen Vater als die Stelle des Ursprungs der Monaden.

Diese sind die Funken des höchsten Feuers, die *Teile des Göttlichen* (*divine fragments*),[8] allgemein die *Monaden* genannt. Eine Monade ist ein Bruchteil des göttlichen Lebens, die als ein individuelles Wesen durch eine zarte Hülle allerfeinster Materie abgesondert ist, einer Materie, die jeder eine abgesonderte Form gibt, aber so fein ist, dass sie dem freien Verkehr eines so eingeschlossenen Lebens mit den ähnlichen Leben um sie her kein Hindernis bietet.

Das Leben der Monade ist also das des ersten Logos und hat daher seine drei Aspekte; das Bewusstsein tritt als Wille, Weisheit und Tätigkeit auf; diese Lebennehmen Form an auf der Ebene der göttlichen Manifestation, auf der zweiten, der Anupâdaka; Söhne sind sie des Vaters,, gerade wie es der zweite Logos ist, nur jüngere Söhne, nicht begabt mit den göttlichen Kräften, in einer Materie zu wirken, die dichter ist, als die dieser hohen Ebenen, während er, mit der unendlichen Zeit der Entwicklung hinter sich, reif ist seine göttlichen Kräfte auszuüben, *der Erstgeborene unter vielen Brüdern.*[9]

Ganz richtig weilen sie auf der Anupâdaka-Ebene, mit den Wurzeln ihres Lebens auf der Adi-Ebene, bis jetzt noch ohne Vehikel, in dem sie ihrem Wesen Ausdruck geben können und warten auf den Tag der *Offenbarung der Söhne Gottes.*[10]

Hier verbleiben sie, während der dritte Logos das Werk der Manifestation nach außen beginnt, die Gestaltung des objektiven Universums. Er beginnt, sein Leben in die Materie strömen zu lassen, sie zu einem Material zu gestalten, das sich zur Bildung von Vehikeln eignet, die die Monaden zu ihrer Entwicklung bedürfen. Aber er geht nicht ganz auf in diesem Wirken, denn, so umfassend, wie es uns erscheint, für ihn ist es nur eine geringe Sache. *Während ich das ganze Universum mit einem Teil meiner selbst durch drangen habe, bleibe ich selbst.*[11] Diese wunderbare Individualität hat sich nicht aufgelöst; ein Teil von ihr genügt schon für das Leben des Kosmos. Der Logos, die Oberseele, ist beständig da und bleibt der Gott seines Universums.

I. – Die Bereitung des Feldes

§ 1. Die Bildung des Atoms

Der dritte Logos, der universelle, denkende Geist (mind) beginnt seine schöpferische Tätigkeit damit, dass er auf die Materie einwirkt, die er aus dem unendlichen Raum zum Zweck der Bildung unsres Sonnensystems von allen Seiten herbeigezogen hat. Diese Materie existiert im Raum in Formen, die wir nicht begreifen können, aber sie ist jedenfalls schon für die Bedürfnisse weiterer Systeme zugerichtet. H. P. Blavatsky hat uns gelehrt, dass die atomischen Unterebenen unsrer Ebenen zusammen die erste oder unterste kosmische Ebene bilden. Wenn wir die Atome dieser kosmischen Ebene uns symbolisch als musikalische Töne vorstellen, dann können wir unsre Atome, wie sie der dritte Logos formt, als die Obertöne der anderen ansehen.

So viel scheint klar, dass sie zu den *Raum-Atomen* (*atoms of space*) in naher Beziehung stehen, ihnen entsprechen, jedoch in ihrer jetzigen Gestalt nicht mit ihnen identisch sind. Aber jedenfalls sind die sieben Typen der Materie, die zu unsern *Atomen* werden, vorgezeichnet, vorgedeutet in der Materie, die aus dem Raum zusammengezogen wurde, um unser Sonnensystem zu bilden und sie werden schließlich wieder zur Urform zurückkehren.

H. P. Blavatsky deutet auf diese wiederholte Sieben-Teilung in Atome niedrigeren und niedrigeren Grades hin, wenn sie schreibt: *Das eine kosmische Atom wird zu sieben Atomen auf der Ebene des Stoffes und ein jedes wird in ein Energie-Zentrum umgewandelt; dieses selbe Atom wird :zu sieben Strahlen auf der Ebene des Geistes.. . geschieden bis zum Ende des Kalpa und doch in enger Umarmung.*[12]

Außerhalb der Grenzen eines Universums ist diese Materie in einem sehr eigenartigen Zustand; die drei Eigenschaften der Materie, Beharrungsvermögen, Beweglichkeit und Rhythmus[13] sind im Gleichgewicht und lieben sich einander auf. Man kann sie sich als in einem Kreis eingeschlossen vorstellen – in voller Ruhe. Tatsächlich wird in einigen alten Büchern die Materie als Ganzes als in einem Zustand der Beharrung beschrieben. Sie wird auch als Jungfrau bezeichnet; es ist die himmlische Jungfrau Maria, das Meer jungfräulicher Materie, die die Mutter werden soll durch die Tätigkeit des dritten Logos.

Die schöpferische Tätigkeit beginnt damit, jenen geschlossenen Kreis aufzubrechen, das stabile Gleichgewicht der drei Eigenschaften in ein unstabiles zu verwandeln. Leben ist Bewegung und das Leben des Sonnen-Logos – sein Odem, wie es poetisch genannt wird, – berührt diese ruhende Materie, wirft die Eigenschaften in den Zustand unstabilen Gleichgewichts und daher der fortwährenden Veränderung ihrer Verhältnisse zueinander. Während der Lebensperiode eines Universums ist die Materie fortwährend im Zustand unaufhörlicher Bewegung. H. P. Blavatsky sagt: *Fohat härtet und zerstreut die sieben Brüder ... elektrisiert den Urstoff oder die vorweltliche Materie zum Leben und trennt sie in Atome.*[14]

Die Bildung der Atome hat drei Stufen. Zuerst wird die Weite festgesetzt, innerhalb welcher dies beseelende Leben – das Leben des Logos – in dem Atom vibrieren soll; diese Begrenzung, die festgestellte Schwingungsweite der Vibration wird technisch *das göttliche Maß* genannt;[15] dies gibt den Atomen einer Ebene ihre bestimmte Eigenart. Zweitens markiert der Logos, diesem göttlichen Maße nach, die Linien, die die Gestalt des Atoms bestimmen: die grundlegenden Achsen und ihre Winkelverhältnisse zu einander, die für seine Form entscheidend sind und dem entsprechenden kosmischen Atom gleichen.[16] Die genaueste Analogie zu diesen finden wir in den Achsen der Kristalle. Drittens wird aufgrund des Schwingungsmaßes und des Winkelverhältnisses der Achsen die Größe und äußere Form bestimmt, gleichsam die Oberfläche und die Außenwand des Atoms. So haben wir in jedem Atom das Maß des beseelenden Lebens, seine Achsen und seine einschließende Oberfläche oder Wand.

Von diesen Atomen erschafft der dritte Logos fünf verschiedene Arten, die fünf verschiedenen *Maße*, mit ihren entsprechenden fünf verschiedenen Schwingungsweisen und jede dieser Arten bildet das grundlegende Material einer Ebene, jede Ebene, so verschieden auf ihr auch die Dinge sein mögen, hat ihren eigenen Grundtypus des Atoms, auf den jedes dieser Dinge zurückgeführt werden kann.

§ 2. Geist-Materie

Die Bezeichnung Geist-Materie wird vielleicht richtiger beurteilt und verstanden werden, wenn wir einen Augenblick bei der Bildung der Atome der aufeinanderfolgenden Ebenen verweilen. Für jedes System ist die Materie des umgebenden Raumes die Urmaterie, die Wurzel der Materie, Mulaprakriti, wie der sehr bezeichnende Hinduname lautet. Die Materie eines jeden Systems hat diese Materie der Umgebung als Wurzel oder Basis und seine eigene besondere Materie entwächst dieser Wurzel, entwickelt sich aus dieser.

Der Logos, die Oberseele des Systems, die die nötige Materie aus dem Raum an sich heranzieht, beseelt sie mit seinem eigenen Leben und das Leben in dieser zarten Materie, diesem Mulaprakriti, ist das Atma, das Selbst, der Geist (Spirit) in jedem kleinsten Teilchen. Fohat, die Energie des Logos, *bohrt Löcher in den Raum*, wie H. P. Blavatsky sich ausdrückt und keine Beschreibung könnte besser und zutreffender sein. Diese wirbelnde Kraft bildet unzählige Strudel, jeder durch die göttliche Energie und die Achsen gestaltet, jede in der Materie des Raumes eingeschlossen – Atome in der Hülle, der Schale von Mulaprakriti, Geist in der Schale von Materie – die Atome von Adi auf der höchsten Ebene; das sind die ersten.

Eine Anzahl von diesen bleiben Atome, andere schließen sich zusammen und bilden *Moleküle*; Moleküle schließen sich wiederum zusammen und bilden mehr und mehr zusammengesetzte *Molekular-Verbindungen* und so fort, bis sich sechs Unterebenen neben der atomischen gebildet haben. (Dies ist nur eine Analogie von dem, was auf den unteren Ebenen beobachtet werden kann, denn die höchsten sind nicht zu erfassen).

Nun kommt die Bildung der Atome der zweiten Ebene. Ihr Maß und ihre Achsen werden, wie oben beschrieben, vom dritten Logos bestimmt, und dann zieht eine Anzahl der Atome von Adi, der ersten Ebene, durch ihre wirbelnde Bewegung eine Hülle um sich, die aus Molekülen ihrer eigenen niedrigsten Unterebene besteht, der Geist plus seiner eigenen ursprünglichen Hülle aus kosmischer Materie (Mulaprakriti), oder das Atom der ersten Ebene ist der Geist (spirit) der zweiten Ebene, welcher nun die neue Hülle, die aus der niedrigsten Kombination seiner selbst besteht, erfüllt und durchdringt. Diese so beseelten Hüllen oder Schalen sind die Atome der Anupâdaka-Ebene, der zweiten. Durch die Bildung immer komplizierterer Aggregate dieser Atome treten die übrigen sechs Unter-Ebenen ins Dasein.

Eine Anzahl der Atome der Anupâdaka-Ebene bekleidet sich in gleicher Weise mit Aggregaten ihrer eigenen niedrigsten Unterebene und diese werden so zu Atma-Atomen und der *Geist* ist nun mit zwei Hüllen bekleidet, innerhalb seiner Atom-Wand von Aggregaten aus der niedersten Anupâdaka-Unterebene, und der ursprüngliche Geist oder das ursprüngliche Leben plus seinen beiden Hüllen ist als der Geist der Atma-Ebene zu bezeichnen und die Wand des Atoms als dessen Materie. Dies Atom noch einmal eingehüllt in die Aggregate der niedersten Atma-Unterebene wird das Atom der Buddhi-Ebene; der *Geist* auf der Buddhi-Ebene hat demnach drei einschließende Hüllen innerhalb der Atom-Wandung aus niedrigsten Atma-Aggregaten.

Auf der Mental-Ebene hat der *Geist* eine vierfache Hülle innerhalb der Atom-Wand, auf der astralen eine fünffache, und auf der physischen eine sechsfache, jedes Mal außer der Atom-Wand selbst. Aber der Geist (spirit) plus allen seinen Hüllen, außer der äußersten, ist immer als der Geist der betreffenden Ebene zu betrachten und nur die äußere Schale, die Wandung, als Form, als Körper. Diese Involution des Geistes ist es, die eine Evolution ermöglicht und so kompliziert die Beschreibung klingen mag, das Prinzip ist einfach und leicht zu begreifen. – In Wahrheit kann man also überall von *Geist-Materie* sprechen.

§ 3. Die Unterebenen

Nun sind aber die Uratome der physischen Ebene nicht die Atome der modernen Chemiker; die Uratome schließen sich zusammen zu Gruppen und bilden *Zustände der Materie* (Aggregat-Zustände) und das chemische Atom mag zum fünften, sechsten oder siebten Zustand gehören, zu dem der Gase, der flüssigen oder der festen Körper.

Vertraut sind wir mit dem gasförmigen, flüssigen und festen Zustand der Materie, oder, wie sie häufig genannt werden, den gasförmigen, flüssigen und festen Unterebenen; über der gasförmigen existieren noch vier weniger bekannte, die drei ätherischen Aggregatzustände oder Unterebenen und der wirklich atomische Zustand oder die atomische Unterebene. Diese wirklichen Atome sind zu Gruppen aggregiert, die dann als Einheiten wirken und diese Atomgruppen werden Moleküle genannt; die Atome werden in einem Molekül durch eine gewisse magnetische Anziehungskraft zusammengehalten und die Moleküle auf jeder Unterebene sind im Verhältnis zueinander geometrisch nach Achsen gruppiert, die mit den Achsen in den Atomen der entsprechenden (Haupt-)Ebene identisch sind.

Durch die Gruppierungen von Atomen zu Molekülen, und von einfacheren Molekülen zu zusammengesetzteren entstehen unter der leitenden Tätigkeit des dritten Logos, der Reihe nach die Unter-Ebenen jeder (Haupt-)Ebene, bis das Feld der Entwicklung, das aus fünf Ebenen, jede mit sieben Unterebenen, besteht, vollendet ist. (Die erste und zweite, über den fünfen, liegen außerhalb dieses Feldes.)

Aber man muss nicht annehmen, dass diese sieben Unterebenen, wie sie der dritte Logos gestaltet hat, mit denen identisch sind, wie wir sie jetzt vorfinden. Nehmen wir die physischen Unterebenen als Beispiel, so stehen sie ungefähr in demselben Verhältnis zu den jetzigen, wie das, was die Chemiker Proto-Wasserstoff nennen[17], zu dem jetzigen chemischen Element Wasserstoff steht, von dem angenommen wird, dass es aus dem ersteren entstanden ist. Der jetzige Zustand ist nicht durch das Wirken des dritten Logos allein hervorgebracht, in welchem die *Tätigkeit* vorwiegt; die stärker zusammenziehenden Kräfte (die der Kohäsion) des zweiten Logos, der Weisheit und daher der Liebe musste ergänzend hinzukommen.

Es ist wichtig, sich stets zu vergegenwärtigen, dass die Ebenen sich durchdringen, und dass entsprechende Unterebenen direkte Beziehungen zueinander haben und nicht in Wirklichkeit durch dazwischenliegende Schichten dichterer Materie getrennt sind. Also dürfen wir uns nicht vorstellen, dass die atomischen (höchsten) Unterebenen durch sechs Unterebenen von immer wachsender Dichtigkeit voneinander getrennt sind, sondern dass sie in unmittelbarer Verbindung mit einander stellen. Wir können dieses durch folgende Zeichnung versinnbildlichen.

Diese Figur (*nächste Seite oben*) ist selbstverständlich nur eine systematische Darstellung, kein Gemälde, – das will sagen, sie stellt Verhältnisse dar, nicht wirkliche Zustände, – das Verhalten der Ebenen zueinander infolge ihrer gegenseitigen Durchdringung, und nicht 49 einzelne Backsteine, die in sieben Reihen übereinander angeordnet wären.

Dies Verhältnis nun ist sehr wichtig, denn es begreift in sich, dass das Leben auf dem kurzen Wege der in Verbindung stehenden atomischen Unterebenen von Ebene zu Ebene strömen kann und nicht notwendigerweise die ganze Reihe der sechs molekularen Unterebenen durchlaufen

	Leben	Form						
Adi								
Anupadaka								
Atma (Äther)	Atomische Unterebenen	Unter-atomische Unterebenen	Unter-ätherische Unterebenen	Ätherische Unterebenen	Gasförmige Unterebenen	Flüssige Unterebenen	Feste Unterebenen	
Buddhi (Luft)								
Manas (Feuer)								
Kama (Wasser)								
Sthula (Erde)								

muss, um auf seinem Abstieg die nächste atomische Unterebene zu erreichen. Tatsächlich werden wir denn auch bald finden, dass Lebensströme diesen Atom-Weg von der Monade nach der physischen Ebene hinab verfolgen.

Wenn wir jetzt ein physisches Atom betrachten und es als ein Ganzes ins Auge fassen, dann sehen wir einen Wirbel von Leben, dem Leben des dritten Logos, von unfassbarer Geschwindigkeit. Durch Anziehung zwischen diesen Wirbeln entstehen die Moleküle und aus der Gesamtheit dieser die Unterebenen. An der Außenwand, der Oberfläche dieser wirbelnden Strudel, finden wir Spiralen, wirbelnde Ströme, jede im rechten Winkel zu dem Strom innen und zu dem aussen. Diese wirbelnden Ströme wurden durch das Leben der Monade hervorgerufen, nicht durch das Leben des dritten Logos, und sind auf dem frühesten Stadium, das wir betrachten, noch nicht vorhanden; sie entfalten einer nach dem anderen ihre volle Tätigkeit im Lauf der Entwicklung, normalerweise je eine in jeder Runde; ihre Anfangsspuren sind freilich durch die Einwirkung des zweiten Logos in der vierten Runde alle vorhanden, aber der Lebensstrom der Monade zirkuliert nur in vieren von ihnen, die anderen drei sind nur leise angedeutet.

Die Atome der höheren Ebene sind nach dem gleichen allgemeinen Plan gestaltet, so weit es den zentralen Wirbel des Logos, und die ihn umschließenden Ströme betrifft, aber über alle Einzelheiten wissen wir jetzt noch nichts Näheres. Viele Yoga-Übungen gehen darauf hinaus, die schnellere Entwicklung der Atome dadurch herbeizuführen, dass sie die Arbeit der Monade, die Spiralen zu beleben, beschleunigen. Wenn diese Ströme des monadischen Lebens zu den Leben in dem Wirbel des Logos hinzutreten, dann wird der Ton des Lebens reicher und reicher in seiner Fülle. Wir können den Zentral-Wirbel mit dem Grundton vergleichen, die wirbelnden Außen-Ströme mit den Obertönen; jedes Mal wenn ein Oberton hinzutritt, bereichert er den ganzen Ton etwas an Fülle. Neue Kräfte, neue Schönheiten vervollständigen so fortwährend die Harmonie des siebenfachen Lebens-Akkordes.

§ 4. Die fünf Ebenen

Die verschiedenen Antworten, welche die Materie der Ebenen auf den Impuls des Bewusstseins geben wird, hängen von dem Werk des dritten Logos ab, von dem *Maß*, nach welchem er den Atomen die Schranken ihrer Tätigkeit auferlegt hat. Das Atom jeder Ebene hat sein eigenes Maß, wie wir gesehen haben, und dies begrenzt seine Fähigkeit der Antwort, seine vibrierende Tätigkeit, und gibt ihm seinen besonderen Charakter. Wie das Auge so konstruiert ist, dass es ihm möglich ist, auf bestimmte Schwingungen des Äthers zu antworten, d. h. mit zu schwingen, so ist auch das Atom jeder dieser fünf Arten derartig konstruiert, dass es auf eine bestimmte Klasse von Schwingungen antworten – mitschwingen kann. Die Materie der einen Ebene wird die *Mental-Materie* (Denk-Materie) genannt, weil das *Maß* ihrer Atome sie fähig macht, hauptsächlich auf eine Reihe, eine gewisse Klasse von Schwingungen zu antworten, die von der Erkenntnisseite des Logos ausgehen, und durch die Schöpfer-Tätigkeit modifiziert sind.[18]

Eine andere heißt die Ebene der *Begierden-Materie*, da das *Maß* ihrer Atome zu ihrer hauptsächlichen Schwingungsweise die macht, die auf eine bestimmte Klasse von Schwingungen, die des Willens[19]-Aspektes des Logos, antwortet.

Jeder Atom-Typus hat so seine eigene besondere Fähigkeit der Antwort, die durch sein eigenes Schwingungsmaß bestimmt wird. In jedem Atom liegen unzählige Möglichkeiten der Antwort auf die drei Aspekte des Bewusstseins, und diese Möglichkeiten im Atom werden im Lauf der Entwicklung sich zu Fähigkeiten des Atoms entfalten. Aber die Grenzen dieser Fähigkeiten, zu antworten und der Charakter der Antwort, sind durch die ursprüngliche Einwirkung des dreifachen *Selbst* auf das Atom bestimmt, so wie durch das Maß, das der dritte Logos ihnen auferlegt hat. Er gibt der Materie eines besonderen Systems in einem besondern

Entwicklungs-Zyklus aus seiner unendlichen, umfassenden Fülle der Schwingungsfähigkeiten einen gewissen Teil, und diese teilweise Fähigkeit ist vom dritten Logos der Materie aufgeprägt, und wird durch sein Leben, das im Atom eingehüllt ist, aufrechterhalten. – So ist das fünffache Feld der Entwicklung entstanden, auf welchem sich das Bewusstsein entfalten soll.

Dieses Werk des Logos wird gewöhnlich die erste Lebenswelle genannt.

II. – Das Bewusstsein

§ 1. Die Bedeutung des Wortes

Wir wollen jetzt betrachten, was wir unter Bewusstsein zu verstehen haben; wir wollen zusehen, ob diese Betrachtung uns die so lang ersehnte *Brücke* zwischen Bewusstsein und Materie bauen wird, die Verzweiflung der modernen Philosophie, ob sie die Kluft überspannen wird, die, wie behauptet wird, die beiden für immer trennt.

Um mit der Begriffsbestimmung des Ausdrucks *Bewusstsein* zu beginnen: Bewusstsein und Leben sind gleichbedeutend, zwei Namen für dasselbe Ding von außen und von innen betrachtet. Es gibt kein Leben ohne Bewusstsein, es gibt kein Bewusstsein ohne Leben.

Wenn wir sie in Gedanken zu trennen versuchen und analysieren das, was wir getan haben, dann finden wir, dass wir das Bewusstsein, das wir nach innen gezogen haben, mit dem Namen Leben bezeichnen und das Leben nach außen gewandt, mit dem Namen Bewusstsein.

Wenn unsere Aufmerksamkeit auf die Einheit gerichtet ist, dann sprechen wir von Leben, wenn es sich auf die Vielfältigkeit richtet, von Bewusstsein, und wir vergessen leicht, dass die Vielfältigkeit von der Materie herrührt; ihre Eigentümlichkeit ist, die spiegelnde Oberfläche zu sein, in der das Eine zu dem Vielen wird. Wenn man sagt, dass das Leben *mehr oder weniger bewusst* ist, dann denkt man nicht an das abstrakte Leben, sondern an *ein lebendes Ding*, das mehr oder weniger seiner Umgebung gewahr wird.

Das Mehr oder Weniger des Gewahrwerdens hängt von der Dicke, der Dichtigkeit des einhüllenden Schleiers ah, der es zu einem lebenden, zu einem von seinen Genossen abgesonderten Ding macht. Vernichten wir in Gedanken diesen Schleier, dann vernichten wir in Gedanken auch das Leben und haben das *Tat* das *Das* vor uns, in dem, alle Gegensätze aufgehoben sind, das All.

Dies führt uns zu unserem nächsten Punkt: Das Vorhandensein des Bewusstseins weist uns hin auf zwei Aspekte, zwei Seiten der fundamentalen Einheit, die allem zugrunde liegt. Der moderne Ausdruck für Bewusstwerden – *Gewahrwerden* – weist gleichfalls darauf hin, denn sie können das Gewahrwerden nicht in die leere Luft hängen; – gewahrwerden schließt etwas ein, was gewahr wird, eine Dualität zum Mindesten, andernfalls kann man von gewahrwerden nicht sprechen. In der höchsten Abstraktion des Bewusstseins, des Gewahrwerdens ist diese Dualität inbegriffen. Das Bewusstsein verschwindet in nichts, wenn ihm der Begriff der Einschränkung (limitation) entzogen wird, sein Dasein ist von der Beschränkung abhängig.

Das Gewahrwerden ist seinem Wesen nach ein Gewahrwerden der Einschränkung und erst in zweiter Linie ein Gewahrwerden andrer. Das Gewahrwerden andrer tritt erst mit dem auf, was wir Selbst-Bewusstsein nennen, Gewahrwerden seiner selbst. Diese abstrakten Zwillinge, Zwei in Einem, Bewusstsein – Beschränkung, Geist-Materie sind auf ewig unzertrennlich, sie treten zusammen auf und verschwinden zusammen; sie existieren nur als das eine im Verhältnis zum anderen; bei der Auflösung bilden sie eine notwendigerweise unmanifestierte Einheit – die höchste Synthesis.

Wie oben, so unten. Wiederum mag uns das *unten* helfen; wir wollen uns das Bewusstsein ansehen, wie es erscheint, wenn wir es von der Seite der Form aus betrachten, wie es in einer Welt bewusster Dinge aussieht. Die Elektrizität tritt in Tätigkeit nur als positiv und negativ; wenn diese sich neutralisieren, verschwindet die Elektrizität. In allen Dingen ist Elektrizität vorhanden, jedoch neutral, untätig; in allen Dingen kann sie auftreten, aber nicht als positiv allein oder als negativ allein, stets in gleichwertigen Mengen von beiden, die eine hält der anderen die Waage und sie haben stets die Tendenz, zusammenzufließen zu einem –

Nichts, das aber kein Nichts ist, sondern für beide gleichmäßig die Quelle. Wenn dem so ist, was wird dann aus der *Kluft*? wozu eine Brücke? Bewusstsein und Materie wirken aufeinander ein, weil sie Bestandteile eines Ganzen sind; beide treten auf, wenn sie sich trennen; beide verschwinden, wenn sie sich vereinigen; wenn sie getrennt sind, besteht immer eine Beziehung zwischen beiden[20]. Es gibt nirgends eine Bewusstseins-Einheit (unit), die nicht aus dieser ungetrennten Dualität bestände, wie ein Magnet aus zwei Polen, die immer in Beziehung zu einer stehen. Wir denken an ein besonderes Etwas, das wir Bewusstsein nennen und fragen, wie es auf ein besonderes anderes Etwas wirkt, das wir Materie nennen. Es sind gar keine zwei solche besondere *Etwas* vorhanden, sondern nur zwei gesonderte, aber unzertrennliche Seiten oder Aspekte von Tat, das ohne diese beiden unmanifestiert wäre, das sich nicht in dem einen oder dem anderen allein manifestieren kann, sondern gleichzeitig in beiden enthalten ist.

Es gibt keine Vorderseite ohne Rückseite, kein oben ohne unten, kein außen ohne innen, kein Geist ohne Materie. Sie wirken aufeinander, weil sie unzertrennliche Teile eines Ganzen sind, das sich in Zeit und Raum als Dualität manifestiert. Die *Kluft* tritt auf, wenn wir an einen *Geist* denken, der völlig immateriell ist und an einen *Körper*, der nur aus Materie besteht, d. h. an zwei Dinge, von denen keines existiert. Es gibt keinen Geist, der nicht in Stoff gehüllt, es gibt keine Materie, die nicht von Geist beseelt wäre. Das höchste gesonderte Selbst hat seine Schleierhülle von Materie; obgleich solches Selbst *ein Geist* genannt wird, da das Bewusstsein so sehr überwiegend ist, hat doch wirklich auch dieses seine schwingende Hülle aus Materie und von dieser Hülle gehen alle Impulse aus, die der Reihe nach auf alle dichteren, materiellen Hüllen einwirken.

Diese Auffassung materialisiert nicht das Bewusstsein, sondern konstatiert nur die Tatsache, dass die zwei ursprünglichen Gegensätze, Bewusstsein und Materie, durchaus aneinander gekettet sind, nie sich trennen, selbst in den höchsten Wesen nicht. Materie ist Beschränkung und ohne Beschränkung ist Bewusstsein unmöglich. Weit davon entfernt, das Bewusstsein zu materialisieren, setzt diese Auffassung das Bewusstsein als einen Begriff in scharfen Gegensatz zur Materie, aber sie erkennt die Tatsache an, dass in einem Wesen das eine nicht ohne das andere zu finden ist. Die dichteste Materie, die physische, hat einen Kern von Bewusstsein. Das Gas, der Stein, das Metall lebt, ist bewusst, wird gewahr. So wird der Sauerstoff des Wasserstoffs bei einer bestimmten Temperatur gewahr und stürzt sich in eine Verbindung mit ihm.

Wir wollen jetzt von innen aus dem Bewusstsein heraus blicken und den Sinn des Satzes betrachten: *Materie ist Beschränkung*. Das Bewusstsein ist die eine Realität im vollsten Sinne des viel gebrauchten Ausdrucks; hieraus folgt, dass jede Realität, jede Wirklichkeit, die irgendwo zu finden ist, vom Bewusstsein abzuleiten ist. Daher alles, was Gedanke ist, das ist. Das Bewusstsein, in dem alle Dinge enthalten sind, alle buchstäblich, die *möglichen* sowie die *tatsächlichen*, wobei unter tatsächlich das verstanden wird, was von einem gesonderten Bewusstsein als in Raum und Zeit existierend gedacht wird und als möglich alles das, was nicht so gedacht wird zu irgendeiner Zeit-Periode oder an irgendeinem Ort im Raum. Dies Bewusstsein also nennen wir das Absolute Bewusstsein. Es ist das All, das Ewige, das Unendliche, das Wechsellose. Das Bewusstsein, denkend in Zeit und Raum, und an alle Formen in ihnen nacheinander und nebeneinander, das ist das höchst universelle Bewusstsein, das Eine, bei den Hindus das Saguna-Brahman – das Ewige mit Attributen – das Pratyag-Atma – das innere Selbst; bei den Christen – Gott; bei den Persern Ormuzd; bei den Mohammedaner Allah.

Das Bewusstsein, das sich auf eine bestimmte Zeit bezieht, ob lang oder kurz, auf einen bestimmten Raum, ob weit oder beschränkt, ist ein individuelles, das eines konkreten Wesens, ein Heer vieler Universen oder einiger Universen oder eines Universums oder irgendeines sogenannten Teiles eines Universums, sein Anteil, für ihn also ein Universum. Das sind Bezeichnungen, die sich in Bezug auf die Ausdehnung mit der Macht des Bewusstseins ändern; soviel von den universellen Gedanken, wie ein gesondertes Bewusstsein vollständig denken kann, d. h. dem er seine eigene Wirklichkeit auferlegen kann, was er sich denken kann als existierend wie er selbst, – das ist sein Universum, seine Welt.

Jedem Universum gibt das Wesen, das als sein Herr zu bezeichnen ist, ein Teil seiner eigenen, ihm eigentümlichen Wirklichkeit; aber er selbst ist beschränkt und steht unter seinem Herrn – dem Herrn des Universums, in welchem er als eine Form existiert. So sind wir, als menschliche Wesen in einem Sonnensystem lebend, von unzähligen Formen umgeben – Gedankenformen des Herrn unseres Systems – von unserem Ishvara oder Regenten.

Das *göttliche Maß* und die Richtungs-Achsen – Gedanken des dritten Logos – beherrschen die Form unserer Atome und die Oberfläche, die er als begrenzend und widerstandsfähig gedacht hat, bieten allen ähnlichen Atomen Widerstand dar. So haben wir unsere Materie erhalten und können sie nicht ändern, außer durch Anwendung von Methoden, die ebenfalls aus seinen Gedanken herrühren; nur solange sein Gedanke anhält, können die Atome und alles, was aus Atomen zusammengesetzt ist, existieren, denn sie haben keine Wirklichkeit außer der, die sein Gedanke ihnen gegeben hat. Solange er sie dadurch als sein Organ erhält, dass er erklärt und denkt: *Dies bin ich, diese Atome sind mein Leib, sie haben teil an meinem Leben*, solange erscheinen sie allen Wesen dieses Sonnensystems, deren Bewusstsein in ähnliche Hüllen gekleidet ist, als wirklich. Wenn er aber am Ende des Tages der Manifestation erklärt: *nicht länger bin ich dies, diese Atome sind nicht länger mein Leib, sie haben keinen Teil weiter an mir*, dann werden sie verschwinden wie ein Traum und bleiben wird nur die Gedankenform des Monarchen von einem umfassenderen, großartigeren System.

So sind wir, als Geister, unauslöschlich dem Wesen nach göttlich, mit all dem strahlenden Glanz und der Freiheit, die in diese Bezeichnung eingeschlossen ist. Aber wir sind in Materie gekleidet, die nicht unser ist; sie ist die Gedankenform des Regenten unsres Systems, das wieder unter dem Regenten eines umfassenderen Systems steht, das das unsrige in sich einschließt, und wir sind dabei, diese Materie langsam bemeistern und benutzen zu lernen. Wenn wir unsere Einheit mit unserm Regenten in uns zur Wahrheit machen, dann wird die Materie keine Macht mehr über uns haben und wir können sie als die Wirklichkeit betrachten, die sie in Wahrheit ist, als ganz von seinem Willen abhängig, den wir dann auch als den unsern anerkennen. Dann können wir mit ihr *spielen*, wie es uns nicht möglich ist, solange sie uns mit ihrer erborgten Wirklichkeit blendet.

Wenn wir so von innen aus dem Bewusstsein heraus blicken, sehen wir noch klarer, als wenn wir von der Welt der Formen aus zu schauen versuchen, dass keine *Kluft* existiert, keine *Brücke* nötig ist. Das Bewusstsein verändert sich und jeder Wechsel erscheint in der umgebenden Materie als eine Schwingung; da der Logos Schwingungen der Materie als unwandelbaren Begleiter eines Wechsels im Bewusstsein gedacht hat, da die Materie nur das Ergebnis des Bewusstseins ist und ihre Attribute ihr durch tatkräftiges Denken auferlegt sind, so muss jeder Wechsel in dem Logos-Bewusstsein die Attribute der Materie des Systems ändern, und jeder Wechsel im Bewusstsein, das von ihm abstammt, zeigt sich in dieser Materie als eine Veränderung.

Diese Veränderung in der Materie ist eine Schwingung, eine rhythmische Bewegung innerhalb der Grenzen, die er der Beweglichkeit der Maße der Materie in dieser Beziehung gesetzt hat. *Wechsel im Bewusstsein und Schwingung in der Materie, die es beschränkt*, ist ein *Paar*, das durch den Gedanken des Logos jedem verkörperten Bewusstsein in seinem Universum auferlegt ist. Dass solch eine dauernde Beziehung besteht, zeigt sich durch die Tatsache, dass die Schwingung in einem Körper, die einen Wechsel in dem ihn beseelenden Bewusstsein begleitet und eine ähnliche Schwingung in dem Körper verursacht, den ein anderes Bewusstsein beseelt, von einem Wechsel in diesem zweiten Bewusstsein begleitet wird, der dem ersten Wechsel gleicht.

In der Materie, die weit zarter ist als die physische, im *Denk-Stoff* ist die Schöpferkraft des Bewusstseins viel leichter zu erkennen, als in der dichten Materie der physischen Ebene. Die Materie wird dichter oder zarter und wechselt ihre Verbindungen und Formen je nach den Gedanken, die in einem Bewusstsein arbeiten.

Während die Grund-Atome – zufolge des Logos-Gedankens – selbst unverändert bleiben, können sie doch durch Willkür verbunden und wieder getrennt werden. Solche Erfahrungen eröffnen das Verständnis für die metaphysische Auffassung der Materie und befähigen uns, sofort die erborgte Wirklichkeit und die Nicht-Wesenhaftigkeit (nonentity) der Materie einzusehen.

Vielleicht ist hier ein Wort der Warnung angebracht in Bezug auf den oft gebrauchten Ausdruck *Bewusstsein in einem Körper, Bewusstsein, das einen Körper beseelt* und ähnliche. Wer diesen Dingen nähertritt, ist leicht geneigt, sich das Bewusstsein als eine Art dünnen Gases vorzustellen, das in ein materielles Gefäß wie in eine Art Flasche eingeschlossen ist. Wenn er sorgfältig nachdenkt, dann wird es ihm klar sein, dass diese Widerstand leistende Oberfläche des Körpers nur eine Gedankenform des Logos ist, und sie ist da, weil sie gedacht ist.

Das Bewusstsein erscheint als bewusstes Wesen, da der Logos solche Trennungen denkt, die abschließenden Wände denkt, solch Gedanken-Beschränkungen herstellt. Und diese Gedanken des Logos folgen aus seiner Einheit mit dem höchsten universellen Selbst und sind nur eine Wiederholung des *Willens zu vervielfältigen* innerhalb des Feldes eines besonderen Universums.

Wenn man sich sorgfältig und eingehend hineindenkt in die eben geschilderte Unterscheidung zwischen dem *absoluten Bewusstsein*, dem *universellen Bewusstsein* und dem *individuellen Bewusstsein*, dann wird man wohl nicht mehr die so oft gehörte Frage stellen: Weshalb gibt es überhaupt irgendein Bewusstsein? Weshalb legt sich das All-Bewusstsein

Schranken auf? Weshalb wird das Vollkommene zum Unvollkommenen, die Allmacht zum Machtlosen, weshalb wird Gott zum Mineral, zum Tier, zum Menschen? In dieser Form ist die Frage nicht zu beantworten, denn sie ist infolge falscher Voraussetzungen unrichtig gestellt.

Das Vollkommene ist das All, die Totalität, das Ganze, die Summe allen Seins. Innerhalb seiner Unendlichkeit ist, wie oben erwähnt, alles inbegriffen, jede Möglichkeit des Daseins, wie auch jede Tatsächlichkeit. Alles, was war, ist, sein wird, sein kann, ist immer in dieser Fülle, diesem Ewigen. Nur Es selbst kennt Sich selbst in seinem unendlichen, unvorstellbaren Reichtum des Seins.

Weil es alle Paare von Gegensätzen enthält und jedes Paar dadurch, dass es gleichzeitig vorhanden ist, in dem Auge des Verstandes sich aufhebt und verschwindet, erscheint E s als eine Leere. Aber endlose Universen, Welten, die in Ihm sich erheben, verkünden Es als eine Fülle. Dies Vollkommene wird nie das Unvollkommene, es wird nichts. Es ist alles Geist und Materie, Kraft und Schwachheit, Kenntnis und Unkenntnis, Frieden und Streit, Seligkeit und Leid, Macht und Machtlosigkeit; die unzähligen Gegensätze der Manifestation fließen ineinander und verschwinden in Nicht-Manifestation.

Das All schließt Manifestation und Nicht-Manifestation ein, die Diastole und Systole des Herzens,[21] d. h. des Seins. Das eine bedarf nicht mehr Erklärung als das andere, das eine kann nicht sein ohne das andere. Das Rätselhafte entsteht dadurch, dass die Menschen von den untrennbaren Paaren eine Seite abtrennen und betonen, – Geist, Kraft, Kenntnis, Frieden, Seligkeit, Macht – und dann fragen: *Weshalb werden diese zu ihren. Gegensätzen?!* Das tun sie gar nicht.

Keine Eigenschaft existiert ohne ihren Gegensatz; nur als Paar können sie sich manifestieren; jede Vorderseite hat eine Hinterseite; Geist und Materie entstehen zusammen; es ist nicht so, dass der Geist existiert und dann wie durch ein Wunder Materie produziert, um sich Schranken aufzuerlegen, sich zu blenden, sondern Geist und Materie entstehen gleichzeitig im Ewigen, als Arten seines Seins, als Formen des Selbst-Ausdrucks des All, Pratyagatmâ und Mulaprakriti, in Zeit und Raum der Ausdruck für das Zeit- und Raumlose.

§ 2. Die Monaden

Wir haben gesehen, dass durch die Tätigkeit des dritten Logos ein fünffaches Feld für die Entwicklung von Bewusstseins-Einheiten hergestellt worden ist und dass solch eine Einheit ein Teil des universellen Bewusstseins ist, durch Denken abgetrennt als ein individuelles Wesen, gehüllt in Materie, eine Einheit von der Substanz des ersten Logos,, um als ein Sonderwesen auf die zweite Ebene gesandt zu werden. Die technische Bezeichnung für diese Einheit ist *Monade*. Diese Monaden sind die *Söhne*, die dauernd von dem Beginn einer schöpferischen Zeitperiode an im Herzen des Vaters wohnen, die noch nicht *durch Leiden vollkommen gemacht sind*.[22)] Jede dieser Monaden ist in Wahrheit *gleich dem Vater, insofern sie seine Göttlichkeit berührt, aber niedriger als der Vater, insofern sie die Menschlichkeit berührt*[23)] und jede hat in die Materie hinabzusteigen, um sich Alles Untertan zu machen;[24)] sie muss *gesät werden in Schwachheit, dass sie auferstehen kann in Kraft*;[25)] aus einem statischen Logos, der alle göttlichen Möglichkeiten in sich hineinzieht, soll sie ein dynamischer Logos werden, der alle göttlichen Kräfte ausstrahlt; allmächtig, allgegenwärtig auf ihrer eigenen zweiten Ebene, aber unbewusst, *gefühllos* auf allen anderen,[26)] hat die Monade ihre Glorie zu verhüllen, sich in Materie zu kleiden, die sie blind macht, und zwar zu dem Zweck, um allwissend, allgegenwärtig auf allen Ebenen zu werden und sich zu befähigen, auf alle göttlichen Schwingungen im Universum zu antworten, anstatt nur auf die der höchsten allein.

Die Bedeutung dieser schwachen Beschreibung einer großen Wahrheit mag dem Leser etwas klarer werden, wenn er die tatsächlichen Vorgänge im embryonischen Leben und bei der Geburt betrachtet: Wenn ein Ego sich wiederverkörpert, *brütet* es gleichsam über der menschlichen Mutter, in welcher sein zukünftiger Körper in der Bildung begriffen ist, das Vehikel, von dem es eines Tages Besitz ergreifen wird. Dieser Körper baut sich langsam aus der Substanz der Mutter auf und das Ego kann wenig zu seiner Gestaltung beitragen; anfangs nur im Embryo, ohne Bewusstsein inbetreff seiner Zukunft, dumpf bewusst nur des mütterlichen

Lebensstroms, unter dem Eindruck der mütterlichen Hoffnungen und Befürchtungen, der mütterlichen Gedanken und Wünsche; von dem Ego wirkt nichts auf das Embryo ein, außer dem schwachen Einfluss, der durch das permanente physische Atom ausgeübt wird; dies hat keinen großen Anteil an der Arbeit, da es nicht auf die weitreichenden Gedanken, die hochstrebenden Empfindungen des Ego, die sich bei ihm in seinem Kausalkörper ausdrücken, antworten kann.

Das Embryo muss sich entwickeln, muss allmählich eine menschliche Form annehmen, muss ein unabhängiges, von dem seiner Mutter getrenntes Leben anfangen, muss sieben Jahre nach dem menschlichen Zeitmaß ein solches unabhängiges Leben führen, bis das Ego diese Form vollständig beseelen kann.

Aber während dieser langsamen Entwicklung in kindlicher Hilflosigkeit mit kindlichen Torheiten und Freuden und Leiden führt das Ego, zu dem diese Form gehört, sein eigenes volleres, reicheres Leben weiter und kommt in immer nähere und nähere Berührung mit diesem Körper, in welchem allein es auf der physischen Welt arbeiten kann, und zwar zeigt sich diese Berührung in dem Wachsen des Gehirn-Bewusstseins.

Der Zustand der Monade inbezug auf die Entwicklung ihres Bewusstseins in einem Universum ähnelt dem des Ego in Beziehung zu seinem neuen physischen Körper. Ihre eigene Welt ist die der zweiten, der Anupâdaka-Ebene, und dort ist sie völlig bewusst mit dem allumfassenden Selbstbewusstsein ihrer Welt, aber zuerst nicht einer Mehrzahl von Selbsten bewusst, von denen sie ein besonderes ist – abgesondert von *anderen*.

Lassen Sie uns die Stufen ihres Weges betrachten. Die Monade ist zuerst ein Funken in einer Flamme: *Ich fühle eine Flamme, o Gurudeva, ich sehe zahllose ungetrennte Funken in derselben scheinen.*[27] Die Flamme ist der erste Logos, die ungetrennten Funken die Monaden. Sein Wille zu manifestieren ist auch der ihre, denn sie sind die Keimzellen in seinem Körper, die bald ihr eigenes getrenntes Leben in seinem entstehenden Universum führen werden. Bewegt von seinem Willen, nehmen die Funken an der Veränderung teil, die *die Zeugung des Sohnes* genannt wird und sie gehen in den zweiten Logos über und wohnen in ihm.

Dann mit dem Heraustreten des dritten Logos erlangen sie durch ihn die spirituelle Individualität, von der H. P. Blavatsky spricht, das aufdämmernde Sondersein. Aber noch immer ist kein Gefühl von *anderen* vorhanden gegenüber einem Gefühl von *ich*. Die drei Seiten des Bewusstseins, das sie mit dem des Logos-Lebens teilen, sind noch, um mich so auszudrücken, *nach innen gekehrt*, wirken nur im Innern aufeinander, sind schlummernd, sind nicht gewahr eines *außen*, aber teilhaftig eines All-Selbstbewusstseins. Die großen Wesen, die Klasse oder Ordnung der Schöpfer (Creative Order)[28] genannt, erwecken sie zum *äußeren* Leben. Wille, Weisheit und Tätigkeit erwachen zum Gewahrwerden des *außen*, und ein dumpfes Gefühl von *anderen* erhebt sich, soweit wie in einer Welt *andere* sein können, in der alle *Formen* sich vermischen und einander durchdringen, und jede Monade wird ein individueller Dyan Chohan, unterschieden von den anderen.[29]

Auf der erwähnten ersten Stufe, wenn die Monaden im vollsten Sinne[30] des Wortes ungetrennt sind als *Keimzellen in seinem Körper*, dann sind Wille, Weisheit, Tätigkeit in ihnen latent, schlummernd, nicht offenbar. Sein Wille, zu manifestieren, ist auch ihr Wille, aber unbewusst. Er, selbstbewusst, kennt sein Ziel und seinen Weg; sie, noch nicht selbstbewusst, besitzen als Teile seines Körpers die bewegende Energie seines Willens, der bald ihr eigener und individueller Wille, zu leben, sein wird und der sie in den Zustand hinein treibt, in welchem ein sonder-selbstbewusstes anstatt eines all-selbstbewussten Lebens möglich ist. Dies führt sie zur zweiten Stufe, in das Leben des zweiten Logos und zu dem dritten. Denn verhältnismäßig getrennt, bringt das Erwecken durch die *Ordnung der Schöpfer* das dumpfe Gefühl von *anderen* und von *ich* mit sich und mit diesem eine Regung des Verlangens nach einem klareren, bestimmteren Gefühl von *ich* und von *anderen*. Dies ist der *individuelle Wille, zu leben*, und der führt sie weiter in die dichteren Welten, in denen eine solche schärfere Unterscheidung allein möglich wird.

Es ist wichtig, sich klar zu machen, dass die Entwicklung des individuellen *Ich* dem eigenen Wunsch gemäß geschieht. Wir sind hier, weil wir den Willen zum Leben haben, *kein anderer zwingt uns*. Mit dieser Seite des Bewusstseins, dem Willen, werden wir uns in späteren Kapiteln dieses Buches zu beschäftigen haben, hier brauchen wir nur die Tatsache zu betonen, dass die Monaden durch Eigen-Bewegung, durch Eigen-Bestimmung die niederen Welten der Materie betreten, – das Feld der Manifestation, das fünffache Universum. Zu ihren Vehikeln auf diesen Ebenen verhalten sie sich wie das Ego zu seinem physischen Körper; sie verbleiben mit ihrem strahlenden göttlichen Leben in höheren Sphären, aber *brüten* über ihren niederen Vehikeln und offenbaren, betätigen sich mehr und mehr in ihnen, je plastischer sie werden. H. P. Blavatsky spricht hiervon als von *dem abwärts zur Materie gerichteten Kreislauf der Monade.*[31]

Überall in der Natur sehen wir dasselbe Streben nach vollerer Manifestation des Lebens, diesen beständigen Willen zum Leben. Der Same, in die Erde versenkt, treibt seine Keime hinauf dem Lichte entgegen. Die Knospe, eingezwängt in ihre Kelchhülle, sprengt ihre Fesseln und tut ihre Blüte auf im Sonnenschein. Das kleine Huhn im Ei bricht sein Gefängnis auf und tritt heraus aus seiner Schale.

Überall sucht das Leben sich zu betätigen, suchen die Kräfte sich eu üben. So der Maler, der Bildhauer, der Dichter mit dem schöpferischen Genius, der in ihnen ringt. Zu schaffen, gewährt die entzückendste Freude, den erhabensten Genuss, die höchste Wonne. Hierin finden wir nur weitere Beispiele der allgegenwärtigen Eigenart des Lebens – im Logos, wie im Genius, wie in der vergänglichen Eintags-Kreatur; alle erfreuen sich der Wonne des Lebens und fühlen sich am lebendigsten, wenn sie sich vervielfältigen durch Schaffen.

Zu fühlen, wie das Leben pulsiert, ausströmt, sich ausbreitet und wächst, das ist zugleich die Folge des Willens, zu leben und das Genießen der Wonne, zu leben.

Ein Teil dieser Monaden, die willens sind, die Mühen des fünffachen Universums zu erleben, mit dem Zweck, die Materie zu bemeistern und seiner Zeit ein Universum in dieser Materie zu erschaffen, treten in dies Universum ein, um sich zu einem Gott zu entwickeln, zu einem Baum des Lebens, einer anderen Quelle des Daseins. Die Gestaltung eines Universums ist der Tag des Heraustretens; leben heißt werden; das Leben erkennt sich selbst durch die Veränderung.

Die, welche nicht Meister der Materie, Schöpfer werden wollen, verbleiben in ihrer statischen ruhenden Seligkeit, bleiben ausgeschlossen von dem fünffachen Universum ohne Bewusstsein von dessen Tätigkeit.

Denn man muss festhalten, dass wohl alle die sieben Ebenen sich durchdringen, dass aber *das Bewusstsein auf irgendeiner Ebene* die Fähigkeit bedeutet, auf die Schwingungen dieser besonderen Ebene zu antworten. Gerade wie ein Mensch auf der physischen Ebene bewusst ist, weil sein physischer Körper so eingerichtet ist, dass er die physischen Schwingungen empfangen und sich übermitteln kann, so ist die Monade der

Bewusstseins-Einheit auf der zweiten Ebene bewusst, aber vollständig unbewusst auf den fünf anderen.

Sie entwickelt nun ihr Bewusstsein auf diesen Ebenen dadurch, dass sie von jeder Ebene etwas von deren Materie nimmt, sich mit dieser Materie umgibt und sie zu einer Hülle macht, durch die sie mit diesen Ebenen in Berührung kommen kann, – die materielle Hülle dann allmählich zu einem Körper organisiert, der imstande ist, auf seiner eigenen Ebene als ein Ausdruck ihrer selbst zu funktionieren, Schwingungen von dieser Ebene aufzunehmen, sie ihr, der Monade, zu übermitteln und von ihr selbst Schwingungen zu empfangen und sie der Ebene weiterzugeben.

Wenn die Monade sich so der Reihe nach mit Materien von jeder Ebene umgibt, schließt sie etwas von ihrem Bewusstsein aus, zwar den Teil, der zu zart ist, um Schwingungen von der Materie der betreffenden Ebene zu empfangen oder zu erregen. Sie hat sieben typische Schwingungsfähigkeiten in sich, – jede wiederum imstande, eine unbegrenzte Zahl von *Unter-Schwingungen* jeden Typus, hervorzurufen, – und diese Fähigkeiten werden eine nach der anderen ausgeschlossen, wenn sie sich mit einer Hülle nach der anderen von dichterer Materie umgibt.

Die Fähigkeiten des Bewusstseins, sich in gewisser typischer Art zu betätigen, – die wir mit dem mathematischen Ausdruck Potenz bezeichnen können, also gleichsam Bewusstsein *zur dritten* – Bewusstsein *zur vierten* – betrachten wir in der Materie als die sogenannte Dimension. Die physische Art des Bewusstseins findet ihre Äußerung in *drei dimensionaler Materie*, während die astrale, mentale und andere Arten und Fähigkeiten des Bewusstseins sich in anderen Dimensionen der Materie äußern.

Wenn wir so von den Monaden sprechen, haben wir vielleicht das Gefühl, als handelte es sich um etwas weit von uns Entferntes. Und doch ist die Monade uns sehr nahe, sie ist unser Selbst, die eigentliche Wurzel unseres Seins, die innerste Quelle unseres Lebens, die eine Wirklichkeit. Verborgen, unmanifestiert, eingehüllt in Schweigen und Dunkelheit ist unser Selbst, aber unser Bewusstsein ist die beschränkte Manifestation dieses Selbst, der manifestierte Gott in dem Kosmos unserer Körper, seiner Gewänder. Wie das höchste Unmanifeste teilweise manifest ist im Logos als göttliches Bewusstsein, und im Universum als dem Körper des Logos[32], so ist unser unmanifestes Selbst teilweise manifest in unserm Bewusstsein, als der Logos unseres individuellen Systems, und in unserm

Körper als dem Kosmos, dem Gewand unseres Bewusstseins. Wie oben, so unten.

Dieses verborgene Selbst ist es, was wir die Monade nennen, in Wahrheit *das Eine*. Sie bewirkt es, dass wir uns trotz aller Veränderungen stets im Grunde als derselbe fühlen; das Gefühl der stetigen Identität hat hier ihre Quelle, denn sie ist das Ewige in uns. Die drei aus der Monade hervorbrechenden Strahlen, – von denen wir gleich reden werden, – sind ihre drei Aspekte, die drei Arten ihres Wesens – oder Hypostasen, Wiederspiegelungen der Logoi des Universums – Wille, Weisheit und Tätigkeit, die drei wesentlichen Arten, wie sich das Bewusstsein, das an einen Körper gebunden ist, äußert. Die bekannte Dreizahl Atma– Buddhi–Manas der Theosophen.

Dies Bewusstsein wirkt auf den verschiedenen Ebenen als Einheit, zeigt aber seine Dreifaltigkeit auf jeder. Wenn wir das Wirken des Bewusstseins auf der Mentalebene untersuchen, dann sehen wir den Willen als Entscheidung auftreten, die Weisheit als Unterscheidung, die Tätigkeit als Erkennen. Auf der Astralebene tritt der Wille als Wunsch oder Begierde auf, die Weisheit als Liebe oder Zuneigung, die Tätigkeit als Empfindung. Auf der physischen Ebene hat der Wille als seine Werkzeuge die Bewegungsorgane (karmen-driyas), die Weisheit die Gehirnhemisphären, die Tätigkeit die Sinnesorgane (jnânen-driyas)[33].

Die volle Manifestation dieser drei Aspekte des Bewusstseins im Menschen tritt in in ihrer höchsten Form derselben Reihenfolge nach auf wie die Manifestation des dreifachen Logos im Universum. Der dritte Aspekt, die Tätigkeit, die als der schöpferische denkende Geist (mind) auftritt, als der, welcher Kenntnisse sammelt, ist der Erste, der sein Vehikel vervollkommnet und seine volle Kraft aufzeigt. Der zweite Aspekt, die Weisheit, die als die reine und mitfühlende Vernunft zur Erscheinung kommt, tritt sodann hervor, der Krishna, der Buddha, der Christ im Menschen. Der erste Aspekt, der Wille, ist der letzte, der sich manifestiert, die göttliche Macht des Selbst, in seiner unergründlichen Fülle, die Seligkeit, der Friede.

III. – Die Besiedelung des Feldes

§ 1. Das Hervortreten der Monaden

Wenn das fünffache Feld bereit ist, wenn die fünf Ebenen, jede mit ihren sieben Unterebenen wenigstens in ihrem ursprünglichen Zustand fertig sind, dann beginnt die Tätigkeit des zweiten Logos, des Bildners und Erhalters der Formen. Seine Tätigkeit wird als die zweite Lebenswoge bezeichnet; Weisheit und Liebe strömen aus; – die Weisheit, die leitende Kraft, die für die Organisation und die Entwicklung der Formen nötig ist, und die Liebe, die anziehende Kraft, die das Organisierte als ein beständiges, wenn auch zusammengesetztes Ganze zusammenhält. Wenn dieser Strom des Logos-Lebens in das fünffache Feld der Manifestation ausströmt, versetzt er auch die Monaden in Tätigkeit, die Bewusstseins-Einheiten, die jetzt bereit sind, das Werk ihrer Entwicklung zu beginnen und sich in Materie zu - kleiden.

Der Ausdruck, die Monaden treten hervor, ist übrigens nicht genau zutreffend, dass sie herausleuchten (shine forth), ihre Lebensstrahlen aussenden, würde richtiger sein, denn sie bleiben stets im Herzen des Vaters, während ihre Lebensstrahlen in das Meer der Materie hinausströmen, ihm das Material entnehmen, es sich anpassen und so in dem Universum Wirkungskraft erlangen. Die Materie muss angepasst, plastisch gemacht und zu geeigneten Vehikeln gestaltet werden.

H. P. Blavatsky hat das Heraustrahlen der Monaden in drastischen, allegorischen Worten beschrieben und dabei einen Symbolismus angewendet, der sehr ausdrucksvoll ist, den wir aber nicht buchstäblich nehmen dürfen. … *Das ursprüngliche Dreieck – sobald es seinen Wiederschein in den „himmlischen Menschen" geworfen hat, dem höchsten der niederen Sieben –, verschwindet und kehrt in „die Stille und das Dunkel" zurück, und der astrale paradigmatische (vorbildliche) Mensch, dessen Monade (Atma), auch durch ein Dreieck dargestellt wird, wie es denn auch in den bewussten devachanischen Zwischenspielen zu einer Dreiheit werden wird …* .[34] Das ursprüngliche Dreieck, oder die dreiseitige Monade des Willens, der Weisheit und der Tätigkeit wirft in den *himmlischen Menschen „seinen Wiederschein"* nämlich Atma–Buddhi–Manas, und kehrt dann in *die Stille und das Dunkel* zurück. Der Atma – oft als die Monade des niederen, des astralen Menschen bezeichnet – muss dadurch eine Dreiheit, eine dreiseitige Einheit werden, dass es Buddhi und Manas in sich aufnimmt.

Das Wort *Wiederschein werfen* (reflection) bedarf hier der Erklärung. Allgemein gesprochen, wird der Ausdruck *Wiederschein werfen* gebraucht, wenn eine Kraft, die auf einer höheren Ebene sich betätigt, sich auch auf einer niedrigeren Ebene zeigt; hier wird ihr in ihrer niedrigeren Manifestation durch eine gröbere Art Materie Beschränkung auferlegt, sodass von der wirksamen Energie der Kraft etwas verloren geht; sie zeigt sich daher in einer schwächeren Form. In diesem Fall will der Ausdruck sagen, dass ein Strom von dem Leben der Monade ausgeht, als Gefäß, um ihn zu fassen, je ein Atom von jeder der drei höheren Ebenen des fünffachen Feldes nimmt – der dritten, der vierten und der fünften – und so den *himmlischen Menschen* schafft, den *lebenden, unsterblichen Herrscher*, den Pilgrim, der sich entfalten soll, zu dessen Entwicklung das System ins Dasein gerufen ist.

Wie das mächtige Vibrieren der Sonne Materie in Schwingungen versetzt, die wir ihre Strahlen nennen, (und die ihre Wärme, Elektrizität und andre Energieformen zum Ausdruck bringen,) so verursacht die Monade Schwingungen in der atomischen Materie der Atma-, Buddhi- und Manas-Ebene, die sie umgeben, wie der Äther des Raumes die Sonne umgibt – und ruft so einen Strahl hervor, der ihrer dreifachen Natur entsprechend dreifach ist. Hierin helfen ihr Devas aus einem früheren Universum, die einst ganz ähnliche Vorgänge durchgemacht haben; diese leiten die schwingende Welle des Willens-Aspektes zu dem Atma-Atom, und das Atma-Atom, das dem Willens-Aspekt entsprechend schwingt, wird Atma genannt; – sie leiten die schwingende Welle des Weisheits-Aspekts zu dem Buddhi-Atom, und das Buddhi-Atom, das dem Weisheits-Aspekt entsprechend schwingt, wird Buddhi genannt; – ebenso leitet sie die schwingende Welle des Tätigkeits-Aspekts zum Manas-Atom, und das Manas-Atom, das dem Tätigkeits-Aspekt entsprechend schwingt, wird Manas genannt. So entsteht, Atma-Buddhi-Manas, die Monade in der Welt der Manifestation, der Strahl der Monade von jenseits des fünffachen Universums. Hier steckt das Mysterium des Wächters, – des Beobachters, des tatenlosen Atmas, der stets in seiner dreifachen Natur, auf seiner eignen Ebene thront, und in der Welt der Menschen, durch seinen Strahl

*lebt, der seine Schatten, die vergänglichen Leben auf Erden beseelt, ...
Die Schatten verrichten das Werk auf den niederen Ebenen und werden
von der Monade durch ihr Abbild oder ihren Strahl bewegt; zuerst so
schwach, dass ihr Einfluss nahezu unmerkbar ist, später aber mit immer
steigender Macht.*[35)]

Atma-Buddhi-Manas ist der himmlische Mensch, der geistige
Mensch und der Ausdruck der Monade, deren Wiederschein der Willens-
Seite Atma ist, deren Wiederschein der Weisheits-Seite Buddhi, und deren
Wiederschein der Tätigkeits-Seite Manas ist. Daher können wir den
menschlichen Atma als den Willens-Aspekt der Monade ansehen, der ein
Akasha-Atom beseelt, die menschliche Buddhi als den Weisheits-Aspekt
der Monade, die ein Luft- (ein göttliches Flammen-) Atom beseelt, und
das menschliche Manas als den Tätigkeits-Aspekt der Monade, das ein
feuriges Atom beseelt. So haben wir in Atma-Buddhi-Manas die geistige
Dreizahl, die Triade oder den himmlischen Menschen, die drei Aspekte
oder Energien der Monade in atomischer Materie verkörpert, und dies ist
der Geist (Spirit) im Menschen, der Jivâtmâ[36)] oder das Lebens-Selbst, das
gesonderte Selbst. Diese Triade ist der Geisteskeim (germinal Spirit) und
in ihrem dritten Aspekt das kindliche Ego. Sie ist ihrer Natur nach mit der
Monade identisch, ist die Monade, nur ist durch den Schleier der Materie,
der sie umgibt, ihre Kraft und Tätigkeit geschwächt. Diese Schwächung
der Macht darf uns nicht gegen die Identität der Natur blind machen. Wir
müssen immer im Auge behalten, dass das menschliche Bewusstsein eine
Einheit ist, und wenn auch seine Betätigungen verschieden sind, diese
Verschiedenheiten nur daher stammen, dass einmal der eine Aspekt, ein
andermal der andere vorwiegend tätig ist, und weil das Material, in dem
die Aspekte wirken, verschiedene Dichte besitzt. Seine Manifestationen
sind unter diesen verschiedenen Bedingungen verschieden, aber das Bewusstsein selbst ist stets nur eins.

Ein solcher Teil des Bewusstseins der Monade, der seinen Ausdruck
in einem fünffachen Universum finden kann, tritt also zuerst in die höhere
Materie dieses Universums ein, indem er sich in je einem Atom der
höheren Ebenen verkörpert; wenn die Monade so hervor leuchtet, so
herausstrahlt, und sich diese Atome für ihren Gebrauch angepasst hat,
dann hat sie ihr Werk begonnen; in ihrer eignen, erhabenen, zarten Natur
kann sie noch nicht tiefer als in die Anupâdaka-Ebene hinabsteigen, und

es wird deshalb von ihr gesagt, sie sei unmanifestiert, unoffenbart in *der Stille und im Dunkel*, aber sie lebt und wirkt in und durch diese angepassten Atome, die das Gewand ihres Lebens auf den nächst niederen Ebenen bilden. Wir können diesen Vorgang figürlich so darstellen:

I. Adi

II. Anupadaka

III. Atma

IV. Buddhi

V. Manas

VI. Kama

VII. Sthula

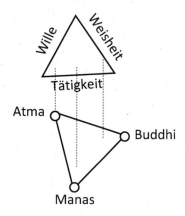

Diese geistige Triade, wie sie häufig genannt wird, – Atma-Buddhi-Manas, der Jivâtmâ, – wird als ein Samenkorn, als ein Keim des göttlichen Lebens beschrieben, – der alle Möglichkeiten seines himmlischen Vaters, seiner Monade, enthält, und die sich zu Fähigkeiten im Laufe der Entwicklung entfalten sollen. Das ist dann die *Mannheit* des göttlichen Sohnes des ersten Logos, belebt von der *Gottheit* der Monade –- wahrlich ein Mysterium, aber eins, das sich in vielen Formen um uns her wiederholt.

Jetzt wird ihre Natur, die in der zarten Materie ihrer eignen Ebene frei war, durch die dichtere Materie gebunden, und. ihre Macht des Bewusstseins kann sich in diesem blindmachenden Schleier noch nicht betätigen. Sie ist in dem Schleier nur ein Keim, ein Embryo, machtlos, bewusstlos, hilflos, während die Monade auf ihrer eignen Ebene stark, bewusst, fähig ist, so weit es ihr eigenes inneres Leben betrifft. Das eine ist die Monade in der Ewigkeit, das andre ist die Monade in Zeit und

Raum. Der Inhalt (content) der ewigen Monade, soll dereinst der Umfang (extent) der räumlichen und zeitlichen Monade werden. Dies jetzt noch embryonische Leben wird sich zu einem sehr zusammengesetzten Wesen entwickeln, zu dem Ausdruck der Monade auf jeder Ebene des Universums.

Innerlich allmächtig auf ihrer eignen hohen Ebene, ist sie zuerst machtlos, gefesselt und hilflos, wenn äußerlich eingehüllt in dichtere Materie, und unfähig durch diese Materie Schwingungen zu empfangen und auszusenden. Aber sie bemeistert allmählich die Materie, deren Sklave sie zuerst war; langsam natürlich nur gestaltet sie sie um zu einem Mittel des Ausdrucks ihrer selbst und der allerhaltende, beschützende zweite Logos hilft ihr und behütet sie, bis sie vollständig in dieser Materie leben kann, wie sie in der höheren lebt, und nun ihrerseits ein schöpferischer Logos wird, und aus sich selbst ein Universum hervorbringt. Die Fähigkeit, ein Universum zu schaffen, wird, wie uns *die Weisheit* belehrt, nur dadurch errungen, dass das Selbst alles in sich aufnimmt, involviert, was später ausgegeben werden soll. Ein Logos schafft niemals etwas aus nichts, sondern gibt alles aus sich selbst; und aus den Erlebnissen, die wir nun durchzumachen haben, sammeln wir das Material, aus dem wir dereinst in der Zukunft ein neues Sonnensystem schaffen werden.

Aber diese geistige Triade, dies Jivâtmâ, die Monade in dem fünffachen Universum, kann nicht sofort anfangen, eine gesonderte, selbst geleitete Tätigkeit auszuüben. Sie kann noch nicht irgendwelche Stoff-Aggregate um sich herum ziehen, sondern kann nur in ihrem atomischen Kleid verharren. Das Leben des zweiten Logos ist für sie, wie der Mutterschoß für das Embryo; in diesem beginnt der Ausbau. Wir können tatsächlich dieses Stadium der Entwicklung, in welchem der Logos das keimende Leben gestaltet, nährt und entwickelt, für den himmlischen Menschen oder richtiger den himmlischen Embryo als die Periode betrachten, die dem vorgeburtlichen Leben eines menschlichen Wesens entspricht, das während dieser Zeit durch die Lebensströme der Mutter genährt wird und sich aus ihrer Substanz gestaltet. Ebenso mit dem Jivâtmâ, der das Leben der Monade einschließt; er muss die Bildung seines Körpers auf den niederen Ebenen abwarten; er kann nicht aus seinem vorgeburtlichen Leben hervortreten und *geboren* werden, bis sich nicht ein Körper auf den niederen Ebenen gestaltet hat. Die *Geburt* findet mit der Bildung des Kausal-Körpers statt, wenn der *himmlische Mensch* sich als ein kindliches

Ego manifestiert, als eine wirkliche Individualität, die in einem Körper auf der physischen Ebene wohnt.

Wenn man etwas näher darüber nachdenkt, sieht man leicht, wie sehr die Entwicklung dieses Pilgers der des Menschen bei jedesmaliger Geburt analog ist; im letzteren Fall erwartet der Jivâtmâ die Gestaltung des physischen Körpers, der seine Wohnung bilden soll, in ersterem erwarten die geistigen Triaden als eine Gesamtheit, die Bildung der Quaterne (der Vierzahl), den niederen Teil des ganzen Systems. Bis das Vehikel auf der niedersten Ebene fertig ist, ist alles mehr eine Vorbereitung zur Entwicklung, als die Evolution selbst; man spricht deshalb oft von der Involution. Die Entwicklung des Bewusstseins muss durch die Anregung seines äußersten Vehikels beginnen, d. h. also auf der physischen Ebene. Es kann ein *Außen* nur durch Eindrücke auf seine eigne Außenseite gewahr werden; bis dahin führt es ein Traumleben im Innern; das schwache innere Regen, das fortwährend von der Monade ausgeht, verursacht ein schwaches nach - außen - Drängen des Jivâtmâ, einem Wasserquell unter der Erde vergleichbar, der einen Auslass sucht.

§ 2. Das Weben

Mittlerweile geschieht die Vorbereitung zum Erwachen, die Ausstattung der Materie mit Eigenschaften, – vergleichbar mit der Bildung der Gewebe in dem zukünftigen Körper, – durch die Lebenskraft des zweiten Logos, durch die zweite Lebenswelle, die von Ebene zu Ebene rollt und ihre eignen Eigenschaften der siebenfachen Proto-Materie mitteilt.

Die Lebenswoge trägt, wie oben erwähnt, die Jivâtmâs mit sich bis zu den atomischen Unterebenen der fünften Ebene, der Ebene des *Feuers*, der individualisierten Schöpfermacht, des Denkvermögens. Jede Monade hat hier ein Atom, ein mentales Atom, als mentalen Schleier, und der Logos durchflutet dieses und die übrigen Atome der Ebene mit seinem Leben.

All diese Atome, die Gesamtheit der ganzen atomischen Unterebene, ob frei oder an Jivâtmâ angegliedert, können mit Recht die monadische Essenz genannt werden; da aber im Lauf der Entwicklung, wie wir gleich sehen werden, zwischen diesen angegliederten und den freien Atomen Unterschiede entstehen, wird der Ausdruck, *monadische Essenz*, gewöhnlich nur für die freien Atome gebraucht, während die angegliederten, aus später anzugebenden Gründen, *permanente Atome* genannt werden. Wir können also monadische Essenz definieren als (freie) atomische Materie, die vom Leben des zweiten Logos beseelt ist. Sie sind sein Kleid und Werkzeug zur Belebung und zum Zusammenhalten der Formen; der Logos ist in atomische Materie gekleidet. Sein eignes Leben als Logos, getrennt gedacht von dem Atma-, Buddhi-, Manas-Leben im Menschen, getrennt von all den Einzel-Leben auf der Ebene – obwohl er sie alle erhält, durchdringt und einschließt – ist nur in (freie) atomische Materie gekleidet und diese ist es, die durch den Ausdruck, monadische Essenz, bezeichnet wird.

Die atomische Materie dieser (der mentalen) Ebene, die schon durch die Natur ihrer Atome[37)] imstande ist, durch Schwingungen auf aktive Gedanken-Änderungen zu antworten, wird durch die zweite Lebenswelle zu Kombinationen verbunden, die geeignet sind Gedanken auszudrücken; – die feinere Materie abstrakte Gedanken, die gröbere konkrete.

Die Kombinationen der zweiten und dritten Unterebene bilden das erste Elementar-Reich, die Kombinationen der vier niederen Unterebenen das zweite Elementar-Reich. Die Materie, die in solchen Kombinationen zusammengehalten wird, nennt man Elementar-Essenz; sie lässt sich leicht zu Gedankenformen gestalten. Der Leser darf diese Elementar-Essenz aber nicht mit der monadischen Essenz verwechseln; die letztere wird von Atomen gebildet, die erstere von Molekülen.

Die zweite Lebenswelle rollt dann weiter zur sechsten Ebene, der Ebene des *Wassers*, des individualisierten Empfindens und Wünschens. Die schon erwähnten Devas gliedern die an Jivâtmâ gebundenen oder permanenten Einheiten der fünften Ebene an eine entsprechende Anzahl von Atomen der sechsten Ebene, und der zweite Logos durchflutet diese und die übrigen Atome mit seinem eignen Leben; so werden diese letzteren Atome zur monadischen Essenz, wie oben beschrieben.

Die Lebenswelle wogt weiter und gestaltet auf jeder Unterebene die geeigneten Kombinationen für den Ausdruck von Empfindungen. Aus diesen Kombinationen besteht das dritte Elementarreich, und die Materie, die zu solchen Kombinationen zusammengehalten wird, nennt man wiederum Elementar-Essenz; sie hat die Eigenschaft, auf dieser sechsten Ebene Wunsch-Formen zu bilden.

Man sieht also, dass die Elementar-Essenz aus Gruppierungen von Materie auf jeder der sechs nicht atomischen Unter-Ebenen, sowohl der mentalen, wie auch der astralen Ebene besteht, Gruppierungen, die als solche nicht die Hülle für irgendwelche Wesenheit bilden, sondern als Material dienen, aus dem solche Formen gebildet werden können.

Die Lebenswoge erreicht dann die siebente Ebene, die Ebene der *Erde*, der individualisierten Tätigkeit, der Handlungen. Wie vorher werden die an Jivâtmâ gebundenen oder *permanenten* Atome an eine entsprechende Anzahl solcher der siebenten Ebene gegliedert, und der zweite Logos durchflutet diese und die übrigen Atome mit seinem eignen Leben, und alle diese letzteren Atome bilden die monadische Essenz. Die Lebenswoge schreitet dann weiter, bildet auf jeder Unterebene Kombinationen, die fähig sind, physische Körper zu bilden, die zukünftigen chemischen Elemente, wie sie auf den drei niedrigsten Unterebenen genannt werden.

Wenn wir dieses Werk der zweiten Lebenswelle als Ganzes betrachten, sehen wir, dass ihr Herabsteigen es sozusagen mit der Herstellung des Grundgewebes zu tun hat, aus dem später die feineren und gröberen Körper bereitet werden sollen. Sehr treffend ist dies in einigen alten Schriften das *Weben* genannt worden, das ist buchstäblich zutreffend.

Aus dem Material, das der dritte Logos vorbereitet hat, sind vom zweiten Logos Fäden gesponnen und Stoffe gewebt, aus denen die zukünftigen Gewänder, die feineren und die gröberen Körper hergestellt werden sollen. Wie ein Arbeiter Fäden von Flachs, Baumwolle oder Seide nimmt – zusammengesetzte Gebilde einfacher Art – und sie zu Leinen-, Baumwollen- oder Seidenstoffen verwebt, aus denen dann durch Zerschneiden und Zusammenfügen Gewänder hergestellt werden, so bereitet der zweite Logos die Fäden der Materie, verarbeitet sie zu Geweben und macht Formen daraus. Er ist der ewige, unendliche Weber, während wir uns den dritten Logos als den ewigen, unendlichen Chemiker vorstellen können. Der letztere wirkt in der Natur wie in einem Laboratorium, der erstere wie in einer Manufakturei.

Diese Gleichnisse – so materialistisch sie sind – sollte man nicht geringschätzig betrachten; sie können uns als Krücken dienen und uns bei unsern lahmen Versuchen, Verständnis zu gewinnen, unterstützen.

Die von der Materie durch dieses Weben erlangten Eigenschaften sind für sie nun charakteristisch, wie sich ja auch die Eigenschaften des

Fadens von denen des rohen Materials und die des Gewebes von denen des Fadens unterscheiden. Der Logos webt zwei Arten von Stoffen aus der mentalen Materie, der Denk-Materie; aus diesen wird später einerseits der Kausal-, anderseits der Mentalkörper hergestellt. Er verfertigt ferner ein Gewebe aus Astral-Materie, aus Wunsch-Materie, um aus diesem später den Wunschkörper zu machen.

Das Gleichnis will sagen, dass die von der zweiten Lebenswoge gestalteten und zusammengehaltenen Kombinationen die charakteristischen Eigenschaften besitzen, durch welche sie auf die Monade einwirken, wenn diese mit anderen in Berührung kommt und der Monade als Mittel dienen, wieder auf die anderen einzuwirken. Die Monade wird dadurch empfänglich für alle Arten Schwingungen, der Gedanken wie der Empfindungen usw. Das Charakteristische ergibt sich aus der Natur der Kombinationen. Es gibt deren sieben große Hauptarten (Haupttypen), die sich aus der Natur der (sieben) Atome ergeben, und innerhalb dieser unzählige Unter-Arten. Alle diese spielen eine Holle bei dem Material für den Mechanismus des Bewusstseins und geben ihm seine verschiedenartige Textur, Färbung und Dichtigkeit.

Dieses Herabsteigen der Lebenswelle durch die fünfte, sechste und siebente Ebene, bis sie die dichteste Materie erreicht hat und sich nun wendet, um ihren Aufstieg zu beginnen, müssen wir uns vorstellen als die Herstellung von Kombinationen, die bestimmte charakteristische Eigenschaften zeigen, und deshalb bezeichnen wir diese Tätigkeit des Logos beim Herabsteigen auch häufig als das Erteilen von Eigenschaften.

Beim Aufstieg werden wir finden, dass Körper aus dieser so vorbereiteten Materie hergestellt werden. Aber vor dem wir deren Gestaltung studieren, müssen wir die siebenfache Einteilung dieser Lebenswelle in ihrem Abstieg studieren und ebenso das Auftreten der *Leuchtenden*, der *Devas*, der *Engel*, der *Elementargeister*, die alle zum Herabstieg gehören. Dies sind die niederen *Götter*, von denen Plato spricht, denen der Mensch seine vergänglichen Körper verdankt.

§ 3. Die sieben Ströme

So häufig hört man die Frage: Weshalb spielt bei der Theosophie fortwährend die Zahl Sieben eine so große Eolle ? Wir bezeichnen sie als die *Grundzahl unseres Systems*, und die Ursache ist leicht einzusehen, weshalb diese Zahl bei der Gruppierung der Dinge immer wieder zum Vorschein kommt, da wir es ja, wie oben auseinandergesetzt, mit der dreifachen Wesenheit des Logos zu tun haben. Eine Dreizahl ruft durch ihre inneren Beziehungen ganz naturgemäß eine Siebenzahl hervor, da ihre drei Einheiten sich in sieben und nicht in mehr verschiedenen Arten gruppieren können.

Wir haben davon gesprochen, dass die Materie außerhalb der Grenzen eines Universums die drei Eigenschaften, Beharrungsvermögen, Beweglichkeit, Rhythmus, in einem Gleichgewichtszustand besitzt.

Wenn das Leben des Logos eine Änderung dieses Zustandes hervorruft, haben wir sofort die Möglichkeit von sieben Gruppierungsarten der drei; denn in jedem gegebenen Atom oder in jeder Atomverbindung kann die eine oder die andere dieser Eigenschaften stärker in Wirkung sein als die übrigen und so wird sich sofort eine vorwiegende Eigenschaft zeigen.

Es können sich so zunächst drei Gruppierungen von Eigenschaften bilden, in der einen ist das Beharrungsvermögen vorwiegend, in der zweiten die Beweglichkeit, in der dritten der Rhythmus.

Jede dieser drei hat wieder zwei Möglichkeiten, je nach dem demnächstigen Vorwiegen einer der beiden übrigen Eigenschaften; so kann in einer der Beharrungs-Gruppierungen die Beweglichkeit wieder im Verhältnis zum Rhythmus vorwiegen, in der anderen der Rhythmus zur Beweglichkeit, und so mit den beiden anderen, der Beweglichkeits-Gruppe und der Rhythmus-Gruppe.

Auf diese Weise entstehen die bekannten Typen, je nach ihrer vorwiegenden Eigenschaft; man nennt sie gewöhnlich nach der Sanskrit-Bezeichnung der drei Eigenschaften (Gunas) Satva, Raja und Tama – satvisch, rajasisch und tamasisch oder rythmisch, beweglich oder beharrend; so haben wir satvische, rajasische, tamasische Nahrungsmittel, Tiere, Menschen usw.

Wir erhalten so folgende sieben Gruppen im ganzen, sechs Unterabteilungen der drei und eine siebente, in der alle drei Eigenschaften gleichmäßig tätig sind.

(Die verschiedene Unterstreichung soll in jeder Gruppe das verhältnismäßige Vorwiegen der Eigenschaften andeuten).

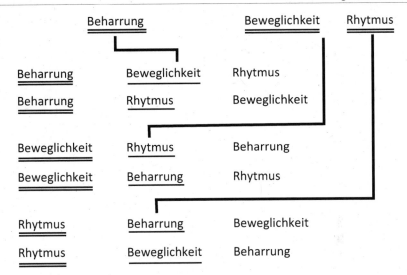

Das Leben des Logos, das sich in die Materie ergießt, betätigt sich selbst in sieben Strömen oder Strahlen.

Diese ergeben sich in gleicher Weise aus den drei Seiten oder Aspekten des Bewusstseins, die dem Logos, wie jedem Bewusstsein, eigen sind, denn jedes ist eine Offenbarung oder Manifestation des universellen Selbst. Diese 3 Aspekte sind Seligkeit (bliss) oder Ichchhâ, Wille; Erkennen (Cognition) oder Jnânam, Weisheit und Dasein (Existence) oder Kriya, Tätigkeit. So haben wir in folgendem die Ströme oder Strahlen des Logos-Lebens. (*Fig. Nächste Seite*)

Alle Dinge kann man sich unter diese sieben Abteilungen gruppiert denken, als den sieben Strömen des Logos-Lebens zugehörig, die zusammen die zweite Lebenswoge bilden; diese durchflutet gleichsam die Ebenen von der höchsten bis zur niedrigsten, sodass, wenn wir die Ebenen horizontal zeichnen, eine über der anderen, die Lebenswoge senkrecht durch sie hindurchrollt. Ferner sind in jedem Strom sieben primäre Unterabteilungen, je nach dem Typus der betreffenden Materie, und innerhalb dieser wiederum sekundäre Unterabteilungen, je nach dem Verhältnis der Eigenschaften in jedem Typus, und so weiter und weiter in unzähligen Verzweigungen. Wir brauchen hierauf nicht weiter einzugehen. Es mag genügen, uns die sieben Typen der Materie und die sieben Typen des Bewusstseins zu merken. Die sieben Ströme des Logos-Lebens zeigen

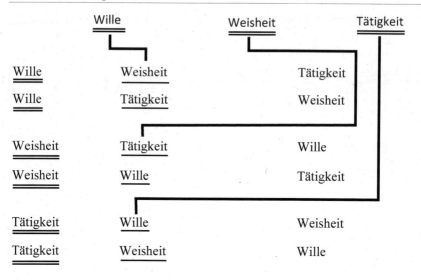

sich als die sieben Typen des Bewusstseins, und in jedem dieser sieben finden wir die sieben Typen der Kombinationen von Materie. Es gibt, sieben verschiedene Typen in jeder der drei Elementar-Reiche und auf der physischen Ebene. Frau Blavatsky zitiert in der Geheimlehre bei der Betrachtung des Menschen aus den Strophen des Buches Dzyan: *Sieben von ihnen (den Schöpfern) ein jeder an seiner Stelle* bildeten die sieben Typen von Menschen und diese waren wieder abgeteilt: *Siebenmal sieben Schatten von zukünftigen Menschen wurden geboren.*[38] Hier steckt der Ursprung der verschiedenen Temperamente der Menschen.

§ 4. Die Leuchtenden (The Shining-Ones)

Wir haben jetzt noch ein Ergebnis des Herabsteigens der Lebens-Welle zu betrachten. Wir haben gesehen, dass sie den Kombinationen der Materie auf der fünften und sechsten Ebene Eigenschaften verlieh, und dass wir in dem ersten Elementar-Reich ein Material haben, das sich dazu eignet, abstrakten Gedanken als Gewand zu dienen, im zweiten Elementar-Reich Material für konkrete Gedanken und im dritten Material für Wünsche und Begierden. Außer der Begabung dieser Kombinationen von Materie mit Eigenschaften führt der zweite Logos während dieses Stadiums seines Abstieges auch entwickelte Wesen herbei, die auf verschiedenen Stufen der Entwicklung stehen und jetzt die normale typische Einwohnerschaft dieser drei Reiche bilden. Diese Wesen sind vom Logos von einer vorhergehenden Entwicklung herübergeführt und sind aus dem Schatzhaus seines Lebens hergesandt, um die Ebenen zu bevölkern, die sich für ihren Entwicklungsgrad eignen und mit ihm zusammen (und später mit den Menschen) bei der Ausarbeitung seines Entwicklungsplanes zu wirken.

In den verschiedenen Religionen haben sie verschiedene Namen erhalten, aber alle Religionen erkennen die Tatsache an, dass sie. da sind und dass sie wirken. Der Sanskritname Devas – die Leuchtenden – ist der allgemeinste und beschreibt sehr passend das Charakteristische ihrer Erscheinung, einen strahlenden, leuchtenden Glanz.[39]

Die jüdische sowohl wie die christliche und die mohammedanische Religion hat für sie den Namen Erzengel und Engel. Die Theosophen nennen sie – um die Bezeichnung einer Sonder-Religion zu vermeiden – nach ihrem Heim Elementar-Geister (Elementals) und dieser Name hat den ferneren Vorteil, dass er den Schüler an ihren Zusammenhang mit den fünf *Elementen* der alten Welt erinnert, dem Äther, der Luft, dem Feuer, dem Wasser und der Erde. Denn es gibt auch solche Wesen höherer Art auf der Atma- und auf der Buddhi-Ebene, wie es Feuer- und Wasser-Elementar-Geister auf der mentalen und astralen Ebene gibt, und endlich Erd-Elementar-Geister auf der plrysischen.

Diese Wesen haben einen Körper aus Elementar-Essenz des Reiches, zu dem sie gehören, einen funkelnden, vielfarbigen Körper, der seine Gestalt je nach dem Willen der innewohnenden Wesen ändert. Sie bilden eine große, große Schar, sind immer tätig an der Arbeit, immer beschäftigt, die Eigenschaften der Elementar-Essenz zu verbessern, sie nehmen einen Teil davon und bilden ihren eignen Körper daraus, werfen ihn ab und nehmen einen anderen Teil, um ihn empfänglicher und reaktionsfähiger zu machen; sie sind auch fortwährend damit beschäftigt, Formen zu gestalten, den menschlichen Egos auf ihrem Wege zur Wiedergeburt zu helfen, ihre neuen Körper zu bauen; sie bringen Material von der nötigen Art herbei und sind behilflich bei dessen Anordnung. Je weniger das Ego entwickelt ist, desto mehr hat der Deva die Arbeit zu leiten; bei den Tieren müssen sie fast alles tun, und bei den Pflanzen und Mineralien liegt ihnen in Wirklichkeit alles ob. Sie sind die tätigen Werkzeuge,

Mittelspersonen, Agenten gleichsam, bei dem Werk des Logos, sie führen alle die Einzelheiten seines Welten-Planes aus und helfen den zahllosen, sich entwickelnden Wesen, das Material zu finden, das sie für ihre Hüllen bedürfen.

Überall im Altertum hat man ihr unentbehrliches Wirken in den Welten anerkannt; China, Egypten, Indien, Persien, Griechenland, Pom, alle berichten von ihnen. Den Glauben an die höchsten dieser Devas finden wir nicht nur in allen Religionen, sondern Spuren der Erinnerung an die der astralen und der ätherisch-physischen Ebene haben sich noch in den Volkssagen erhalten, in Geschichten von *Natur-Geistern, Gnomen, Kobolden* und vielen anderen; das sind Erinnerungen aus Tagen, wo die Menschen sich weniger einseitig den materiellen Interessen hingaben, und empfänglich für die Einwirkungen waren, die von den zarteren Welten ausgingen. Diese Konzentration auf die materiellen Interessen, die ja für die Entwicklung nötig ist, hat dies Wirken der Elementar-Geister von dem wachen Bewusstsein der Menschen ausgeschlossen, aber deshalb hört das Arbeiten selbst natürlich nicht auf, wenn es auch auf der physischen Ebene infolgedessen weniger wirksam ist.

Auf der Stufe, die wir jetzt betrachten, lag freilich diese Arbeit, außer der Verbesserung der Elementar-Essenz noch in ferner Zukunft, aber an dieser Verbesserung waren die Leuchtenden eifrig tätig.

Vordem irgendetwas wie physische Formen, die wir als solche anerkennen würden, auftreten konnte, waren großartige Vorbereitungs-Arbeiten zu leisten und diese waren nun vollendet; es war eine umfassende Arbeit an der Form-Seite der Dinge, vor dem ein verkörpertes Bewusstsein (außer dem des Logos und seiner Leuchtenden) überhaupt irgendetwas tun konnten. Das was menschliches Bewusstsein werden sollte, war zu dieser Zeit ein Same, gesät auf den höheren Ebenen und ohne Bewusstsein von allen äußeren Dingen. Infolge der treibenden Wärme des Logos-Lebens sendet dieser Same nun eine zarte Wurzel aus, die blind und unbewusst nach unten drängt in die niederen Ebenen, und diese zarte Wurzel wird der nächste Gegenstand unserer Untersuchung sein.

IV. – Das permanente Atom

§ 1. Die Angliederung der Atome

Lassen Sie uns die geistige Dreizahl, das dreiatomige Atma–Buddhi–Manas betrachten, den Jivâtmâ, das Saatkorn des Bewusstseins, in dessen Inneren die Wärme des allumflutenden Lebens-Stroms des Logos schwaches Vibrieren des antwortenden Lebens weckt. Dies ist ein inneres Vibrieren, das einer äußeren Tätigkeit vorhergeht. Nach langer solcher vorbereitenden Einwirkung erscheint ein feines Fädchen, wie eine zarte Wurzelfaser, die aus dem dreiatomigen, das Bewusstsein einhüllenden Molekül hervortritt, ein goldfarbiger Lebensfaden, in Buddhi-Materie gekleidet; zahllose solcher Fädchen kommen so aus zahllosen Jivâtmâs hervor, die zuerst ziellos in den sieben großen Lebensströmen umhertreiben, bis sie dann vor Anker gehen, – wenn ich mich so ausdrücken darf, – indem sie sich an eine einzelne Einheit (Molekül) der vierten mentalen Unterebene angliedern. Dies Verankern, – wie auch das frühere an die drei höheren Atome und wie das spätere, an die astralen und physischen Atome, – wird durch die Tätigkeit der Leuchtenden bewirkt. Kings um diese angegliederte molekulare Einheit ziehen sich zeitweilige Ansammlungen von Elementar-Essenz des zweiten Elementar-Keichs zusammen, sie zerstreuen sich, sammeln sich wieder, und das wiederholt sich fortwährend, immer um die angegliederte Einheit als Mittelpunkt. In diesem ständigen Zentrum, das als solches für eine endlose Folge von wechselnden, zusammengesetzten Formen dient, wecken die Schwingungen dieser Formen schwache Antworten, und diese Schwingungen wiederum zittern leise nach oben, nach dem Samenkorn des Bewusstseins und rufen in diesem ganz unsichere innere Bewegungen hervor.

Man kann nicht sagen, dass jedes Zentrum von einer eigenen Form umgeben wird; denn eine Ansammlung von Elementar-Essenz kann mehrere, ja sehr viele solcher Zentren umgeben, oder mag andrerseits nur eins haben oder auch gar keins.

So erlangen mit unvorstellbarer Langsamkeit diese angegliederten Einheiten gewisse Eigenschaften, d. h. erlangen die Fähigkeit, solche Schwingungen zu vollführen, die zum Denken gehören, und dadurch werden später Gedanken möglich. Die Leuchtenden vom zweiten Elementar-Reich wirken auch auf sie ein, senden ihnen Schwingungen zu, auf die sie allmählich zu antworten beginnen, und umgeben sie mit der Elementar-Essenz, die vorher einen Teil ihrer eignen Körper gebildet hatte.[40] Sodann ist jede der sieben typischen Kategorien von der anderen durch eine zarte Wand monadischer Essenz getrennt, (atomischer Materie, die vom Leben des zweiten Logos beseelt ist,) dem Anfang der trennenden Hülle der zukünftigen Gruppen-Seele.

Dieser ganze Prozess wiederholt sich, wenn das dritte Elementar-Reich sich gebildet hat. Der zarte, von Buddhi-Materie umhüllte Faden des Lebens, samt seiner ihm angegliederten mentalen Einheit drängt nach außen zur Astral-Ebene und verbindet sich mit einem einzelnen astralen Atom, und bildet mit ihm ein Ganzes, ein ständiges Zentrum auf der Wunsch-Ebene. Um dieses ziehen sich nun zeitweilige Ansammlungen von Elementar-Essenz des dritten Reiches zusammen, zerstreuen sich, sammeln sich, gerade wie vorher. Und ähnlich ist das Ergebnis, wenn die zahllose Reihenfolge von Formen auch hier in diesem ständigen Zentrum schwache Antworten weckt, die ihrerseits wiederum unsichere innere Bewegungen hervorrufen. So erlangen wieder diese angegliederten Atome langsam gewisse Eigenschaften, erwerben die Fähigkeit in gewisser Weise zu schwingen, wodurch später Empfindungen ermöglicht werden. Auch hier helfen die Leuchtenden (jetzt des dritten Elementar-Reiches) bei der Arbeit, benützen ihre höher entwickelte Fähigkeit zu schwingen, um sympatisch in diesen unentwickelten Atomen die Fähigkeit des Antwortens hervorzurufen, und wie vorher, ihnen von ihrer früher eignen Substanz zuzuerteilen. Die jede der sieben Gruppen abtrennende Wand erhält eine zweite Schicht aus monadischer Essenz der Astral-Ebene, und sie kommt so um eine Stufe der Hülle der zukünftigen Gruppen-Seele näher.

Und noch einmal wiederholt sich der Prozess, wenn die große Woge weiter schreitet zur physischen Ebene. Der zarte Lebensfaden in der Buddhi-Hülle mit seiner mentalen und astralen Einheit drängt nochmals weiter, und zieht ein physisches Atom an sich, gliedert es an und bildet so das ständige Zentrum auf der physischen Ebene. Um dieses sammeln sich ätherische Moleküle; aber diese physisch-schwere Materie ist zäher zusammenhängend, als die zarte, duftige der höheren Ebenen; deshalb ist hier längere Zeitdauer für die Lebenstätigkeit zu beobachten. Dann –

wenn die ätherischen Typen der Proto-Metalle, später die Proto-Metalle, dann die Metalle und die nicht-metallischen Elemente, und endlich die Mineralien sich gebildet haben – werden diese angegliederten Atome mit ihren Ätherhüllen von den Leuchtenden des ätherischen physischen Reichs einem der sieben ätherischen Typen oder Kategorien zugeteilt, je nachdem zu welchem Typ sie gehören, und die Atome beginnen ihre langdauernde physische Entwicklung.

Vordem wir diese weiter verfolgen können, müssen wir die Gruppen-Seelen betrachten, die auf der atomischen Unterebene ihre dritte Hüllen-Schicht erhalten haben. Aber es wird zweckmäßig sein, einen Augenblick bei der Natur und der Wirkungsweise dieser permanenten Atome, dieser Dreieinheiten oder Triaden zu verweilen, die einen Wiederschein der geistigen Triaden von den höheren Ebenen auf die niederen darstellen, und von denen jede mit einer geistigen Triade, ihrem Jivâtmâ, verbunden ist. Jede Triade besteht aus einem physischen Atom, einem Astral-Atom und einer mentalen Einheit, die dauernd durch einen Faden von Buddhi-Materie an die geistige, spirituelle Triade angegliedert sind. Dieser Faden ist oft der Sutrâtmâ, das *Faden-Selbst* genannt worden, weil die permanenten Teilchen auf ihn, wie Perlen auf eine Schnur[41], aufgereiht sind.

Wir können wieder eine Figur zur Hilfe nehmen, die Verhältnis bildlich darstellt:

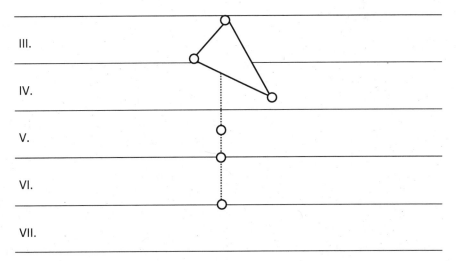

III.

IV.

V.

VI.

VII.

§ 2. Das Lebens-Gewebe

Es ist schon erwähnt, dass die Angliederung an die spirituelle Dreizahl durch Buddhi-Materie geschieht und das ist in der Figur durch die punktierte Linie angedeutet, die die Atome verbindet und von der Dreiecksseite in der Buddhi-Ebene ausgeht und nicht von dem Manas-Atom. Aus Buddhi-Materie ist das wunderbare Gewebe des Lebens hergestellt, das alle unsre Körper erhält und belebt. Wenn die Körper mit buddhischem Schauen betrachtet werden, dann verschwinden sie alle und an ihrer Stelle erscheint ein schimmerndes goldenes Gewebe, von unfassbarer Feinheit und zarter Schönheit, eine Spitzenarbeit, sozusagen, in allen seinen Teilen, ein Netzwerk mit unendlich feinem Maschen.

Das Ganze besteht aus Buddhi-Materie und innerhalb dieser Maschen haben sich die gröberen Atome zusammengefügt. Eine nähere Untersuchung zeigt, dass das ganze Netzwerk aus einem einzigen Faden besteht, einer Verlängerung des Sutrâtmâs. Während des vorgeburtlichen Lebens des Kindes wächst dieser Faden aus dem permanenten physischen Atom hervor und verzweigt sich nach allen Richtungen und diese Verlängerung setzt sich fort, bis der physische Korper voll erwachsen ist; während des physischen Lebens spielt das Prana, der Lebens-Atem immer auf ihm hin und her, auf allen Zweigen und Maschen; beim Tode zieht er sich zurück und verlässt den Körper, der nun verfällt. Es lässt sich beobachten, wie der Faden sich langsam aus der dichten physischen Materie löst, der Lebens-Atem mit ihm, und sich nach dem Herzen um das permanente Atom zusammenzieht. Wenn der Faden die Glieder verlässt, dann durchdringt er nicht mehr den Körper und es tritt die *Todeskälte* ein; man sieht, wie die golden-violette Flamme des Lebens-Atems das Atom im Herzen umleuchtet; und schließlich steigt die Flamme und das goldene Lebens-Gewebe und das permanente Atom durch den sekundären Sushumna-Nadi[42)] zum Kopf in das dritte Ventrikel des Gehirns und das Auge wird starr, sobald sich das Lebens-Gewebe entfernt und sich vollständig um das permanente Atom im dritten Ventrikel sammelt; dann erhebt sich das Ganze zum Vereinigungspunkt der Scheitel- und Hinterhaupt-Schädelnaht und verlässt den physischen Körper – die Leiche. Das Gewebe umgibt das permanente Atom wie eine goldene Schale — ähnlich dem dicht umsponnenen Kokon der Seidenraupe – und bleibt bei ihm als Schutzhülle, bis die Bildung eines neuen physischen Körpers verlangt, dass er sich wiederum ausbreitet. – Ein ähnlicher Vorgang spielt sich dann mit dem astralen und mentalen Atom bezw. Molekül ab, sodass, wenn die betreffenden Körper sich aufgelöst haben, die niedere Dreizahl als ein glänzend funkelnder Kern innerhalb des Kausal-Körpers zu erblicken ist, eine Erscheinung, die schon lange beobachtet wurde, ehe genauere Forschung ihre Bedeutung enträtselte.

§ 3. Die Auswahl der permanenten Atome

Wir wollen noch einmal zu der Aneignung der permanenten Atome der drei höheren Ebenen seitens der Monade zurückkehren und uns zu erklären suchen, welchen Nutzen, welchen Zweck diese Aneignung hat; dasselbe Prinzip gilt dann auch für die anderen Ebenen.

Zunächst wird man sich erinnern, dass die Materie jeder Ebene sieben Haupttypen, Kategorien, aufweist, die sich dadurch unterscheiden, dass sie verschiedene der drei Haupteigenschaften (Gunas) der Materie, Beharrung, Beweglichkeit und Rhythmus, in erster und sodann in zweiter Linie betonen. Die drei permanenten Atome könnten daher aus sieben verschiedenen Typen ausgewählt werden, aber wie es scheint, wählt jede einzelne Monade sie alle drei aus einem Typus. Es scheint ferner, dass, wenn auch auf den drei höheren Ebenen die tatsächliche Angliederung der permanenten Atome an den Lebensfaden das Werk der oben besprochenen Hierarchien ist, die Auswahl bei der Aneignung von der Monade selbst ausgeht. Sie selbst gehört zu der einen oder anderen der erwähnten sieben Kategorien des Lebens; an der Spitze jeder dieser Kategorien steht ein planetischer Logos, der dem Ganzen seine *Färbung* gibt und die Monaden gruppieren sich je nach diesen Farben, da jede durch ihren Vater-Stern ihre Färbung erhält.[43] Das ist die erste große, bestimmende Charakterisierung eines jeden von uns, unsere grundlegende *Farbe* oder unser *Grundton* oder unser *Temperament*.

Die Monade kann nun beschließen, ihre beginnende Pilgerfahrt zur Verstärkung und Vertiefung ihrer besonderen Eigenart zu benutzen; in diesem Fall gliedern die Hierarchien an ihren Lebensfaden Atome, die zu der ihrer Lebens-Kategorie entsprechenden Kategorie der Materie gehören. Diese Entscheidung würde zur Folge haben, dass eine sekundäre *Färbung* oder ein sekundärer *Grundton*, ein sekundäres *Temperament* die primäre verstärkt und verschärft und in der späteren Entwicklung würden sich die Fähigkeiten und die Schwächen dieses verdoppelten Temperaments mit großer Macht zeigen.

Oder die Monade entscheidet sich, ihre Pilgerfahrt zur Entfaltung eines anderen Aspekts ihrer Natur zu benutzen; dann gliedern die Hierarchien an ihren Lebensfaden Atome aus einer Kategorie der Materie, die einer anderen Lebens-Kategorie entspricht, und zwar der, in welcher der Aspekt vorwiegt, den die Monade an sich zu entwickeln beschlossen hat. Dieser Beschluss würde eine sekundäre Färbung (Grundton, Temperament) zur Folge haben, die die primäre modifiziert,, mit entsprechenden Ergebnissen in der späteren Entwicklung. Die letztere Entschließung ist augenscheinlich bei Weitem die häufigste; sie veranlasst eine größere Vielseitigkeit des Charakters, besonders auf den letzten Stufen der menschlichen Entwicklung, wo der Einfluss der Monade sich stärker fühlbar macht.

Wie schon gesagt, es scheint, dass jede Monade alle ihre permanenten Atome einer und derselben Kategorie entnimmt, sodass auch die der niederen Dreizahl den höheren entsprechen. Auf den niederen Ebenen ist jedoch der Entschluss dieser Atome auf die Bestimmung des Typs der Materie für die Körper, deren schöpferisches Zentrum sie sind, – der Gegenstand, auf dem wir jetzt unsere Aufmerksamkeit zu richten haben – viel beschränkter und wird durch andere Einwirkungen geschwächt.

Auf den höheren Ebenen sind die Körper verhältnismäßig dauerhaft, wenn einmal hergestellt und sie geben sehr rein den Grundton ihrer permanenten Atome, wenn er auch noch so reich an Obertönen ist, die in immer zarterer Harmonie erklingen. Auf den niederen Ebenen jedoch, trotzdem der Grundton dort derselbe ist, kommen noch verschiedene andere Einflüsse hinzu, die die Auswahl des Materials für die Körper mit entscheiden, wie wir gleich besser verstehen werden.

§ 4. Die Aufgabe der permanenten Atome

Um diese Aufgabe in einem Satz auszudrücken: *Die Aufgabe der permanenten Atome ist, die Ergebnisse aller Erfahrungen, die sie erlebt haben, als Schwingungsfähigkeit in sich selbst anzusammeln und zu bewahren.* Es ist vielleicht das Beste, wir nehmen das physische Atom als Beispiel, da wir an diesem leichter die Erklärungen geben können als an den höheren.

Eine physische Einwirkung irgendwelcher Art auf einen Körper verursacht in ihm Schwingungen, die den einwirkenden entsprechen, diese mögen örtlicher oder allgemeiner Natur sein, je nach der Art und der Kraft der Einwirkung. Aber, ob örtlich oder allgemein, sie erreichen in allen Fällen das permanente physische Atom durch die Vermittlung des Lebens-Gewebes und bei heftigen Einwirkungen auch durch die Erschütterung allein. Aus dieser Schwingung, die dem Atom von außen aufgenötigt wird, entsteht eine Schwingungs-Fähigkeit im Atom, die zugleich die Neigung hat, die Fähigkeit auszuüben, d. h. die Schwingungen zu wiederholen. Das ganze Leben hindurch treffen unzählige Einwirkungen das permanente Atom; nicht eine, die nicht ihre Spuren in ihm hinterließe, die ihm nicht eine neue Möglichkeit der Schwingung verliehe. All die Ergebnisse der physischen Erfahrungen bleiben als Schwingungs-Fähigkeiten im permanenten Atom aufgespeichert.

Am Ende eines physischen Lebens hat das permanente Atom auf diese Weise unzählige Schwingungs-Fälligkeiten gesammelt, d. h., es hat gelernt, in unzähligen Arten auf die äußere Welt zu antworten, in sich selbst die Schwingungen zu wiederholen, die es von der Umgebung empfängt. Der physische Körper löst sich beim Tode auf; seine einzelnen Teilchen nehmen alle das Resultat der Erfahrungen mit sich, die sie erlebt haben, wenn sie sich zerstreuen, wie es ja in Wirklichkeit alle Teilchen unseres Körpers Tag für Tag tun bei ihren fortwährenden Hinscheiden aus dem einen Körper und dem fortwährenden Wiedergeborenwerden in einem anderen.

Das physische permanente Atom bleibt; es ist das einzige Atom, das alle die Erfahrungen des ewig wechselnden Konglomerats, das wir unsern Körper nennen, erlebt und sich alle Ergebnisse aus diesen Erfahrungen angeeignet hat. Eingehüllt in seinen goldenen Kokon, schläft es während der langen Jahre, in denen der Jîvâtmâ, dem es angehört, andere Erfahrungen in anderen Welten erlebt. Diese lassen es unberührt, da es unfähig ist, auf sie zu antworten und es schläft seine lange Nacht hindurch in ungestörter Ruhe.[44]

Wenn die Zeit zur Wiedererweckung kommt und die Anwesenheit des permanenten Atomes die Befruchtung des Eies ermöglicht, aus welchem der neue Körper erwachsen soll[45], ertönt sein Grundton und dieser ist eine der Kräfte, die dem ätherischen Bildner, dem Elementar-Geist, dem es obliegt, den physischen Körper aufzubauen, dabei leiten, das geeignete Material für seine Arbeit auszuwählen; denn er kann keins benutzen, das sich nicht einigermaßen auf das permanente Atom stimmen lässt.

Aber er ist nur eine der Kräfte; das mentale, das emotionelle Karma und das Karma in Beziehung auf andere verlangt ein Material, das fähig ist, allem diesen den verschiedenartigsten Ausdruck zu verleihen; aus diesem Karma haben die Herren des Karma das ausgesucht, was dem augenblicklichen Zweck entspricht, d. h. dasjenige, dem ein Körper aus einer besonderen typischen Art Materie Ausdruck geben kann. Diesen entsprechenden Teil des Karmas bestimmt, abgesehen vom Grundton des permanenten Atomes, seinerseits die materielle Kategorie und aus dieser Kategorie wählt der Elementargeist solches Material, das in Harmonie mit dem permanenten Atom schwingen kann, oder wenigstens nicht in solcher Disharmonie, dass es zerstörend wirkt. Es ist daher, wie gesagt, das permanente Atom nur eine der Kräfte zur Bestimmung der dritten Farbe (Grundton, Temperament), welche jeden von uns charakterisiert. Diesem Temperament entspricht die Zeit der Geburt des Körpers; er muss in die Welt geboren werden zu einer Zeit, wenn die physischen, planetarischen Einflüsse dem dritten Temperament günstig sind und er wird so *unter seinem* astrologischen *Stern* geboren. Es ist wohl nicht nötig hervorzuheben, dass es nicht der Stern ist, der das Temperament auferlegt; das Temperament ist es, das die Zeit der Geburt unter jenem Stern bestimmt. Aber hierin liegt die Erklärung der Beziehungen zwischen den Sternen – den Sternen-Engeln sollten wir sagen – und den Charakteren, und der Nutzen eines geschickt und sorgfältig aufgestellten Horoskops als aufklärender Hinweis auf das persönliche Temperament eines Kindes für erzieherische Zwecke.

Dass so komplizierte Ergebnisse (früherer Leben), die imstande sind, ihre Besonderheiten der umgebenden Materie aufzuprägen, in einem solchen minimalen Raum, wie ein Atom, angesammelt und vorhanden sein können, erscheint unbegreiflich, – und doch ist es so. Und es ist beachtenswert, dass die gewöhnliche Wissenschaft eine ähnliche Idee vertritt; denn Weißmann hält dafür, dass die unendlich kleinen *Biophoren* der Keimzelle auf ähnliche Weise dem Abkömmling die charakteristischen Eigenschaften seiner Vorfahren übermittelt. Während das eine unendliche Kleine dem Körper seine physischen Besonderheiten von seinem

Vorfahren überliefert, überträgt das andre die, welche der sich entwickelnde Mensch während seines eignen Aufstiegs sich erworben hat. H. P. Blavatsky hat das sehr klar auseinandergesetzt:

Der deutsche Embryologe und Philosoph schreitet über die Köpfe der Griechen Hippokrates und Aristoteles hinweg so recht zurück in die Lehren der alten Arier und zeigt, wie eine außerordentlich kleine Zelle, eine aus Millionen anderer, die an der Formung eines Organismus arbeiten, allein und ohne Unterstützung, durch fortwährende Spaltung und Vermehrung das genaue Bild des künftigen Menschen oder Tieres mit seinen körperlichen, intellektuellen und physischen Eigenschaften bestimmt. – Ergänzt das oben erwähnte körperliche Plasma, die „Keimzelle" des Menschen, mit all ihren stofflichen Möglichkeiten, durch das „geistige Plasma" sozusagen, oder das Fluidum, das die fünf niederen Prinzipien der sechs Prinzipien aufweisenden Dhyáni enthält und ihr habt das Geheimnis, wenn Ihr geistig genug seid, es zu verstehen.[46]

Ein kurzes Studium der physischen Vererbung iin Licht der weißmannschen Theorie wird genügen, um es dem Leser wahrscheinlich zu machen, dass ein so kleiner Körper, wie ein permanentes Atom, solche Möglichkeit in sich bergen kann. Ein Mensch bringt aufs Neue die Züge eines längst verstorbenen Ahnen zum Vorschein, zeigt eine physische besondere Eigenart, die seine Vorfahren eine Reihe von Jahrhunderten hindurch charakterisierte. Wir können die Stuarts-Nase auf einer langen Reihe von Ahnen-Portraits nachweisen und unzählige andere solche Fälle finden sich überall. Weshalb sollte denn so etwas Außerordentliches in dem Gedanken liegen, dass ein Atom in sich selbst nicht Biophoren ansammelt wie die Keimzelle, sondern die Neigung, unzählige Schwingungen zu wiederholen, die es früher schon ausgeführt hat. Raum-Schwierigkeiten können nicht entstehen; wir brauchen nur an die Saite zu erinnern, von der wir unzählige verschiedene Töne erhalten können, je nachdem, wie lang wir sie schwingen lassen und jeder Ton enthält noch eine Reihe von Obertönen. Wir müssen uns den minimalen Raum eines Atoms nicht so vorstellen, als sei er mit unzähligen schwingenden Körper erfüllt, sondern von einer beschränkten Anzahl Gebilden, von denen jedes imstande ist, unzählige Schwingungs-Arten auszusenden.

In Wirklichkeit ist jedoch die Raum- Schwieligkeit nur eine Illusion, denn es gibt weder eine Grenze für die Kleinheit noch für die Größe.

Die moderne Wissenschaft erblickt jetzt in dem Atom ein System von sich drehenden Welten, jede Welt mit seiner eignen Umlaufs-Bahn und das Ganze ähnlich einem Sonnensystem. Der Meister der Illusion, der Raum, gerade wie sein Bruder, die Zeit kann uns hier nicht den Weg sperren. Es gibt keine Grenze für die Möglichkeit immer weiterer Teilung in Gedanken, und deshalb auch keine in dem Ausdruck des Gedankens, den wir Materie nennen.

Die normale Zahl der Spiralen, die während der jetzigen Ronde im permanenten Atom tätig sind, ist vier, wie auch in den gewöhnlichen, nicht angegliederten Atomen der allgemeinen Materie auf dieser Stufe der Entwicklung. Aber wir wollen einmal das permanente Atom in dem Körper eines sehr hoch entwickelten Menschen nehmen, der seinen Mitmenschen weit voraus ist. In solchem Fall werden wir ein permanentes Atom finden, das fünf tätige Spiralen zeigt, und wir wollen versuchen, uns klar zu machen, welche Folgen das für das ganze Material seines Körpers hat.

Im vorgeburtlichen Leben würde die Beschaffenheit dieses fünf spiraligen, permanenten Atoms den elementaren Bildner dazu veranlassen, unter seinem Material jedes ähnliche Atom, dessen er habhaft werden kann, heranzuziehen. Meistenteils wird er darauf angewiesen sein, jedes Atom zu benützen, das in zeitweiliger Verbindung mit einem Körper gestanden hat, dessen Zentrum ein fünf-spiraliges permanentes Atom war. Ein solches Zentrum hat die Tendenz, in den übrigen Atomen eine entsprechende Tätigkeit zu wecken, besonders – vielleicht nur dann, wenn sie einen Teil des Gehirns oder der Nerven des hoch entwickelten Herrn dieses Körpers gebildet hatten. Die fünfte Spirale wird hierdurch in ihnen mehr oder weniger tätig, und obgleich sie, nach dem Verlassen eines solchen Körpers in Untätigkeit zurücksinkt, hat die zeitweise Tätigkeit sie doch geneigt gemacht, in Zukunft bereitwilliger auf den Strom monadischen Lebens zu antworten. Von solchen Atomen würde also das Elementar-Wesen sich für sein Werk so viele wie möglich sichern. Es würde sich auch, wenn die Gelegenheit günstig, vom väterlichen und mütterlichen Körper, falls diese auf solcher Stufe stehen, solche Atome verschaffen und diese zu seiner Arbeit verwenden. Nach der Geburt und während seines ganzen Lebens zieht ein solcher Körper jedes ähnliche Atom an, das in sein magnetisches Feld gerät. Er würde von dem Beisammensein mit hoch entwickelten Menschen ganz außerordentlichen Vorteil ziehen, da er sich aller fünfspiraligen Atome bemächtigen würde, die in dem Schauer von abgeworfenen Partikelchen vorhanden sind, und so von ihrem Umgang nicht nur intellektuell und moralisch, sondern auch physisch profitieren. –

Das permanente astrale Atom steht im selbem Verhältnis zum Astralkörper, wie das physische permanente Atom zum physischen Körper. Am Ende des Lebens im Kamaloka – im Fegefeuer – zieht sich das goldene Lebens-Gewebe vom Astralkörper zurück, überlässt ihn der Auflösung, wie vorher den physischen Genossen und hüllt das astrale permanente Atom ein – zu seinem langen Schlaf.

Ein ähnliches Verhältnis besteht zwischen dem Meutalkörper und dem permanenten Mental-Molekül während des physischen, astralen und mentalen Lebens; auf den untersten Stufen der menschlichen Entwicklung macht die permanente, mentale Einheit wenig Fortschritte in ihrem kurzen Devachan-Leben, nicht nur infolge dieser Kürze, sondern weil die schwachen Gedankenformen, die die unentwickelte Denkkraft zuwege bringt, die permanente Einheit nur wenig beeinflussen.

Wenn dies Denkvermögen sich aber höher entwickelt hat, ist das Devachan-Leben eine Zeit intensiver Ausbildung; unzählige Schwingungskräfte werden aufgespeichert und zeigen ihren Nutzen, wenn die Zeit zur Bildung eines neuen Denkkörpers für den nächsten Kreislauf der Wiederverkörperung kommt. –

Wenn das mentale Leben im Devachan zu Ende geht, zieht sich das goldene Gewebe auch vom Mental-Körper zurück, überlässt auch diesen der Auflösung, während es das mentale Molekül einhüllt, – und die niedere Triade permanenter Einheiten bleibt allein als der Vertreter der drei niederen Körper zurück. Diese kommen, wie schon erwähnt, als ein strahlender Kern innerhalb des Kausal-Körpers einstweilen zur Ruhe. Diese Dreieinheit ist also alles, was dem Ego von seinen Körpern in den niederen Welten bleibt, wenn dieser Kreislauf der Erlebnisse vollendet ist, – wie sie seine Werkzeuge und Hilfsmittel zum Verkehr mit den niederen Ebenen waren, während diese Körper lebten.

Wenn die Zeit zur Wiederverkörperung kommt, fängt das Leben des Ego leise an, zu erzittern und erweckt dadurch das mentale Molekül; das Lebens-Gewebe regt sich, tut sich auf, und das schwingende Molekül wirkt wie ein Magnet, und zieht Material an, dessen Schwingungsart der seinen ähnelt, bezw. zu ihr passt; die *Leuchtenden* des zweiten Elementar-Reiches bringen ihm solches Material nahe. Auf den ersten Stufen der Entwicklung formen sie die Materie zu losen Wolken um das Molekül; geht die Entwicklung aber weiter, übt das Ego auf die Gestaltung einen immer wachsenden Einfluss aus.

Ist der Mentalkörper zum Teil fertig, dann erweckt der zitternde Lebensstrahl das Astral-Atom, und ein ähnlicher Vorgang wiederholt sich. Schließlich erreicht die Lebenstätigkeit das physische Atom, und deren Wirkung spielt sich ab, wie schon oben beschrieben. –

Manchmal wird die Frage aufgeworfen: Wie können diese permanenten Atome ihren Ruhepunkt innerhalb des Kausalkörpers finden, ohne ihre physische, astrale und mentale Natur aufzugeben, da doch der Kausalkörper auf einer höheren Ebene lebt, wo z. B. das Physische als Physisches nicht existieren kann? Der Fragesteller hat einen Augenblick vergessen, dass alle Ebenen sich durchdringen, und dass es dem Kausal-Körper nicht schwerer wird, die Triade der niederen Ebenen zu umgeben, als die Hunderte von Millionen von Atomen unseres mentalen, astralen und physischen Körpers, die während der Zeitperiode eines Erdenlebens zu der Triade gehören. Die Dreizahl bildet ein winziges Teilchen innerhalb des Kausalkörpers, jeder einzelne Teil gehört zu seiner eignen Ebene, aber da die Ebenen sich überall berühren, so erscheint in der notwendigen Nebeneinander-Lagerung keine Schwierigkeit. Wir sind zu gleicher Zeit auf allen Ebenen.

§ 5. Die Einwirkung der Monade auf die permanenten Atome

Wir können zunächst die Frage stellen: Gibt es etwas dergleichen, was wir wirklich mit monadischer Einwirkung auf das permanente Atom bezeichnen können – mit einer Einwirkung der Monade von der Anupâdaka-Ebene aus. Eine direkte Einwirkung findet nicht statt, noch kann sie vorhanden sein, bis nicht die keimhafte, spirituelle Triade einen hohen Grad der Entwicklung erreicht hat; eine mittelbare Wirkung, d. h. eine Einwirkung auf die spirituelle Triade, die nun ihrerseits auf die niedere einwirkt, übt die Monade fortwährend aus. Zu allen praktischen Zwecken kommt nur das Einwirken der spirituellen Triade in Betracht, der Monade also, die sich, wie wir gesehen haben, in dichtere Materie, als die ihrer Heimats-Ebene, gehüllt hat.

Die spirituelle Triade zieht die meisten ihrer Kräfte und die ganze Fähigkeit, diese Kräfte zu leiten, aus dem zweiten Logos; sie ist ja ganz eingetaucht in den Strom seines Lebens. Was wir der Triade eigne spezielle Tätigkeit nennen können, beschäftigt sich nicht mit all dem Gestalten und Bauen seitens der zweiten Lebenswelle, sondern richtet sich auf die Entwicklung des Atoms selbst, in Verbindung mit dem dritten Logos. Diese Energie, die von der spirituellen Drei-Einheit ausgeht, beschränkt sich auf die atomische Unter-Ebene, und scheint bis zur vierten Runde hauptsächlich auf die permanenten Atome einzuwirken. Sie richtet sich zuerst auf die Formung und sodann auf die Belebung der Spiralen, die die Außenseite des Atoms bilden.

Der Wirbel, der das Atom darstellt, den wir Atom nennen, ist das Leben des dritten Logos; aber die Außenseite aus Spirillen entsteht allmählich auf der äußeren Oberfläche dieses Wirbels, während des Herabstiegs des zweiten Logos; sie werden nicht von ihm belebt, sondern nur schwach auf der Oberfläche des sich wirbelnden Lebensstrudels vorgezeichnet. Sie bleiben – so weit es sich um den zweiten Logos handelt – zarte unbenutzte Kanälchen; aber sobald das Leben der Monade zu strömen beginnt, fließt es in den ersten dieser Kanäle, belebt ihn und verwandelt ihn in einen mitwirkenden Teil des Atoms.

Dies geht die folgenden Runden hindurch so weiter, und kommen wir zur vierten Runde, dann haben wir vier bestimmte Lebensströme von jeder Monade, die durch vier Systeme von Spirillen in ihre eignen permanenten Atome zirkulieren.

Wenn nun die Monade in dem permanenten Atom arbeitet, und dies als der Kern eines Körpers auftritt, dann beginnt sie in ähnlicher Weise an den Atomen zu arbeiten, die sich um das permanente Atom gruppieren, und sie belebt nun deren Spiralen; aber das ist nur eine zeitweise Belebung, nicht eine immer fortgesetzte, wie bei dem permanenten Atom.

Sie versetzt so die zarten, schattenhaften Gebilde, die durch die zweite Lebens-Woge hervorgerufen wurden, in Tätigkeit, und wenn das Leben des Körpers aufhört, kehren die Atome, jetzt angeregt und vervollkommnet durch die aktivierende Einwirkung des Lebens während ihrer Verbindung mit dem permanenten Atom, zur großen Masse der atomischen Materie zurück. Die Kanäle sind durch ihre Entwicklung jetzt leichter imstande, wiederum einen solchen Lebensstrom aufzunehmen, wenn sie in einen anderen Körper eintreten, und dort zu einem permanenten Atom in Beziehung treten, das zu irgendeiner anderen Monade gehört.

So geht diese Arbeit fortwährend weiter auf der physischen und astralen Ebene, wie in den Partikelchen der Materie auf der Mental-Ebene; fortwährend wird das Material verbessert, mit dem die Monaden dauernd oder zeitweise in Berührung sind, und diese Entwicklung der Atome steht beständig unter dem Einfluss der Monaden. Die permanenten Atome entwickeln sich schneller infolge ihrer dauernden Verbindung mit der Monade, während die anderen auf die wiederholte, zeitweilige Einwirkung der verschiedenen permanenten Atome angewiesen sind.

Während der ersten Runde der Erd-Kette wird so dies erste System von Spirillen der physischen Atome durch den Lebens-Strom der Monade belebt, der durch die spirituelle Triade fließt. Dies ist das Spirillen-System, das die Ströme von Prana – des Lebensatems – benutzen, um auf den dichteren Teil des physischen Körpers einzuwirken.

Ähnlich tritt in der zweiten Runde das zweite Spirillen-System in Tätigkeit; dieses dient denjenigen Strömen von Prana, die es mit dem Ätherkörper zu tun haben. Während dieser zweiten Runde kann man bei keiner Form irgendetwas auffinden, was Empfindung von Freude und Leid genannt werden könnte.

Während der dritten Runde tritt Leben in das dritte Spiralen-System, und hier tritt zuerst das auf, was wir Empfindung nennen; denn durch diese Spirillen kann die kamische oder astrale Energie auf den physischen Körper einwirken, das kamische Prana kann in ihnen spielen und so den direkten Zusammenhang zwischen dem Physischen und dem Astralen herstellen. Während der vierten Runde erhält das vierte Spirillen-System Leben und Prana von Kama-Manas durchströmt es, und macht dadurch die Atome geeignet, zur Bildung eines Gehirns benutzt zu werden, das als Werkzeug zum Denken dienen kann.

Wenn ein Mensch aus dem Normalen heraustritt und die übernormale menschliche Entwicklung auf sich nimmt, indem er sich auf den Pfad, der jenseits der normalen Bahn liegt, vorbereitet und ihn später betritt, hat er in Bezug auf seine permanenten Atome eine außerordentlich schwierige Aufgabe. Er muss mehr Spirillen-Systeme beleben, als in der übrigen Menschheit zur Zeit belebt sind. Vier Systeme stehen ihm als einem Vier-Runder schon zur Verfügung. Er fängt an, einem fünften Leben zu geben, und so das Atom der fünften Runde zur Manifestation zu bringen, während er noch in einem Körper vierter Kunde arbeitet. Hierauf beziehen sich Andeutungen in einigen früheren theosophischen Büchern über *Fünf-Runder* und *Sechs-Runder*, die in unsrer jetzigen Menschheit auftreten.

Die so bezeichneten haben in ihren permanenten Atomen das fünfte und sechste Spirillen-System entwickelt, und so ein besseres Werkzeug zum Gebrauch für ihr höher entwickeltes Bewusstsein erworben. Die Änderung ist durch gewisse Yoga-Übungen erreicht worden, zu deren Ausführung große Vorsicht nötig ist, sonst geschieht dem Gehirn, das diese Aufgabe durchzuführen hat, leicht Schaden, und der weitere Fortschritt in dieser besonderen Richtung ist für diese Verkörperung unmöglich.

V. – Die Gruppenseele

§ 1. Die Bedeutung des Ausdrucks

Allgemein gesprochen ist eine Gruppen-Seele eine Schar permanenter Triaden in einer dreifachen Hülle aus monadischer Essenz. Diese Erklärung gilt für alle Gruppen-Seelen, die auf der physischen Ebene auftreten, gibt aber davon keine Idee, wie außerordentlich verwickelt dieser Gegenstand unserer jetzigen Betrachtung ist. Sie teilen sich fortwährend und machen Unterabteilungen und die Schar vermindert sich an Zahl bei jeder Teilung und Unterteilung, wenn die Entwicklung weiter geht, bis zuletzt eine *Gruppenseele* nur eine einzige Triade umschließt, auf welche sie noch für manche Geburten ihre schützende und nährende Tätigkeit ausübt. Diese technische Bezeichnung ist dann nicht mehr für sie anzuwenden, da die *Gruppe* sich in ihre Bestandteile aufgelöst hat.

Sieben Gruppenseelen sind auf der physischen Ebene in Tätigkeit zu sehen, vordem irgendeine Form auftritt. Sie zeigen sich zuerst in schleierhafter Gestalt nur auf der Mentalebene; auf der Astralebene bekommen sie schärfere Umrisse, mehr noch auf der physischen.

Sie schwimmen in dem großen Meer der Materie etwa wie Ballons im Luftraum. Untersuchen wir sie genauer, dann bemerken wir drei verschiedene materielle Schichten, die eine Hülle bilden, mit unzähligen Triaden darin. Vordem die Mineralbildung stattgefunden hat, sieht man natürlich noch kein goldenes Lebensgewebe sie umgeben; nur die strahlenden, goldenen Fäden sind zu sehen, die sie mit ihren väterlichen Jivâtmâs verbinden, strahlend in dem merkwürdigen, schimmernden Glanz, der zu ihrer Heimatwelt gehört. Die innerste dieser drei Schichten besteht aus physischer, monadischer Essenz, d. h., die Schicht besteht aus Atomen der physischen Ebene, die von dem Leben des zweiten Logos beseelt sind. Beim ersten Anblick scheint diese innerste Schicht bei den sieben Gruppenseelen ganz gleich zu sein, aber eine nähere Untersuchung zeigt, dass jede Schicht nur ans einer der oben beschriebenen sieben Materien-Kategorien zusammengesetzt ist. Jede Gruppenseele unterscheidet sich also in ihrer materiellen Zusammensetzung von all den übrigen und die sieben Scharen von Triaden in diesen sieben Gruppenseelen gehören je zu einer dieser sieben Kategorien. Die zweite Schicht der Hülle besteht aus astraler monadischer Essenz und gehört zur selben Kategorie wie die erste und die dritte aus Molekülen der vier mentalen Unterebenen und wiederum derselben Kategorie. Diese dreifache Hülle ist der Beschützer und der Ernährer der Triaden im Innern, dieser Embryos gleichsam, die zu selbstständiger, unabhängiger Tätigkeit noch unfähig sind.

Die sieben Gruppenseelen vervielfältigen sich bald, sie teilen sich fortwährend und bilden neue Unter-Typen. Die unmittelbaren Vorgänger der chemischen Elemente erscheinen, dann treten diese selbst auf und schließlich bilden sich aus ihnen die Mineralien.

Aber ganz abgesehen von der Art-Trennung des Inhalts der Gruppenseelen, der permanenten Triaden, führen unter anderen auch die Gesetze des Raumes zu ihrer Teilung. So mag eine Goldader in Australien zur Vermineralisierung vieler solcher Triaden innerhalb einer einzigen Hülle führen, während die Lagerung einer anderen Ader an einem entfernten Ort, sagen wir im Felsengebirge, zur Teilung dieser Hülle Veranlassung geben kann und zur Überführung eines Teils seines Inhalts in seiner eignen Hülle nach Amerika.

Die wichtigeren Veranlassungen zur Herbeiführung von Unterteilungen werden jedoch im Lauf unserer Untersuchung noch zu erläutern sein. Die Gruppenseele und ihr Inhalt teilt sich durch Spaltung wie eine gewöhnliche Zelle; – aus einer werden zwei, aus zwei vier und so fort.

Alle Triaden haben das Mineralreich durchzumachen, die Stufe, auf der die Materie ihre dichteste, gröbste Form annimmt, die Stufe, auf der die große Lebenswoge die Grenze ihres Abstiegs erreicht und sich nun wendet, um wieder aufzusteigen. Hier, auf dieser Stufe muss das physische Bewusstsein erwachen; das Leben muss sich nun in entschiedener Weise nach außen richten und die Berührung mit anderen Leben in einer äußeren Welt verspüren lernen.

Die Entwicklung eines jeden Wesens auf diesen niederen Stufen wird hauptsächlich durch das Leben des Logos gefördert, teilweise auch durch die mitwirkende Leitung der *Leuchtenden*, und teils auch schließlich durch das eigene blinde Drängen gegen die Schranken der einschließenden, fesselnden Form. Ich habe die Entwicklung durch das Mineral-, Pflanzen- und Tierreich mit der vorgeburtlichen Periode verglichen, und diese Ähnlichkeit ist sehr weitgehend. Wie das Kind durch die Lebensströme der Mutter genährt wird, so nährt die schützende Hülle der Gruppen-Seele die Leben in ihrem Innern, nimmt die gesammelten Erfahrungen in sich auf und verteilt sie. Dies zirkulierende Leben ist das elterliche Leben. Die jungen Pflanzen, die jungen Tiere, die jungen menschlichen Leben sind noch nicht für ein unabhängiges Leben reif, sondern noch auf die elterliche Nahrung angewiesen. Und so werden auch diese keimenden Leben im Mineralreich von den Gruppen-Seelen ernährt, durch ihre Hüllen aus monadischer Essenz, in denen das Leben des Logos schwingt. Ein sehr ähnliches Bild dieses Vorganges kann man bei dem Pistill, dem Stempel einer Pflanze beobachten, in welchem allmählich das kleine Eichen erscheint und sich zu immer selbstständigerem Leben entwickelt.

Um eine möglichst klare Vorstellung zu gewinnen, wollen wir, bevor wir uns mit den Einzelheiten beschäftigen, einen flüchtigen Blick auf die Veränderungen werfen, denen sich die Gruppen-Seele unterzieht, wenn ihr Inhalt sich entwickelt. Während der Mineral-Periode wird das Verhalten der Gruppen-Seele ganz durch ihre dichteste Hülle, die physische, bestimmt; ihre Haupttätigkeit findet auf dieser Ebene statt. Wenn ihr Inhalt zum Pflanzenreich weiter schreitet und in diesem aufsteigt, verschwindet die physische Hülle langsam, – als würde sie von ihren Insassen zur Stärkung der Äther-Körper aufgesogen, und ihre Tätigkeit geht auf die Astral-Ebene über und beschäftigt sich mit der Pflege des Astralkörpers ihrer Triaden.

Wenn diese fortschreiten und ins Tierreich übergehen, wird die Astralhülle in ähnlicher Weise absorbiert und die Tätigkeit der Gruppen-Seele geht zur Mental-Ebene über; sie wirkt jetzt auf die keimenden Mentalkörper und gibt diesen eine bestimmter begrenzte Form. Wenn die Gruppen-Seele nur noch eine einzige Triade enthält und diese so weit herangepflegt hat, dass sie reif ist, die dritte Ausströmung zu empfangen, dann löst sich das, was von der Hülle noch vorhanden ist, in Materie der dritten mentalen Unterebene auf und die Triade wird zu einem Bestandteil des Kausal-Körpers, der sich bildet, wenn die von oben kommende Ausströmung mit der von unten hoch aufsteigenden Welle zusammentrifft, – um das gut charakterisierende, malerische Gleichnis der Wasserhose zu gebrauchen. Dann ist das sich wiederverkörpernde Ego zum selbstständigen Leben und Wirken geboren; das behütete vorgeburtliche Leben ist beendet.

§ 2. Die Teilung der Gruppenseele

Auf der physischen Ebene muss das Bewusstsein sich zuerst zum Selbstbewusstsein entwickeln, muss einer äußeren Welt und deren Einwirkungen gewahr werden; es muss lernen, diese Einwirkungen auf eine äußere Welt zurück zuführen und die Veränderungen, die infolge dieser Einwirkungen vor sich gehen, als sein Eigenes zu erkennen. Bei fortgesetzter Erfahrung lernt es, die Gefühle von Freud und Leid, die diese Einwirkungen im Gefolge haben, mit sich selbst zu identifizieren und das als nicht *es selbst* anzusehen, was von außen seine Oberfläche berührt.

So wird das Bewusstsein seinen ersten Schritt tun, um in unbestimmter Weise zwischen dem *Ich* und dem *Nicht-Ich* unterscheiden zu lernen. Wenn die Erfahrung wächst, wird das *Ich* sich immer weiter ins Innere zurückziehen, und ein Schleier der Materie nach dem anderen wird nach außen gewiesen als zum *Nicht-Ich* gehörig; aber wenn auch diese Zuweisung nicht stets in gleicher Weise entschieden wird, die grundsätzliche Unterscheidung zwischen Subjekt und Objekt bleibt immer bestehen. Das *Ich* ist das wollende, denkende, tätig wirkende Bewusstsein, während das *Nicht-Ich* alles das ist, in Beziehung auf welches es etwas will, über welches es nachdenkt, auf welches es tätig einwirkt. Wir werden später zu betrachten haben, auf welche Weise das Bewusstsein zum Selbst-Bewusstsein wird; aber augenblicklich haben wir es nur damit zu tun, wie es sich in den Formen ausdrückt und mit der Rolle, die die Formen dabei spielen.

Dies Bewusstsein erwacht auf der physischen Ebene und sein Ausdrucksmittel ist das permanente Atom. In diesem liegt es schlafend: *Es schläft im Mineral*; und ein Erwecken zu einem leiseren Schlaf muss stattfinden, sodass es aus diesem tiefen traumlosen Schlaf sich erhebt und aktiv genug wird, um in die nächste Stufe überzutreten: *Es träumt in der Pflanze.*

Der zweite Logos, der in der Hülle der Gruppen-Seele tätig ist, regt die permanenten physischen Atome an und bringt sie, wie wir gesehen, durch die vermittelnde Hilfe der *Leuchtenden* in die verschiedensten Verhältnisse und Bedingungen, die das Mineral-Reich bietet, wo jedes sich mit vielen Mineral-Partikeln verbindet. Wir sehen hier sofort eine mannigfaltige Verschiedenheit von möglichen Eindrücken, die zu einer Mannigfaltigkeit von Erfahrungen führt und dadurch auch sofort zu Spaltungslinien in einer Gruppen-Seele. Einige werden hoch in die Luft gewirbelt und fallen in die Ströme brennender Lava, einige werden arktischer Kälte ausgesetzt, andere tropischer Wärme; einige werden in den Eingeweiden der Erde in geschmolzenes Metall gestürzt und einige in den Küstensand gebettet, der von den tosenden Wellen gewaltig hin und her geworfen wird. Unendlich verschiedene äußere Einwirkungen erschüttern und schlagen, brennen und machen erstarren, und in unsicheren, *sympathischen* Schwingungen antwortet das tief schlafende Bewusstsein darauf.

Wenn irgendein permanentes Atom einen gewissen Grad der Fähigkeit, zu antworten, erreicht hat, oder wenn eine Mineral-Form (d. h. die Teilchen, an die sich ein permanentes Atom angeschlossen hat), zerfällt, dann zieht die Gruppen-Seele dieses Atom aus seiner Behausung heraus. Die Resultate aller der Erfahrungen, die dieses Atom erworben hat, – das will hier sagen, aller der Schwingungen, die es gezwungen wurde, auszuführen, – verbleiben in ihm als Fähigkeiten, in besonderer Weise zu schwingen, oder als *Schwingungskräfte*. Das ist das Ergebnis seines Lebens in einer Form.

Das permanente Atom, jetzt ohne Einkleidung, bleibt eine Zeit lang sozusagen nackt in seiner Gruppen-Seele, und während es diese Schwingungen fortfährt auszuführen und zu wiederholen und so in seinem Innern seine Lebenserfahrungen immer wieder durchlebt, ruft es Schwingungs-Pulse hervor, die die Hülle der Gruppen-Seele durchzittern und sich so auf die niederen Atome übertragen; auf diese Weise wirkt jedes Atom auf alle die anderen und hilft ihnen weiter, während es doch stets dasselbe Atom bleibt. Die permanenten Atome, die Erfahrungen ähnlicher Art gemacht haben, wirken stärker aufeinander ein, als die, deren Erfahrungen sehr verschieden waren, und so tritt eine gewisse Sonderung auf im Innern der Gruppen-Seele und bald bildet sich eine fein gewobene Wand im Innern der Hülle und trennt die Sonder-Gruppen voneinander.

Auf diese Weise entsteht eine immer wachsende Anzahl von Gruppen-Seelen, deren Inhalt eine immer wachsende Verschiedenheit des Bewusstseins zeigen, während die grundlegenden Eigenschaften für sie charakteristisch bleiben.

Die Antworten des Bewusstseins auf äußere Reize sind im Mineralreich übrigens viel umfassender, als manche sich wohl vorstellen, und einige sind der Art, dass sie sogar auf ein dämmerndes Bewusstsein auch im astralen permanenten Atom deuten. Chemische Elemente z. B. üben eine ausgesprochene gegenseitige Anziehung aufeinander aus; chemische, eheliche Verbindungen werden fortwährend durch die Einmischung anderer Paare geschieden, von denen der eine oder der andere Partner eine stärkere Zuneigung für einen von den Partnern der ersten Ehe besitzt, als der ursprüngliche Genosse. So zeigt sich ein bisher treues Paar, z. B. ein Silber-Salz, plötzlich treulos gegeneinander, wenn ein anderes Paar, z. B. Chlor-Wasserstoff (Salzsäure) ihrem friedlichen Haushalt näher tritt; das Silber stürzt sich dem Chlor in die Arme und nimmt es zum Weib, da es dieses seinem früheren Ehe-Genossen vorzieht, bildet einen neuen Haushalt als Chlor-Silber und überlässt es dem Wasserstoff, sich mit seinem verlassenen Gefährten einzulassen.

Wo immer solche heftige Auswechselungen stattfinden, da wird das permanente astrale Atom leise mit angeregt. Das gewaltsame Zerreißen und Zusammenschließen inniger Verbindungen rufen heftige physische Schwingungen hervor und haben auch ein unbestimmtes inneres Erzittern zur Folge. Das Astrale muss durch das Physische erweckt werden, das Bewusstsein auf der physischen Ebene übernimmt für lange Zeit die Leitung in der Entwicklung. Es zieht sich infolge dieses Erzitterns eine kleine Wolke von Astral-Materie um das permanente astrale Atom; aber dies wird nur lose festgehalten und scheint noch ganz unorganisiert zu sein. – Im mentalen Atom scheint sich auf dieser Stufe noch gar kein Schwingen zu zeigen.

Nach den Erfahrungen langer, langer Zeitperioden sind einige Atome im Mineralreich weit genug, um zum Pflanzenreich überzugehen und werden nun durch die Vermittlung der Leuchtenden über die Pflanzenwelt verteilt. Es ist nicht anzunehmen, dass jeder Grashalm, jede Pflanze ein permanentes Atom im Innern birgt, das sich während der Zeitdauer dieses Sonnensystems bis zum Menschentum hinauf entwickelt. Gerade wie im Mineralreich, so auch hier.

Das Pflanzenreich bildet das Feld der Entwicklung für diese permanenten Atome und die Leuchtenden führen sie von einer Lebensweise zur anderen, sodass sie die Schwingungsarten an sich erfahren können, die Einfluss auf die Pflanzenwelt haben; und wiederum sammeln sie an und bewahren sie diese Erfahrungen, in derselben Weise wie vorher, als Schwingungskräfte. Das Prinzip der Einwirkung aufeinander und der daraus folgenden Sonderung kommt auch hier zur Wirkung und die Gruppen-Seelen werden in allen sieben Strömen der Entwicklung immer zahlreicher und unterscheiden sich immer mehr in ihren Eigentümlichkeiten.

Auf unserer jetzigen Wissensstufe sind die Gesetze, nach welchen die permanenten Atome in einer Gruppen-Seele den Naturreichen überwiesen werden, keineswegs klar. Viele Tatsachen scheinen darauf hinzudeuten, dass die Entwicklung des Mineral-, des Pflanzen- und des niederen Tierreichs mehr zur Entwicklung der Erde gehört, als zu der der Jivâtmâs, den Repräsentanten der Monaden, die sich innerhalb des Sonnensystems entwickeln und zu ihrer Zeit auf diese Erde kommen, um ihre eigene Entwicklung durch die Benutzung der Verhältnisse und Bedingungen, die sie bietet, zu fördern.

Gras und kleine Pflanzen scheinen zur Erde dasselbe Verhältnis zu haben, wie die Haare eines Menschen zu seinem Körper und nicht mit den Monaden in Verbindung zu stehen, die durch die Jivâtmâs in unserem fünffachen Universum vertreten werden.

Das Leben in ihnen, das sie zu Formen zusammenhält, scheint das des zweiten Logos zu sein, und das Leben in den Atomen und Molekülen, aus denen die Formen bestehen, das des dritten Logos, das nicht nur der planetarische Logos unsrer Kette dem Zweck speziell angepasst und demgemäß modifiziert hat, sondern seinerseits auch der Erdgeist (Spirit of the Earth), ein Wesen, das noch sehr in geheimnisvolles Dunkel gehüllt ist. Jedenfalls bieten diese Reiche den Jivâtmâs ein Feld der Entwicklung, aber sie scheinen nicht allein für diesen Zweck vorhanden zu sein.

Wir finden permanente Atome durch das ganze Mineral- und das ganze Pflanzenreich verstreut, aber wir sind nicht imstande, bis zu der Ursache durchzudringen, aus welcher sie so verteilt sind. Wir finden ein permanentes Atom in einer Perle, in einem Rubin, in einem Diamant, viele sind in einer Goldader verstreut usf.

Aber andererseits scheinen viele Minerale gar keine zu enthalten. Ebenso ist es mit kurzlebigen Pflanzen. In Pflanzen von langer Lebensdauer, z. B. Bäumen, werden regelmäßig permanente Atome angetroffen. Aber auch hier wieder scheint das Leben der Bäume enger mit der Deva-Entwicklung zusammenzuhängen, als mit der Entwicklung des Bewusstseins, zu dem das permanente Atom gehört. Es scheint mehr so, als gewönne das permanente Atom von der Entwicklung des Lebens und des Bewusstseins in dem Baum Vorteil; es scheint dort mehr wie ein Parasit zu leben, der von dem höher entwickelten Leben, in das er getaucht ist, Nutzen zieht. In Wirklichkeit ist unsre Kenntnis in diesem Punkt noch sehr mangelhaft.

Während das permanente physische Atom im Pflanzenreich Erfahrungen sammelt, ist im permanenten astralen Atom jetzt mehr Tätigkeit sichtbar und es sammelt sich um dieses Astral-Materie an, die durch die Leuchtenden nun in etwas bestimmterer Weise organisiert wird. In dem langen Leben eines Waldbaums entwickelt sich die immer wachsende Sammlung von astraler Materie nach allen Richtungen zu der Astral-Form des Baumes, und der Jivâtmâ, der zu den permanenten Atomen gehört, wird sich bis zu einem gewissen Grade der Umgebung bewusst, indem es in dieser Astral-Form Schwingungen erfährt, die unbestimmtes Behagen und Missbehagen verursachen, Schwingungen, die durch Sonnenschein und Regen, durch Wind und Stille, durch Kälte und Wärme im physischen Baum hervorgerufen werden.

Beim Absterben eines solchen Baumes zieht sich das permanente astrale Atom zu seiner Gruppen-Seele zurück, die nun auf der Astral-Ebene lebt, und teilt seine reichen Erfahrungen den übrigen Atomen mit, wie schon oben beschrieben.

Wenn das Bewusstsein im Astralen besser zu antworten lernt, sendet es kleine Schwingungs-Anregungen zur physischen Ebene herab, und diese geben Veranlassung zu Empfindungen, die gefühlt werden, als seien sie auf der physischen Ebene, während sie in Wirklichkeit aus der astralen stammen. Hat das Leben sehr lange gedauert, wie bei einem Baum, dann fängt das mentale Molekül ebenfalls an, eine kleine Wolke (mentaler) Materie um sich zu ziehen, und in dieser prägt sich die stete Wiederholung der Jahreszeiten langsam ein, also eine Spur von Gedächtnis, die in Wirklichkeit eine Art Vorläufer für später bedeutet.[47]

Schließlich sind einige der permanenten physischen Atome so weit, in das Tierreich übertreten zu können und wiederum leiten die Leuchtenden sie – diesmal zu Tierformen. Auf den höheren Stufen ihrer Entwicklung in der Pflanzenwelt scheint es die Regel zu sein, dass jede Triade – das physische Atom, das astrale Atom und das mentale Molekül – ein längeres Leben in einer einzigen Form durchzumachen hat, sodass einzelne Spuren mentaler Lebenserfahrung gemacht werden und die Triade so auf den Nutzen, den ihr das wandernde Leben des Tieres bringen wird, vorbereitet werde. Aber in einigen Fällen scheint es, dass der Übergang ins Tierreich auf einer früheren Stufe geschieht und dass die erste Anregung des mentalen Moleküls in einigen an den Wohnort gebundenen Formen des Tierlebens vor sich geht, in einem sehr niedrigen tierischen Organismus.

Bei den niedrigsten Tierarten scheinen ähnliche Zustände und Bedingungen zu herrschen, wie sie im Mineral- und Pflanzenreich beschrieben wurden. Mikroben, Amöben, Polypen, usw., usw., zeigen nur hier und da ein permanentes Atom als Bewohner und sind augenscheinlich in Bezug auf Leben und Wachstum nicht von diesen abhängig, noch lösen sie sich auf, wenn das permanente Atom sich zurückzieht.

Die Tiere sind ihre Wirte und nicht Körper, die sich um die permanenten Atome bilden. Und es ist bemerkenswert auf dieser Stufe, dass das goldene Lebens-Gewebe keineswegs die ganze Organisation des Wirth-Körpers durchzieht, sondern nur wie Wurzelfasern im Acker wirken, Bestandteile des Bodens an sich ziehen und Nahrung daraus saugen. Die permanenten Atome im Tierreich haben viele Erfahrungen zu machen und zu sammeln, vordem sie soweit sind, dass die Leuchtenden sie als Zentren für zu formende Körper benutzen können.

Es wird nicht nötig sein, hervorzuheben, dass die permanenten Atome im Tierreich weit verschiedenartigere Schwingungen empfangen, als in den niederen Reichen und dass sie sich deshalb schneller differenzieren; die Zahl der Triaden in den Gruppen-Seelen nimmt schnell ab, wenn diese Spaltung weiter schreitet und die Vermehrung der Gruppen-Seelen geht deshalb in wachsender Geschwindigkeit voran. Wenn die Zeit der Individualisierung herannaht, hat jede einzelne Triade ihre eigene Hülle, die von der Gruppen-Seele stammt und macht als Einzelwesen verschiedene Verkörperungen durch, befindet sich aber trotzdem noch eingehüllt in die schützende und nährende monadische Essenz.

Eine große Zahl höherer Tiere haben in gezähmtem Zustande, als Haustiere, diese Stufe erreicht und sind in Wirklichkeit sich wiederverkörpernde Einzelwesen geworden, wenn sie auch bis jetzt noch keinen Kausal-Körper besitzen, den man gewöhnlich als das Kennzeichen für die Individualisierung betrachtet. Die Einhüllung, die von der Gruppen-Seele stammt, dient als Kausalkörper, besteht aber nur aus der dritten Schicht, wie weiter oben angedeutet und ist also aus Molekülen des vierten Grades mentaler Materie zusammengesetzt, die den dichtesten Äther-Molekülen der physischen Ebene entsprechen. Folgen wir der Analogie des menschlichen vorgeburtlichen Lebens, so sehen wir, dass diese Stufe dem Zeitpunkt zwei Monate vor der Geburt entspricht.

Ein Sieben-Monats-Kind kann lebend geboren werden und mag leben bleiben, aber es wird stärker, gesunder und kräftiger, wenn es noch zwei Monate länger von dem schützenden und nährenden Leben der Mutter Nutzen zieht. So ist es auch für die normale Entwicklung des Ego besser, wenn es nicht zu hastig die umschließende Hülle der Gruppen-Seele sprengt, sondern durch sie noch weiter Leben in sich aufnimmt und ihr Material zur Kräftigung des feinsten Teils seines eigenen Mental-Körpers benutzt. Wenn dieser Körper das Ende seines Wachstums unter diesen schützenden Verhältnissen erreicht hat, dann löst sich die Hülle in die feineren Moleküle der nächst höheren Unterebene auf und wird zu einem Teil des Kausalkörpers.

Die Kenntnis dieser Tatsachen hat manchmal Okkultisten Veranlassung gegeben, warme Tierfreunde zu warnen, ihre Gefühle der Zuneigung nicht zu übertreiben, sie nicht in unweiser Art zu betätigen; die Entwicklung der Tiere kann in schädlicher Weise forciert, ihre Geburt zur Individualisierung unzeitig erzwungen werden.

Der Mensch sollte, um richtig seinen Platz in der Welt auszufüllen, versuchen, die Natur zu verstehen und im Einklang mit ihren Gesetzen zu wirken und unter Benutzung seines Verstandes den Fortschritt zu beschleunigen; sollte aber diese Beschleunigung nicht so weit treiben, dass Schaden geschieht und eine *Frühgeburt* entstellt, die nicht genügend Lebenskraft besitzt. Es ist richtig, dass der *Herr des Lebens* (the Lord of Life) die Mitwirkung der Menschen bei der Durchführung der Entwicklung wünscht, aber diese Mitwirkung sollte die Linien innehalten, die seine Weisheit festgesetzt hat.

VI. – Die Einheit des Bewusstseins

§ 1. Das Bewusstsein eine Einheit

Beim Studieren der so sehr mannigfaltigen Kundgebungen des Bewusstseins sind wir leicht geneigt, zwei wichtige Tatsachen zu vergessen: erstlich, dass das Bewusstsein eines jeden Menschen eine Einheit ist; so verschiedenartig und getrennt voneinander sich seine Betätigungen auch erweisen, und zweitens, dass alle diese Einheiten selbst Teile des Bewusstseins des Logos sind und deshalb unter gleichen Bedingungen und in gleicher Weise sich betätigen.

Wir können uns nicht häufig genug vorhalten, dass das Bewusstsein eins ist, dass alle scheinbar getrennten Bewusstseine in Wahrheit eins sind, wie das eine Wasser sich durch viele Öffnungen ergießen kann.

Das Wasser mag durch verschiedene Röhren in verschiedener Farbe ausfließen, wenn das Material des Rohrs verschieden gefärbt ist; aber es würde doch dasselbe Wasser sein, analysiert würde es stets dieselben charakteristischen Bestandteile des Wassers zeigen. So fließen alle Bewusstseine aus demselben Meer des Bewusstseins und sind dem Wesen nach alle identisch. Eingehüllt in dieselbe Art der Materie funktionieren sie alle in derselben Weise und geben dadurch die gemeinsame Grundlage ihres Wesens kund.

Das individuelle Bewusstsein scheint etwas Zusammengesetztes zu sein und nicht eine Einheit, wenn man betrachtet, wie es sich äußert, und die moderne Psychologie spricht von zweifacher, dreifacher und vierfacher Persönlichkeit, wobei sie die grundlegende Einheit in dem Wirrwarr der Mannigfaltigkeit aus den Augen verliert. Aber in Wahrheit ist doch unser Bewusstsein eine Einheit und die Mannigfaltigkeit ist eine Folge des Materials, in welchem es wirkt.

Das gewöhnliche wache Bewusstsein des Menschen ist das Bewusstsein, das durch das physische Gehirn wirkt, durch dieses in gewissem Grad beeinflusst wird, bedingt wird durch all die Bedingungen dieses Gehirns, beschränkt durch all seine Schranken, gehindert durch die mannigfaltigen Hindernisse, die es bietet, aufgehalten durch das träge Blut und zum Schweigen verurteilt beim Verfall der Gewebe. In jedem Augenblick hindert das Gehirn seine Tätigkeit und zu gleicher Zeit ist es auf der physischen Ebene doch sein einziges Werkzeug, um zu wirken.

Wenn das Bewusstsein seine Aufmerksamkeit von der äußeren physischen Welt abwendet, den dichteren Teil des physischen Gehirns unberücksichtigt lässt, und nur seine ätherische Hälfte benutzt, dann ändert sich die Art seines Wirkens sofort.

Die schöpferische Einbildungskraft überträgt sich auf die Äther-Materie, sie entnimmt ihren angesammelten Erinnerungen den Vorrat, den ihr der gröbere Diener aus der Außenwelt geliefert hat, beliebiges Material, trägt zusammen, trennt, vereinigt wieder nach eigener Fantasie und schafft so die niedere Welt der Träume.

Wenn es eine Zeit lang sein ätherisches Kleid abwirft, seine Aufmerksamkeit ganz der physischen Welt entzieht, die Fesseln der physischen Welt abschüttelt, – dann durchschweift es nach Willkür die astrale Welt, oder treibt unbewusst in ihr umher und wendet alle seine Aufmerksamkeit auf sein Inneres und empfängt viele Eindrücke von dieser Astral-Welt, deren es sich bewusst wird oder nicht, je nach seiner Stufe der Entwicklung oder nach seiner augenblicklichen Verfassung.

Wenn es sich einem anderen gegen über äußert, wie das im Trance-Zustand vorkommt, dann zeigt es Fähigkeiten, die so sehr diejenigen übertreffen, die es kundgibt, wenn es an das physische Gehirn gefesselt ist, dass ein Beobachter, der nur nach physischen Erfahrungen urteilt, es wohl für ein zweites Bewusstsein halten mag.

Noch mehr ist dies der Fall, wenn der Astralkörper selbst in Trance fällt und es sich zeigt, dass der Adler des Himmels zu erhabenen Regionen hinanschwebt und sein glänzender Aufschwung den Beobachter so überwältigt, dass er ihn für ein ganz neues Wesen hält und nicht mehr für denselben Menschen, wie er auf der physischen Welt sich abmühte.

Und doch ist das Bewusstsein immer eins und dasselbe; die Verschiedenheit liegt nur in der Materie, mit der das Bewusstsein es zu tun hat, in der es wirkt, und nicht in ihm selbst.

Was die zweite wichtige Tatsache betrifft, die oben festgestellt wurde, so ist der Mensch noch nicht hinreichend entwickelt, um den Beweis für die Einheit des Bewusstseins in seinem Wirken oberhalb der physischen Ebene zu verstehen, aber seine Einheit auf der physischen Ebene ist nachweisbar.

§ 2. Die Einheit des physischen Bewusstseins

Inmitten der unendlichen Mannigfaltigkeit des Mineral-, des Pflanzen-, des Tier- und des Menschenreichs hat man die zugrunde liegende Einheit des physischen Bewusstseins aus den Augen verloren und breite Trennungslinien gezogen, wo in Wirklichkeit gar keine vorhanden sind. Dem Mineral hat man alles Leben abgesprochen, den Pflanzen nur mit Zögern zuerkannt und H. P. Blavatsky wurde lächerlich gemacht, als sie erklärte, dass ein Leben, ein Bewusstsein alles erfülle und beseele.

Mit jedem Tage zeigt sich die Wesensgleichheit zwischen Tier und körperlichen Menschen, zwischen Pflanzen und Menschen und selbst zwischen dem Reptil und seinem Nest, dem Felsen und dem Menschen klarer und klarer. Nachdem die physikalischen und chemischen Bestandteile aller Wesen identisch befunden worden sind, kann die chemische Wissenschaft mit Recht sagen, dass kein Unterschied besteht zwischen der Materie, welche den Ochsen zusammensetzt, und der, welche den Menschen bildet. Aber die okkulte Lehre ist viel ausführlicher; sie sagt: Nicht nur die chemischen Bestandteile sind dieselben, sondern dieselben unendlich kleinen, unsichtbaren Lebewesen setzen die Atome des Körpers, des Berges und des Maßliebchens zusammen, des Menschen und der Ameise, des Elefanten und des Baumes, der ihn vor den Sonnenstrahlen schützt. Jedes Teilchen, – man möge es jetzt organisch oder unorganisch nennen – ist ein Leben.[48]

Wenn dies wahr ist, so muss es möglich sein, von solchen lebenden Mineralien, Pflanzen, Tieren und Menschen Beweise für die Identität des Lebens, der Empfindungsfähigkeit, der Reaktion auf Reize zu erlangen, und wenn wir auch bereitwillig zugeben, dass wir darauf gefasst sind, auf eine Verschiedenheit des Grades der Empfindungsfähigkeit zu stoßen, sodass, wenn wir die Stufenleiter des Lebens hinan steigen, wir erwarten können, die Anzeichen voller und vielfältiger werden zu sehen, – so müssen sich doch gewisse Kundgebungen der Empfindungsfähigkeit bei allem zeigen, was am Leben teil hat. Der Beweis hierfür fehlte noch, als H. P. Blavatsky ihr Werk verfasste, aber jetzt ist er vorhanden; von einem orientalischen Mann der Wissenschaft, dessen seltene Fähigkeiten ihm die

Anerkennung des Westens sicherten, ist dieser willkommene Nachweis erbracht.

Professor Jagadish Chandra Bose, M. A., D. Sc. in Calcutta hat sicher festgestellt, dass sogenannte *unorganische Materie* auf Reize reagiert oder antwortet, und dass die Antwort bei Metallen, Pflanzen, Tieren, und, so weit es sich durch Versuche feststellen lässt, auch bei Menschen ganz dieselbe ist.

Er stellte Vorrichtungen her, um den ausgeübten Reiz zu messen und andererseits die Antwort der gereizten Körper durch eine Linie auf einem sich drehenden Zylinder darzustellen. Er verglich dann die Linien, die er von Zinn und anderen Metallen erhielt, mit den von Muskeln erzielten, und fand, dass die Kurven vom Zinn mit denen der Muskeln

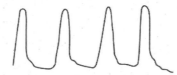

a) eine Serie elektrischer Antworten von Zinn auf mechanische Reize in Zwischenräumen von einer halben Minute

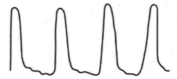

b) Mechanische Antworten von Muskeln

identisch waren, und dass andere Metalle Kurven ähnlicher Natur gaben, nur war der Rhythmus des Auf- und Abstiegs ein anderer.

Durch wiederholte Erschütterungen wurde ein vollständiger, manchmal auch nur ein teilweiser Starrkrampf (Tetanus) sowohl in Metallen wie in Muskeln hervorgerufen und es ergaben sich identische Antworten. *(Siehe Bild nächste Seite oben)*

Eine Ermüdung konnte ebenfalls bei Metallen festgestellt werden; am wenigsten beim Zinn. Chemische Reagenzien wie giftige Reizmittel riefen bei Metallen dieselben bekannten Wirkungen hervor, wie bei den Tieren; – zuerst Aufregung, dann Niedergedrücktheit oder Lähmung,

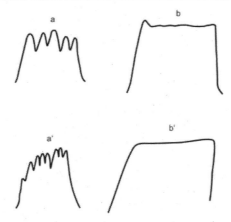

Wirkungen von a) unvollständigem, b) vollständigem Starrkrampf in Zinn, analog mit denen von a1) unvollständigem, b1) vollständigem Starrkrampf in Muskeln

endlich den Tod. Unter Tod ist bei den Metallen die Vernichtung der Antwort-Fähigkeit zu verstehen.

Ein Gift tötet ein Metall; es führt einen Zustand der Unbeweglichkeit herbei, sodass keine Antwort zu erhalten ist. Wenn bei Zeiten ein Gegengift gegeben wird, dann kann sein Leben noch gerettet werden.

a) eine normale Antwort; b) Wirkung des Giftes;
c) Wiedererweckung durch Gegengift

Ein Reizmittel verstärkt die Antwort, und wie kleine Dosen Gift bekanntlich anregen, große aber töten, so hat man auch ganz dieselben Wirkungen bei Metallen gefunden. *Wie können wir bei solchen Erscheinungen*, fragt Professor Bose, eine Trennungslinie ziehen und sagen: *Hier endigt der physikalische Prozess und hier beginnt der physiologische?* Es existiert keine solche Scheidungsgrenze.[49)]

Professor Bose hat eine Reihe ähnlicher Versuche mit Pflanzen angestellt und ähnliche Ergebnisse erzielt. Ein frisches Stück Kohlstengel, ein frisches Blatt oder ein andrer Pflanzenteil kann gereizt werden, und zeigt dann ähnliche Kurvenlinien; sie können ermüdet, angeregt, gelähmt und getötet werden. Es hat ordentlich etwas Rührendes, zu sehen, wie der winzige kleine Lichtpunkt, der das Pulsieren in der Pflanze kundgibt, in immer schwächeren Kurven auf- und absteigt, wenn das Gift auf die Pflanze einwirkt, in eine verzweifelnde, schließlich starre, grade Linie übergeht und – stillsteht. Die Pflanze ist tot. Man hat die Empfindung, als wäre ein Mord begangen und es ist ja auch so.[50]

Diese Reihe bewunderungswürdiger Versuche hat die Lehre der okkulten Wissenschaft, dass Alles von Leben erfüllt ist, auf Grund physischer Tatsachen als richtig festgestellt. –

Mr. Marcus Reed hat mikroskopische Beobachtungen gemacht, die beweisen, dass im Pflanzenreich Bewusstsein vorhanden ist. Er hat Anzeichen von Schrecken beobachtet, wenn die Gewebe beschädigt wurden; ferner hat er gesehen, dass männliche und weibliche Zellen, die in dem Saft schwammen, die einen der anderen Gegenwart gewahr wurden, ohne dass sie sich berührten; ihre Fortbewegung beschleunigte sich und es trat eine Ausströmung in der Richtung gegeneinander ein.[51]

Mehr als drei Jahre nach der Veröffentlichung von Professor Boses Versuchen wurden einige seiner Beobachtungen durch die Studien Jean Becquerels über die N.-Strahlen, die er der Akademie der Wissenschaften in Paris mitteilte, in interessanter Weise bestätigt. Tiere hören unter Chloroform auf, diese Strahlen auszusenden und von einem Leichnam gehen sie nie aus. Für gewöhnlich strömen die Pflanzen diese Strahlen aus, aber unter Chloroform hört dies wiederum auf. Metalle geben sie auch von sich, aber unter Chloroform nicht mehr.

So senden also Tiere, Blumen und Metalle alle in gleicher Weise diese Strahlen aus und in gleicher Weise hört dies unter der Wirkung von Chloroform bei allen auf.[52]

§ 3. Was man unter physischem Bewusstsein zu verstehen hat

Der Ausdruck *physisches Bewusstsein* wird in zwei ganz verschiedenen Bedeutungen gebraucht, und es wird zweckmäßig sein, einen Augenblick inne zu halten, um diese beiden festzustellen. Er wird oft gebraucht, um das zu bezeichnen, was weiter oben das *gewöhnliche wache*

Bewusstsein genannt wurde, d. Ii. das Bewusstsein des Menschen, des Jivâtmâ oder wenn man lieber will, der Monade, die durch den Jivâtmâ und die niedere Triade der permanenten Atome wirkt. Der Ausdruck wird aber auch gebraucht in dem Sinne, wie es hier geschehen ist, für das Bewusstsein, das in physischer Materie tätig ist, physische Einwirkungen empfängt, und darauf antwortet, ganz abgesehen von der Übertragung dieser Antriebe auf die höheren Ebenen und der Einwirkung der Antriebe aus diesen Ebenen auf den physischen Körper.

In diesem beschränkteren und zutreffenderen Sinn würde der Ausdruck *physisches Bewusstsein* umfassen: a) jedes Schwingen, das von den Atomen und Molekülen ausgeht, die durch das Leben des dritten Logos belebt sind; b) jedes Schwingen, das von organisierten Formen ausgeht, die durch das lieben des zweiten Logos beseelt, belebt sind und c) jedes ähnlich aus dem Leben der Monade hervorkommende Schwingen, das von dem permanenten Atom ausgeht, mit dem die Spirillen direkt nichts zu tun haben. Wenn die Spirillen tätig sind, tritt das *gewöhnliche wache Bewusstsein* in Tätigkeit. Zum Beispiel, wenn die Nase Ammoniakdämpfe einzieht, dann zeigen sich zwei Folgen: es tritt eine schnelle Stoff-Absonderung ein; das ist die Antwort der Zellen, die zum Geruch-System gehören; außerdem tritt ein *Geruch* auf, das ist das Ergebnis von Schwingungen, die zum Sinneszentrum im Astralkörper laufen und dort im Bewusstsein verspürt werden; der Wechsel im Bewusstsein wirkt durch die erste Spirale und ihre Spirillen in den Atomen des Geruchsnerven-Systems und erreicht so das wache Bewusstsein, das Bewusstsein, das im physischen Gehirn tätig ist. Nur durch die Spirillensysteme rufen Änderungen im Bewusstsein auf den höheren Ebenen Änderungen im *wachen Bewusstsein* hervor.

Wie das Sonnensystem für alle Bewusstseine, die es enthält, das Feld für ihre Entwicklung bietet, so gibt es innerhalb des Systems kleinere Gebiete, die als kleineres Feld dienen; das sollten wir festhalten. Der Mensch ist ein Mikrokosmus im großen Kosmos und sein Körper dient als Feld zur Entwicklung von Myriaden von Bewusstseinen, die weniger entwickelt sind, als das seine. So spielen sich die drei oben unter a, b und c erwähnten Vorgänge alle in seinem Körper ab und alle gehen in das physische Bewusstsein ein, das in ihm arbeitet. Der Vorgang, der die Atom-Spirillen anregt, wirkt nicht auf dies Bewusstsein ein; der hat es mit dem Bewusstsein des Jivâtmâ zu tun. Das Arbeiten des physischen Bewusstseins beeinflusst jetzt nicht mehr direkt das *wache Bewusstsein* in den höheren Tieren oder im Menschen. Die Beeinflussung fand nur in der früheren Periode des *Embryo*-Lebens in der Gruppen-Seele statt, während das Bewusstsein des zweiten Logos das aus ihm selbst stammende, aufdämmernde Bewusstsein *bemutterte*.

Aber das physische Bewusstsein ist dann unter die *Schwelle des Bewusstseins* gesunken und zeigt sich jetzt als das *Gedächtnis der Zelle* bei der auswählenden Tätigkeit in den Drüsen und Warzen, und überhaupt bei der Ausführung der zur Erhaltung des Körpers nötigen Funktionen. Dies ist die niedrigste Bewusstseins-Tätigkeit, und wenn das Bewusstsein mehr und mehr auf der höheren Ebene tätig ist, zieht sein niedrigeres Wirken nicht mehr seine Aufmerksamkeit auf sich und es wird dann automatisch, wie wir es nennen.

Auf dieses physische Bewusstsein beziehen sich die Experimente von Professor Bose, und dies ist es, das im Zinn wie im Tier in gleicher Weise antwortet und sich in den Pulsen zeigt, die die Kurven wiedergeben. Das Tier aber fühlt den Reiz, während das Zinn dies nicht tut; — das ist das Resultat der hinzukommenden Tätigkeit des Bewusstseins in Astral-Materie.

Wir können also behaupten, dass das Bewusstsein, das in der physischen Materie wirkt, auf verschiedenartige Reize antwortet, und dass diese Antwort dieselbe ist, ob sie vom Mineral, von der Pflanze oder vom Tier gegeben wird.

Das Bewusstsein zeigt dieselbe charakteristische Tätigkeit, es ist dasselbe. Die Unterschiede, die wir, wie gesagt, bemerken, wenn wir höher steigen, liegen in der Verfeinerung des physischen Apparats, ein Apparat, der astraler und mentaler (nicht-physischer) Tätigkeit des Bewusstseins gestattet, sich auf der physischen Ebene zu offenbaren.

Die Menschen und die Tiere fühlen und denken besser, als Minerale und Pflanzen, weil ihr höher entwickeltes Bewusstsein sich auf der physischen Ebene diesen verbesserten Apparat gestaltet hat; aber selbst dann antwortet unser Körper auf dieselben Reize, wie die weniger entwickelten Körper und dies rein physische Bewusstsein ist in allen dasselbe.

In dem Mineral ist die Astral-Materie, die mit dem permanenten Astral-Atom in Verbindung steht, so wenig tätig, und das Bewusstsein schläft in ihr so fest, dass wir keine Einwirkung vom Astralen auf das

Physische bemerken können. In den höheren Pflanzen scheint die Vorahnung eines Nervensystems angedeutet zu sein; aber dies ist so wenig entwickelt und organisiert, dass es nur den aller primitivsten Zwecken dienen kann.

Die allmählich eintretende Tätigkeit auf der Astral-Ebene vervollkommnet die Astral-Hülle der Pflanze und die Schwingungen dieser Astralhülle wirken auf den ätherischen Teil der Pflanze ein und so auch auf ihre dichtere Materie. Also die Vorahnung eines Nervensystems, wie gesagt.

Wenn wir zur Tier-Stufe kommen, so verursacht die viel größere Tätigkeit des Bewusstseins auf der Astral-Ebene mächtigere Schwingungen, die auf den Ätherkörper des Tieres übergehen und durch die so entstehenden Ätherschwingungen bildet sich das Nervensystem. Seine Gestaltung bewirkt der Logos vermittelst der Gruppen-Seele unter tätiger Beihilfe der Leuchtenden des dritten Elementar-Reichs, die die Arbeit der ätherischen Naturgeister leiten.

Aber der Antrieb kommt vom Bewusstsein auf der Astral-Ebene, das im permanenten Atom und in der von ihm zusammengezogenen Astral-Hülle wirkt, nachdem die Gruppen-Seele es zur Tätigkeit erweckt hat. Wenn der erste sehr einfache Apparat entstanden ist, kann das Tier zartere Einwirkungen von außen verspüren und diese Einwirkungen helfen so zur Entwicklung. Wirkung und Gegenwirkung folgen einander und der Mechanismus vervollkommnet sich fortwährend in der Fähigkeit, zu empfangen und weiterzusenden.

Das Bewusstsein ist auf dieser Stufe nicht sehr tätig am Bau der astralen Formen und arbeitet noch in einer unorganisierten Hülle; die Organisation findet von der physischen Ebene aus statt, und zwar durch die Anstrengungen des Bewusstseins, sich auszudrücken, – so unbestimmt und unsicher tastend diese Anstrengungen auch sind, – und mit der Unterstützung und unter der Leitung der Gruppen-Seele und der Leuchtenden. Diese Arbeit muss größtenteils beendigt sein, vordem die dritte Lebens-Welle herabsteigt; denn der Tier-Mensch mit seinem Gehirn- und Nervensystem hat sich schon entwickelt, vordem diese große Ausströmung eintritt, die dem Jivâtmâ einen Körper als Arbeits-Werkzeug gibt und die höhere Entwicklung des Menschen möglich macht.

VII. – Der Mechanismus des Bewusstseins

§ 1. Die Entwicklung des Mechanismus

In Wirklichkeit bildet eigentlich die Gesamtheit der Körper und Körperteile des Menschen den Mechanismus des Bewusstseins als Organ für das Wollen, Denken und Handeln; jedoch kann der Nervenapparat als sein spezielles Werkzeug bezeichnet werden, insofern es im physischen Körper alles beherrscht und leitet. Jede Zelle des Körpers besteht aus Myriaden von winzigen *Leben*, und jedes *Leben* besitzt sein eigenes keimhaftes Bewusstsein,[53)] jede Zelle hat ihr eigenes aufdämmerndes Bewusstsein, welches diese winzigen Bewusstseine beherrscht und organisiert; aber das zentrale leitende Bewusstsein benutzt den ganzen Körper, beherrscht und organisiert seinerseits diesen, und der Mechanismus, durch den es zu diesem Zwecke wirkt, ist das Nervensystem.

Dieser Nerven-Mechanismus ist das Ergebnis astraler Antriebe und das Bewusstsein muss erst auf der astralen Ebene tätig sein, vordem es sich ein Werkzeug herrichten kann. Antriebe, die vom Bewusstsein ausgehen, – das Wollen, sich zu betätigen und unbestimmte Versuche, dieses Wollen auszuführen,–veranlassen in der Äther-Materie Schwingungen und diese Schwingungen werden infolge der Eigenart der Materie[54)] zu elektrischen, magnetischen, Wärme-Schwingungen usf.

Dieses sind die Bauleute, die unter dem Antrieb des Baumeisters – des Bewusstseins – arbeiten. Der Antrieb stammt von letzterem, die Ausführung von ersteren. Die leitende Intelligenz, die er noch nicht stellen kann, stellt das Logos-Leben in der Gruppen-Seele und die Natur-Geister, die, wie schon gesagt, unter der Leitung der Leuchtenden des dritten Elementars-Reichs arbeiten.

Wir haben uns also klar zu machen, dass die Nervenmasse auf der physischen Ebene sich infolge astraler Antriebe gebildet hat; die unmittelbar bildenden Kräfte waren freilich physische, aber geleitet und in Bewegung gesetzt wurden sie vom Astralen aus, d. h. von dem auf der Astralebene tätigen Bewusstsein. Die Lebens-Energie, der Prana, der in rosigen Wogen fließt, in der Äther-Materie der Nerven entlang pulsiert, – nicht in ihren Mark-Hüllen, sondern in der eigentlichen Nervensubstanz, – tritt direkt von der Astral-Ebene herüber; er stammt aus dem großen Lebens-Reservoir, dem Logos, spezialisiert sich auf der Astralebene und steigt von dort herab zum Nervensystem; hier vereinigt er sich und wirkt zusammen mit den magnetischen, elektrischen und anderen Strömungen, die den rein physischen Prana darstellen; dieser physische Prana kommt aus demselben Reservoir des Logos, aber durch die Vermittlung der Sonne, seines physischen Körpers.

Eine genauere Untersuchung zeigt, dass die Bestandteile des Prana im Mineralreich nicht so zahlreich und weniger kompliziert in ihrer Anordnung sind, als die. des Prana in dem höheren Pflanzenreich und hier wieder einfacher als im Tier- und im Menschen-Reich. Dieser Unterschied kommt daher, dass der astrale Prana in der letzteren mitwirkt, aber im Mineralreich nicht, – wenigstens nicht in bemerkbarem Grade.

Nach der Entstehung des Kausalkörpers steigert sich die Kompliziertheit des Prana, der in dem Nervensystem des physischen Körpers umläuft, beträchtlich, und er scheint im Verlauf der menschlichen Entwicklung noch vielseitiger zu werden. Denn wenn erst das Bewusstsein auf der Mental-Ebene tätig wird, dann mischt sich auch der Prana dieser Ebene mit den niederen, und so geht es weiter in dem Maße, wie die Tätigkeit des Bewusstseins sich auf höhere Regionen erhebt.

Wir wollen einen Augenblick bei diesem Wort *Prana* stehen bleiben, das ich mit *Lebens-Energie* übersetzt habe. Prân ist eine Sanskrit-Wurzel, die atmen bedeutet, leben, Luft ausströmen; es ist zusammengesetzt aus an, atmen, bewegen, leben und daher Geist (Spirit) und der Vorsilbe pra (forth), vorwärts, voran, hinaus. So heißt pra-an, prân ausatmen, und daher kommt das Wort Lebensatem, Lebensodem oder Lebens-Energie dem Ausdruck präna am nächsten.

Der Hinduauffassung nach gibt es nur ein Leben, ein Bewusstsein allüberall, und das Wort Prana wird auch für das höchste Selbst, den allerhaltenden Odem gebraucht. Er ist die heraustretende Energie des Einen; für uns das Leben des Logos. Daher kann man von dem Leben auf jeder Ebene als von dem Prana der Ebene sprechen: er wird zum Lebens-Atem in jedem Geschöpf. Auf der physischen Ebene ist er die Energie in den verschiedensten Formen, als Elektrizität, Wärme, Licht, Magnetismus, usw., die ineinander übergeführt werden können, da sie im Grunde eins sind; auf den anderen Ebenen haben wir keine Namen, um sie einzeln zu bezeichnen, aber die grundlegende Idee ist dort genau dieselbe.

Ist der Prana einem Wesen angepasst, so haben wir Prana im engeren Sinne, wie die Bezeichnung in der theosophischen Literatur allgemein gebraucht wird, – den individuellen Lebens-Odem.

Er ist die Lebenskraft – die Lebens-Energie, von welcher alle übrigen Energien, die chemische, die elektrische und alle anderen sich ableiten und einseitige Ausdrucksweisen bilden. (Es klingt daher einem Okkultisten etwas drollig, wenn er Männer der Wissenschaft mit großer Sicherheit geläufig über chemische oder elektrische Energie reden und deren Stammvater, die Lebens-Energie, als einen *überwundenen Aberglauben* bezeichnen hört). Diese einseitigen Manifestationen der Lebenskraft rühren von der Anordnung der Materie her, in welcher sie stattfinden, wodurch die eine oder die andere ihrer charakteristischen Eigentümlichkeiten nicht zur Wirkung kommen, vielleicht auch alle nicht bis auf eine; wie blaues Glas alle Strahlen bis auf die blauen verschluckt und rotes alle bis auf die roten.

In der Geheimlehre spricht H. P. Blavatsky von dem Verhältnis des Prana zum Nervensystem. Sie zitiert und unterschreibt teils, teils berichtigt sie die Ansichten über den *Nerven-Äther*, die von Dr. B. W. Richardson vorgebracht werden; die Sonnenkraft ist die *erste Ursache alles Lebens auf Erden*[55] und die Sonne ist *der Vorratsspeicher der Lebenskraft, welche das Ding an sich (noumenon) der Elektrizität ist.*[56] *Der „Nervenäther" ist das niedrigste Prinzip der ursprünglichen Wesenheit, welche das Leben ist. Er ist die animale Vitalität, die in der ganzen Natur verbreitet ist, und die je nach den Bedingungen wirkt, die sie für ihre Betätigung vorfindet. Er ist nicht ein „animalisches Produkt", sondern das lebendige Tier, die lebendige Blume und Pflanze sind seine Produkte.*[57]

Auf der physischen Ebene gestaltet dieser Prana, diese Lebenskraft alle Mineralien, und er ist zugleich der leitende Vermittler bei den chemisch-physiologischen Veränderungen im Protoplasma, die zu Differenzierungen und zur Bildung der verschiedenen Gewebe in dem Pflanzen-, Tier und Menschen-Körper führen.

Diese bezeugen seine Gegenwart durch die Fähigkeit, auf Reize zu reagieren; aber eine Zeit lang wird diese Fähigkeit noch nicht durch bestimmtes Empfinden ergänzt, das Bewusstsein hat sich noch nicht genügend entfaltet, um Freude oder Leid zu fühlen.

Wenn die Strömung des Prana aus der Astral-Ebene mit seiner Eigenschaft des Empfindens sich mit dem Prana von der physischen Ebene vereinigt, dann beginnt die Herstellung einer neuen Anordnung der Materie – der Nervenmasse. Diese Anordnung ist ursprünglich eine Zelle, über die man in jedem modernen Lehrbuch, das diesen Gegenstand behandelt, Eingehenderes finden kann;[58] und die Entwicklung besteht in inneren Veränderungen und dem Herauswachsen von Materie aus der Zelle. Diese Auswüchse hüllen sich ein in markartigen Stoff und erscheinen dann als Nervenfäden oder Fibern. Jedes Nervensystem, sei es noch so verzweigt, besteht aus Zellen und deren Auswüchsen; diese Auswüchse werden zahlreicher und stellen immer mehr Verbindungen zwischen den Zellen her, wenn das Bewusstsein, um sich ausdrücken zu können, ein weiter und weiter ausgearbeitetes Nervensystem verlangt. Diese ursprüngliche Einfachheit finden wir auch im Menschen als Grundlage des ganzen komplizierten Ausbaues mit all seinen Einzelheiten, und der Mensch besitzt die höchst entwickelte Nerven-Organisation. Die vielen Millionen von Ganglien oder Nervenknoten[59] im Gehirn und im Körper entstehen alle am Ende des dritten Monats im vorgeburtlichen Leben; ihre Entwicklung besteht in der Ausdehnung und dem Auswachsen ihrer Substanz zu Nervenfäden. Diese Entwicklung im spätem Leben ist das Ergebnis der Denktätigkeit; wenn der Mensch eifrig und fortgesetzt denkt, dann verursachen die Denk-Schwingungen eine chemische Wirkung, und die Dendronen[60] treten aus den Zellen heraus, stellen Verbindungen und Quer-Verbindungen nach allen Richtungen her, buchstäblich Pfade, auf denen Prana – jetzt physischer, astraler und mentaler vereint – dahin pulsiert und Gedanken-Schwingungen sich übertragen.

Doch wir wollen nach dieser Abschweifung zum Menschenreich zurückkehren und betrachten, wie der Aufbau des Nerven-Systems, durch die Schwingungs-Antriebe vom Astralen aus, beginnt und weiter fortschreitet. Wir finden eine kleine Gruppe von Nervenzellen mit winzigen Auswüchsen, die sie verbinden. Diese Gruppe ist durch die Tätigkeit eines Zentrums entstanden, das zuerst im Astralkörper auftrat, – und von welchem bald noch die Rede sein wird, – eine Ansammlung von Astral-Materie zum Zweck der Bildung eines Zentrums, um Antriebe von außen zu empfangen und sie zu beantworten. Von diesem astralen Zentrum gehen Schwingungen zum ätherischen Körper über, rufen dort kleine ätherische Wirbel hervor, die Teilchen dichter physischer Materie in sich hineinziehen und schließlich eine Nerven-Zelle bilden und Gruppen von Nerven-Zellen. Diese physischen Zentren empfangen Schwingungen von der Außenwelt und senden diese Antriebe weiter zu den astralen Zentren und verstärken dadurch deren Schwingungen; so wirken die physischen und astralen Zentren gegenseitig aufeinander ein, und beide werden komplizierter und wirkungsvoller.

Wenn wir im Tierreich hinaufsteigen, finden wir das physische Nervensystem sich fortwährend vervollkommnen und mehr und mehr zum herrschenden Faktor im Körper werden; dies zuerst entstandene System wird in den Wirbeltieren zum sympathischen System, das die Lebens-Organe beherrscht und belebt, – das Herz, die Lungen, die Verdauungswerkzeuge; neben diesen entwickelt sich langsam das Zerebro-Spinal-System (Gehirn- und Rückenmarksystem), das in seiner Betätigung auf niederer Stufe eng mit dem sympathischen verbunden ist; allmählich aber nimmt es eine immer mehr herrschende Stellung ein, während es zugleich in seiner wichtigsten Entwicklung das normale Werkzeug für den Ausdruck des *wachen Bewusstseins* wird. Dies Zerebro-Spinal-System entsteht durch die Antriebe, die vom Mentalen ausgehen, nicht vom Astralen, und es ist nur indirekt –- durch das sympathische System, das ja im Astralen seinen Ursprung hat, – mit dem Astralen verbunden. Wir werden später sehen, wie hiermit die astrale Empfänglichkeit der Tiere und der wenig entwickelten menschlichen Wesen zusammen hängt, ebenso das Verschwinden dieser Empfänglichkeit mit der Entwicklung des Intellekts und ihrem Wiederauftreten bei höherer Entwicklung des Menschen.

Das permanente Atom bildet den unvollkommenen, aber einzigen direkten Kanal zwischen dem Bewusstsein, das als die spirituelle Triade tätig ist, und den Formen, mit welcher es in Verbindung steht. Bei den höheren Tieren sind diese Atome außerordentlich tätig, und in der kurzen Zeit zwischen den physischen Leben gehen in ihnen beträchtliche Veränderungen vor sich. Wenn die Entwicklung weiter geht, steigert der sich vergrößernde Strom des Lebens, der von der Gruppen-Seele ausgeht und durch das permanente Atom fließt, wie auch die sich vergrößernde Vielseitigkeit des physischen Apparates sehr schnell die Empfindungsfähigkeit des Tieres. Vergleichsweise schwache Empfindungsfähigkeit ist in den niederen Tierleben, auch nur wenig stärkere in den Fischen trotz ihres Zerebro-Spinal-Systems.

Bei fortschreitender Evolution fahren die Sinnes-Zentren fort, sich in der Astral-Hülle zu entwickeln und in den höheren Tieren sind diese sehr gut organisiert und die Sinne scharf. Aber trotz der Schärfe der Sinne dauern die Empfindungen nur kurze Zeit, und außer bei den höchsten Tieren ist mit ihnen nur wenig mentale Tätigkeit verbunden, sodass die Sinneseindrücke nicht andauern und keine tieferen Empfindungen hervorrufen.

§ 2. Der Astral- oder Begierden-Körper

Die Entwicklung des Astralköpers muss in Beziehung zum physischen studiert werden, denn während er, wie wir gesehen haben, die Stelle eines Schöpfers auf der physischen Ebene spielt, hängt seine eigene weitere Entwicklung zum größten Teil von den Antrieben ab, die er von demselben Organismus empfängt, den er geschaffen. Lange Zeit hindurch führt er kein unabhängiges Leben für sich auf seiner eigenen Ebene, und die Organisation des Astralkörpers in Beziehung zum physischen ist eine ganz andere Sache und geschieht viel früher als seine Organisation in Beziehung auf die Astralwelt.

Im Orient bezeichnen sie das astrale und mentale Vehikel des Bewusstseins, wenn es zum physischen in Beziehung tritt, als Kosha oder Hülle (sheath) und brauchen den Ausdruck Sharira oder Körper (body) nur für eine Form, die unabhängiger Tätigkeit in der sichtbaren und unsichtbaren Welt fähig ist. Diese Unterscheidung kann uns hier nützen.

Die astrale Hülle des Minerals ist nur wie eine Wolke von angepasster Astralmaterie und zeigt gar keine erkennbare Spuren der Organisation. Dasselbe ist bei den meisten Pflanzen der Fall; aber in einigen scheinen gewisse Anzeichen von Ansammlungen und Linien vorhanden zu sein, die im Licht späterer Entwicklung sich als das Heraufdämmern einer anfangenden Organisation deuten lassen; und in einigen alten Waldbäumen sind an gewissen Punkten unterscheidbare Anhäufungen von Astralmaterie sichtbar. Bei den Tieren markieren sich diese Anhäufungen klar und bestimmt und bilden dauernde Zentren unterschiedlicher Art in der Astral-Hülle.

Diese Anhäufungen in der Astralhülle sind die Anfänge der Zentren, die s. Zt. die nötigen Organe im physischen Körper herstellen werden, und sind nicht die Chakras oder Räder, von denen wir häufig hören; diese gehören zur Organisation des Astralkörpers selbst und machen ihn fähig auf seiner eigenen Ebene in Verbindung mit der Mentalhülle zu funktionieren, dem niederen Repräsentanten des (orientalischen) sûkshma sharira oder zarten Körpers (subtle body). Die astralen Chakras stehen in Verbindung mit den astralen Sinnen, sodass ein Mensch, bei dem sie entwickelt sind, auf der Astralebene sehen, hören kann, usw.; sie treten aber zu einem viel späteren Zeitpunkte der Entwicklung auf, als dem, welchen wir hier betrachten, an welchem das Wahrnehmungs-Vermögen des Bewusstseins noch gar kein Organ besitzt, selbst nicht auf der physischen Ebene.

Wenn diese Anhäufungen in der astralen Hülle erscheinen, wirken die Antriebe des Bewusstseins, die, wie oben auseinandergesetzt, weiter geleitet werden, auf den Äther-Körper ein, bilden die erwähnten Wirbel und es entstehen auf diese Weise gleichartige Zentren in der Astralhülle und im physischen Körper, die sich zum sympathischen System ausbilden. Dies System bleibt stets direkt mit den astralen Zentren verbunden, selbst nachdem das Zerebro-Spinal-System sich entwickelt hat.

Aus den Anhäufungen im vorderen Teil der Astral-Hülle bilden sich nun zehn wichtige Zentren, die durch das sympathische System mit dem Gehirn in Verbindung stehen, und allmählich zu den beherrschenden Organen der Tätigkeit des physischen, des Wach-Bewusstseins werden, – d. h. für den Teil des Bewusstseins, der normalerweise durch das Zerebro-Spinal-System funktioniert. Fünf von den zehn dienen dazu, besondere Eindrücke von der Außenwelt aufzunehmen und sind die Zentren, durch die das Bewusstsein sein Wahrnehmungsvermögen ausübt; sie werden in Sanskrit Jnânendriyas, wörtlich *Wissens-Sinne* genannt, d. h. Sinne oder Sinnes-Zentren, durch welche Wissen erlangt wird. Diese rufen in der schon beschriebenen Weise fünf verschiedene ätherische Wirbel hervor und richten so fünf Zentren im physischen Gehirn her; diese gestalten nun ihre ihnen zugehörigen fünf Sinnesorgane aus und bleiben mit ihnen verbunden. So entstehen die fünf Sinnes-Werkzeuge, die Augen, die Ohren, die Zunge, die Nase und die Haut mit ihrer Eigenart, Eindrücke von der Außenwelt aufzunehmen, – entsprechend den fünf Wahrnehmungs-Fähigkeiten des Gesichts, des Gehörs, des Geschmacks, des Geruchs und des Berührungsgefühls. Dies sind die verschiedenen Wege, auf welchen das Bewusstsein einen Teil seiner Wahrnehmungs-Fähigkeit, sein Vermögen, in den niederen Welten Eindrücke von außen zu empfangen, ausübt. Sie gehören zu den niederen Welten und zu den gröberen Formen der Materie, die das Bewusstsein einschließen und es, so eingehüllt, verhindern, von anderen Leben zu wissen; sie sind zu gleicher Zeit Öffnungen in diesem dichten Schleier der Materie, die gestatten, dass gewisse Schwingungen hineingelangen und das verborgene Bewusstsein erreichen.

Die übrigen fünf astralen Zentren dienen dazu, um Schwingungen von dem Bewusstsein auf die Außenwelt zu übertragen; sie sind die Ausgangswege, wie die Wissens-Sinne die Zugangswege sind; sie werden Karmendriyas genannt – wörtlich Handels-Sinne, Sinne oder Sinnes-Zentren, die die Handlungen hervorrufen.

Diese entstehen wie die anderen; durch die Äther-Wirbel bilden sich die Bewegungs-Zentren (motorische Zentren) im physischen Gehirn; diese wieder gestalten ihre Bewegungsorgane, mit denen sie verbunden bleiben, die Hände, die Füße, den Kehlkopf und die Organe der Fortpflanzung und der Aussonderung.

Wir haben nun eine organisierte Astralhülle, und die fortwährenden Einwirkungen und Rückwirkungen zwischen ihr und dem physischen Körper vervollkommnen beide, und beide zusammenwirken auf das Bewusstsein, und dies wirkt auf sie zurück, wobei beide gewinnen. Und wie wir gesehen haben, werden diese blinden Antriebe des Bewusstseins in ihrer Einwirkung auf die Materie von dem Logos-Leben in der Gruppen-Seele und durch die Natur-Geister geleitet. Überall ist es das Leben, das Bewusstsein, das sich in der Materie verwirklichen will, und die Materie gibt Antwort und entspricht ihm kraft ihrer ihr eigentümlichen Fähigkeiten, die durch die Einwirkung des dritten Logos zum Leben erweckt wurden.

§ 3. Entsprechende Verhältnisse bei den Haupt-Rassen

Eine ähnliche Aufeinanderfolge in der jetzigen, der vierten Runde skizziert gleichsam die frühere Entwicklung der Naturreiche, und es wiederholen sich die hauptsächlichen Charakterzüge der früheren Runden bei den Haupt- (oder Wurzel-) Rassen, gerade wie die Geschichte der

Entwicklung, die sich während langer, langer Zeiträume zugetragen hat, sich während der Embryo-Periode in jedem neuen Körper wiederholt. Zur Zeit der beiden ersten Menschen-Rassen waren Wärme-Zustände vorhanden, bei denen eine etwaige Empfindungsfähigkeit jede Lebenstätigkeit zerstört haben würde, und diese Rassen zeigen auch noch keine Empfindungs-Fähigkeit für Leid oder Freude auf der physischen Ebene.

Die dritte Rasse besitzt Empfinden für heftige Eindrücke, die rohe Freuden oder Schmerzen hervorrufen; aber erst einige Sinne sind entwickelt, das Gehör, das Tastgefühl, das Gesicht, und diese erst in sehr niedrigem Grade, wie wir bald sehen werden.

In den beiden ersten Rassen machen sich die Anhäufungen in der Materie der Astral-Hülle bemerkbar, und wenn diese sich mit geeigneter physischer Materie verbinden könnten, dann würde im physischen Bewusstsein Freude und Leid vorhanden sein. Aber die nötige Ergänzung fehlt noch.

Die erste Rasse scheint einen schwachen Gehörsinn zu zeigen, und die zweite eine unbestimmte Reaktion auf Berührung, den aufdämmernden Sinn des Tastgefühls.

Die spirituelle Triade ist auf dieser Stufe der Entwicklung so unempfindlich gegen die Schwingungen der äußeren Materie, dass nur im Fall des Anpralls an physische Massen sie anfängt, auf diese gewaltigen Schwingungen langsam zu antworten. Alles beginnt für sie auf der physischen Ebene.

Sie reagiert nicht direkt, sondern indirekt, durch die Vermittlung des Logos-Lebens, und erst wenn der physische Apparat im wesentlichen aufgebaut ist, gehen die feineren Antriebe mit genügender Stärke hindurch, um Leid oder Freude zu verursachen. Die heftigen Schwingungen von der physischen Ebene rufen entsprechende Schwingungen im Astralen hervor, und die Triade wird einer dumpfen Empfindung bewusst.

VIII. – Die ersten Schritte des Menschen

§ 1. Die dritte Lebens-Woge

Die Mitte der dritten Haupt-Rasse ist erreicht; der Nerven-Apparat des tierischen Menschen ist bis zu einem Punkt aufgebaut, wo er für seinen weiteren Ausbau des direkteren Stromes der Gedanken von der spirituellen Triade aus bedarf, an die er angegliedert ist; die Gruppen-Seele hat ihr Werk für diese höheren Ergebnisse der Entwicklung vollendet; durch ihre Vermittlung schützte und nährte das Leben des zweiten Logos seine jungen Kinder; jetzt ist die Zeit gekommen, zum Kausal-Körper, dem Gefäß zur Aufnahme des herabströmenden Lebens, den Grund zu legen: das Ende des vorgeburtlichen Lebens der Monade ist erreicht und die Zeit für ihre Geburt, ihren Eintritt in die niedere Welt, ist reif. Das Mutter-Leben des Logos hatte für die Monade die Körper herangebildet, in denen sie jetzt als ein Einzelwesen in der Welt der Formen leben könnte und sie soll nun unmittelbar Besitz von ihren Körpern ergreifen und ihre menschliche Entwicklung aufnehmen.

Wir haben gesehen, dass die Monaden ihr Sein vom ersten Logos herleiten und auf der Anupâdaka-Ebene, der zweiten, während der Zeitperioden wohnen, auf die wir einen kurzen Blick geworfen haben. Wir haben sodann gesehen, dass sie sich mit der Hilfe verschiedener Vermittler die drei permanenten Atome angliederten, die sie zu Jivâtmâs auf der dritten, vierten und fünften Ebene machten und ebenso die Atome, die die niedere Triade auf der fünften, sechsten und siebten bilden. Jeglicher Wirkungs-Austausch der Monade mit den Ebenen unter ihrer eigenen fand durch den Sutrâtmâ statt, den Lebensfaden, auf dem die Atome aufgereiht sind, den Lebensfaden aus Materie der zweiten Ebene, der vom Atma-Atom zum Buddhi-Atom geht, von diesem zum Manas-Atom und von diesem zurück zum Atma-Atom und so das *Dreieck des Lichts* auf den höheren Ebenen bildet. Wir haben ferner gesehen, dass von der Dreiecks-Seite auf der Buddhi-Ebene ein Faden ausgeht, der Sutrâtmâ der niederen Ebenen, der zum niederen Dreieck überleitet.

Die Zeit ist nun gekommen zu einer vollständigeren Verbindung, als sie der dünne Faden in seiner ursprünglichen Form bildet und er erweitert sich sozusagen. Dies ist freilich nur eine sehr plumpe Ausdrucks weise für die Tatsache, dass der Strahl, der von der Monade ausgeht, erglüht und wächst und mehr die Form eines Trichterrohres annimmt. *Der Faden zwischen dem schweigenden Wächter und seinem Schatten wird – stärker und leuchtender.*[61] Mit dem Herabströmen von monadischem Leben wächst zugleich der Strom zwischen dem buddhischen und mana-sischen permanenten Atom und das letztere scheint zu erwachen, denn es sendet Schwingungen nach allen Seiten aus. Andere Manas-Atome und -Moleküle sammeln sich um das permanente und ein wirbelnder Strudel ist auf den drei oberen mentalen Unter-Ebenen zu beobachten. Eine ähnliche wirbelnde Bewegung zeigt sich in der wolkigen Masse, die die mentale Einheit der unteren Triade umgibt, die sich, wie schon erwähnt, in der übergebliebenen Hüllen-Schicht der Gruppen-Seele befindet. Die Schicht zerreißt und wird von dem höheren Wirbel aufgesogen, wo sie zergeht und eine zarte schleierhafte Hülle, der Kausalkörper, hat sich gebildet, wenn der Wirbel nachlässt. Dieses Niederströmen von Leben, das die Bildung des Kausalkörpers zur Folge hat, nennt man die dritte Lebens-Woge und wird sehr richtig dem ersten Logos zugeschrieben, da die Monade von diesem stammt und sein drei einiges Leben darstellt.

Hat sich der Kausalkörper einmal gebildet, dann besitzt die spiritu-elle Triade ein dauerndes Vehikel zur weiteren Entwicklung, und wenn das Bewusstsein fähig wird, frei in diesem Vehikel zu arbeiten, dann ist die Triade imstande, viel wirksamer als je zuvor die Entwicklung der niederen Vehikel zu beherrschen und zu leiten.

Die ersten Anstrengungen, sie zu beherrschen, sind jedoch nicht sehr intelligenter Art, ebenso wenig, wie die ersten Bewegungen des Körpers eines Kindes zeigen, dass sie durch irgendeine Intelligenz geleitet werden, obgleich wir wissen, dass doch eine Intelligenz einwirkt. Die Monade ist jetzt in wahrem wirklichen Sinne auf der physischen Ebene geboren, aber noch ist sie als ein kleines Kind anzusehen und muss eine ungeheure Zeit-Periode durchmachen, bis die Herrschaft über den phy-sischen Körper etwas über die kindliche Stufe hinausgeht,

§ 2. Die menschliche Entwicklung

Das wird uns noch klarer, wenn wir auf den Menschen blicken, wie er in seinen ersten Tagen war. Jene seit langem untergegangenen Lemurier

– mit Ausnahme der Wesen, die ihr Bewusstsein in beträchtlichem Grade entwickelt hatten und die in dem plumpen lemurischen Körper zur Geburt schritten, um die menschliche Entwicklung zu leiten – waren inbetreff ihrer Sinnes-Organe sehr kümmerlich entwickelt; die des Geruchs und Geschmacks waren noch nicht vorhanden, sondern erst im Entstehen begriffen. Ihre Empfänglichkeit für Leid und Freude war gering.

Bei den Atlantiern waren die Sinne sehr aktiv; das Gesicht war sehr scharf und das Gehör sehr fein; der Geschmack war mehr entwickelt als bei den Lemuriern, aber noch nicht sehr ausgebildet; grobe und verdorbene Nahrungsmittel fand man ganz erträglich, ja angenehm, und stark und übel riechende Speisen, wie faules Fleisch, zog man zarter schmeckenden vor; man hielt diese für geschmacklos. Ihr Körper war gegen Beschädigungen nicht sehr empfindlich, ja schwere Wunden machten keine großen Schmerzen und warfen sie nicht nieder; selbst umfangreiche Verstümmelungen machten sie nicht kampfunfähig, und die Verletzungen heilten sehr schnell.

Die noch lebenden Reste der lemurischen Rasse, wie die weitverbreiteten Atlantier zeigen auch jetzt noch eine verhältnismäßig große Unempfindlichkeit gegen Schmerzen; Verletzungen, die ein Mitglied der fünften Rasse vollständig hinstrecken würde, bringen sie nicht so sehr herunter. Es wird berichtet, dass ein nordamerikanischer Indianer weiter focht, als die eine Seite des Schenkels ihm fortgerissen war und nach zwölf oder fünfzehn Stunden wiederum das Feld behauptete.

Diese Eigentümlichkeit des Körpers vierter Rasse befähigt einen Wilden, Verletzungen, die einen Mann fünfter Rasse durch den Nervenschock niederwerfen würden, mit Gleichmut zu ertragen und bald wieder von ihnen zu genesen.

Diese Unterschiede stammen größtenteils von der verschiedenen Entwicklung des permanenten Atoms her, dem Kern des physischen Körpers. Kommen wir zur fünften Rasse, so finden wir, dass ein vollerer Lebensstrom herabflutet, der eine stärkere innere Entwicklung des permanenten Atoms hervorruft und je weiter sie fortschreitet, desto voller ist dieser Strom.

Mit der weiteren Entwicklung wächst auch die Mannigfaltigkeit der Schwingungsfähigkeiten im physischen, permanenten Atom und ähnlich im astralen Atom und in der mentalen Einheit. Wenn Geburt auf Geburt folgt und diese permanenten Kerne auf ihre Ebenen hinaustreten und die neue mentale, astrale und physische Hülle um sich tun, dann ziehen sie, je höher sie entwickelt sind, desto höher entwickelte Atome der Ebene, zu denen sie gehören, an sich und schaffen sich so einen immer besseren Nervenapparat, durch den ein immer wachsender Strom des Bewusstseins fließen kann. In dieser Weise entsteht das zart organisierte Nervensystem der fünften Rasse.

In dieser fünften Rasse hat die innere Verschiedenartigkeit der Nervenzellen sehr zugenommen und die Verbindungswege sind sehr viel zahlreicher geworden. Allgemein gesprochen, arbeitet das Bewusstsein in der fünften Rasse auf der Astral-Ebene und hat sich von dem physischen Körper zurückgezogen, ausgenommen so weit das Zerebro-Spinal-System in Betracht kommt. Die Beherrschung der Lebens-Organe des Körpers ist dem sympathischen System überlassen, das lange, lange Zeit geschult worden ist, dieses Werk zu verrichten, welches jetzt durch Antriebe seitens der Astral-Zentren im Gange gehalten wird (von anderen als den erwähnten zehn) ohne absichtliche Aufmerksamkeit des anderweit beschäftigten Bewusstseins, wenn dieses auch natürlich seine Hilfe leiht. Es ist jedoch, wie wir bald sehen werden, sehr gut möglich, die Aufmerksamkeit wieder auf diesen Teil seines Mechanismus zu lenken und ihn intellektuell zu beherrschen. Bei den höher entwickelten Mitgliedern der fünften Rasse werden die Haupt-Antriebe des Bewusstseins von der niederen Mental-Welt ausgesandt und sie wirken durch die astrale hindurch auf die physische und regen dort die physische Nerven-Tätigkeit an. Dies ist das scharfe, feine Verstands-Bewusstsein, das mehr durch Gedanken als durch Empfindungen bewegt wird und sich mehr in den mentalen und emotionellen Gehirnzentren zeigt als in denen, die es mit Sinneswahrnehmungen und motorischen Antrieben zu tun haben.

Die Sinnesorgane der fünften Rasse sind in ihrem Reagieren auf rein physische Eindrücke weniger tätig und scharf, als die der vierten; das Gesicht, das Gehör, das Berührungsgefühl antwortet auf manche Schwingungen, die auf die Sinne der vierten Rasse noch wirken, nicht mehr. Es ist kennzeichnend, dass in früher Kindheit die betreffenden Organe am schärfsten sind und vom sechsten Jahr an ihre Empfindlichkeit sich verringert. Andrerseits, wenn auch die Schärfe in der Aufnahme rein sinnlicher Eindrücke nachlässt, werden sie doch empfänglicher für Wahrnehmungen, die sich mit Empfindungen verbinden; so wirken zarte Nuancen in Farbe und Ton, sei es in der Natur, sei es in der Kunst, stärker auf sie ein. Die höhere und kompliziertere Ausbildung der Sinnes-Zentren im Gehirn und im Astralkörper scheint eine höheres Empfindungsvermögen für die Schönheit der Farbe, der Form, des Tones usw. hervorzurufen, aber schwächeres Reagieren auf Sinneswahrnehmungen, bei denen das Empfinden keine Rolle spielt.

Der Körper ist in der fünften Rasse auch viel empfindlicher gegen heftige Erschütterungen (shocks) als der Körper der vierten und der dritten, da der erstere für seine Erhaltung mehr auf das Bewusstsein angewiesen ist. Eine Nervenerschütterung wird viel stärker empfunden und hat viel schlimmere Folgen.

Bei einer schweren Verstümmelung handelt es sich nicht nur um vernichtete Muskeln, um zerrissene Gewebe, sondern auch um eine gefährliche Nervenerschütterung. Das hoch entwickelte Nervensystem bringt die Nachricht des Unfalls zu den Gehirnzentren und von dort wird sie zum Astralkörper weitergesandt und das astrale Bewusstsein wird erregt und aufgestört.

Diesem folgt die Aufregung auf der Mentalebene. Die Einbildungskraft wird angefacht, die Erinnerung reizt dazu, das Schlimmste vorauszusehen und sich überstürzende, mentale Fantasiebilder vertiefen und verlängern die Empfindungen. Diese wiederum reizen und erregen das Nervensystem und seine ungebührliche Aufregung wirkt auf die Lebensorgane und verursacht organische Störungen und damit ein Herabdrücken der Lebenstätigkeit und – langsames Heilen.

So beherrschen in den hoch entwickelten Körpern fünfter Passe mentale Zustände im großen Maße die physischen: heftige Angst, geistiges Leiden und andauernde Sorge haben Nerven-Spannungen zur Folge, stören leicht organische Lebensprozesse und geben Veranlassung zu Schwäche oder Krankheit. Geistige Kraft und Heiterkeit befördern daher unmittelbar physische Gesundheit, und wenn das Bewusstsein sich endgültig auf der Astral- oder der Mental-Ebene ausgebildet hat, sind geistige Störungen und heftige Gemütserregungen viel verhängnisvoller für die Gesundheit als irgendein Unfall, der dem physischen Körper widerfährt. Der entwickelte Mensch der fünften Rasse lebt buchstäblich in seinem Nervensystem.

§ 3. Nicht zusammenpassende Seelen und Körper

Hier sollten wir zunächst ein Vorkommen betrachten, das wegen des Verhältnisses der Nerven-Organisation zum Bewusstsein bemerkenswert ist. Wenn ein menschliches Bewusstsein noch nicht über die spätere lemurische oder die frühere atlantische Stufe hinaus entwickelt ist, aber in einen Körper fünfter Rasse geboren wird, bietet es einen merkwürdigen und interessanten Gegenstand des Studiums.

Die Veranlassung zu solch einer Geburt kann hier nicht eingehend erörtert werden; nur kurz dies: wenn die vorgeschritteneren Nationen ein Land annektieren, das von wenig entwickelten Stummen bevölkert ist, und die Eroberer sie direkt oder indirekt vernichten, dann haben diese Menschen, die so kurzer Hand ihres Körpers beraubt werden, andere Unterkunft zu suchen; die geeigneten Bedingungen, die sie als Wilde benötigen, werden immer seltener bei der immer stärkeren Verbreitung der höheren Rassen und sie müssen daher unter den erreichbar niedrigsten Bedingungen zur Geburt schreiten, wie in den schlimmsten Teilen großer Städte, in Familien mit Verbrecher-Typus; durch karmische Notwendigkeit werden sie zu der Eroberer-Nation gezogen.

Solche Personen werden in Körpern fünfter Rasse der niedrigsten Art geboren. Sie zeigen dann in diesem Körper fünfter Rasse die Eigenschaften, die zu der anfänglichen vierten oder der dritten gehören und obgleich sie die äußere Nerven-Organisation besitzen, hat ihre Nerven-Materie doch nicht dieselbe innere Differenzierung, die nur durch die Einwirkung astraler und mentaler Kräfte auf die physische Materie entsteht.

Sie zeigen sich unempfänglich für Eindrücke von der Außenwelt, wenn sie nicht ganz besonders heftiger Art sind, was den niedrigen Grad der Entwicklung des individuellen Bewusstseins beweist. Wir sehen, wie sie in Trägheit zurücksinken, wenn keine starken physischen Reize vorhanden sind, und dass das Verlangen nach solchen starken Reizen zurückkehrt, wenn sie durch physische zwingende Bedingungen erregt werden; durch starke Eindrücke auf die Sinnesorgane wird eine unbestimmte Denktätigkeit erregt, die aber aufhört, sobald die Sinnesorgane nicht beschäftigt sind; sie zeigen sich vollständig außerstande, auf einen Gedanken oder eine höhere Gemütsbewegung zu reagieren, nicht, dass sie sie zurückweisen, sondern sie werden sich ihrer gar nicht bewusst.

Meistens werden solche Personen durch etwas Äußeres leicht in große Aufregung versetzt, oder zu großer Heftigkeit hingerissen, durch etwas, was ihnen physisch entgegen tritt und das ihr dämmeriges Denkvermögen mit der Möglichkeit in Verbindung bringt, irgendeine Leidenschaft zu befriedigen, deren sie sich erinnern, oder die sie begehren, aufs neue zu fühlen.

Solch ein Mensch, mag nicht im geringsten an Raub und Mord denken, aber er wird zu dem einen oder beiden vielleicht schon durch den Anblick eines gut angezogenen Vorübergehenden gereizt, der wohl Geld besitzen mag; Geld, – das will sagen: Befriedigung der Eß-, Trink- oder Geschlechtsleidenschaft. Der Anreiz, den vorübergehenden anzugreifen, wirkt schnell und stark, und schnell auch folgt die. Ausführung, wenn sie nicht durch voraussichtliche physische Gefahr gehemmt wird, wie z. B. durch den Anblick eines Polizisten.

Die verkörperte physische Versuchung ist es, die den Gedanken anregt, das Verbrechen zu begehen. Ein Mensch, der im Voraus ein Verbrechen plant, ist höher entwickelt; der rein Wilde begeht ein Verbrechen auf Antrieb des Augenblicks, wenn nicht eine andere physische Verkörperung dazwischen tritt, etwa die der Macht, die er fürchtet. Und wenn das Verbrechen begangen ist, ist er unzugänglich für jegliche Stimme der Scham oder der Reue; empfänglich ist er nur für den Schrecken.

Die Bemerkungen treffen natürlich nicht auf den intelligenten Verbrecher zu, sondern nur auf den brutal und stumpf geborenen Typus, den Wilden dritter und vierter Rasse in einem Körper fünfter Rasse.

Wenn die Wahrheiten der uralten Weisheit mehr und mehr in den Gedanken der Jetztzeit Raum gewinnen, wird unter anderen auch die Behandlungsweise der Verbrecher sich ändern. Solche Verbrecher, wie wir sie hier besprochen haben, werden nicht mehr brutal bestraft, sondern dauernd unter strenger Disziplin gehalten werden, so weit es irgend geht, und dies wird ihren Fortschritt weit mehr fördern, als die Zustände des Lebens als Wilder es vermocht hätten.

Aber die fernere Verfolgung dieses Punktes würde uns zu weit von unserm Hauptgegenstand entfernen; wir müssen daher zu dem Wirken des Bewusstseins auf der Astralebene zurückkehren, wie es sich bei den höheren Tieren und den niederen Menschen zeigt.

§ 4. Das Aufdämmern des Bewusstseins auf der Astralebene

Wir haben gesehen, dass die astrale Organisation fortschreitet und diese das physische Nervensystem gestaltet, und haben jetzt zu betrachten, wie dies auf die Tätigkeit des Bewusstseins einwirkt. Wie zu erwarten war, finden wir, dass das Bewusstsein auf der Astral-Ebene der Einwirkungen auf seine astrale Hülle in wager, unbestimmter Weise gewahr wird, gerade wie es in den Mineralien, den Pflanzen und den niederen Tieren der Einwirkungen auf seinen physischen Körper gewahr wurde.

Dies Gewahrwerden astraler Eindrücke geht jeder bestimmten Organisation in der astralen Hülle, dieser Brücke zwischen dem Mentalen und dem Physischen, lange voraus und wird sie allmählich in einen Astralkörper verwandeln, dem selbstständigen Werkzeug des Bewusstseins auf der Astral-Ebene. Wie wir gesehen haben, entsteht die erste Organisation in der Astralhülle durch das Reagieren auf die Eindrücke, die sie von dem physischen Körper erhält und ihre Entwicklung geht auch beständig durch ihre Beziehungen zum physischen Körper weiter. Diese Organisation hat zunächst nichts mit dem Empfangen, Aneinanderreihen und Verstehen der astralen Eindrücke zu tun, sondern ist damit beschäftigt, von dem physischen Nervensystem Einwirkungen zu empfangen und auf diese zu erwidern.

Das Bewusstsein geht überall dem Selbstbewusstsein voraus, und so geht die Entwicklung des Bewusstseins auf der Astral-Ebene gleichzeitig mit der Entwicklung des, baldigst zu besprechenden, Selbstbewusstseins auf der physischen vorwärts.

Die Einwirkungen von der Astral-Ebene auf die Astral-Hülle rufen in der ganzen Hülle Schwingungswellen hervor, und das eingehüllte Bewusstsein wird allmählich dieses Wogens dumpf gewahr, ohne es auf eine Veranlassung von außen zurückzuführen. Es greift mehr nach den viel heftigeren physischen Eindrücken und all die Kraft, die Aufmerksamkeit, die es entwickelt hat, richtet es auf diese. Die Ansammlungen von Astralmaterie, die mit dem physischen Nervensystem verbunden sind, nehmen natürlich teil an dem allgemeinen Wogen der Astralhülle und die Schwingungen, die dieses Wogen hervorruft, mischen sich mit denen, die vom physischen Körper ausgehen und wirken auch auf die Schwingungen ein, die das Bewusstsein durch diese Ansammlungen herabsendet. Auf diese Weise ist eine Verbindung zwischen den astralen Einwirkungen und dem sympathischen System hergestellt und sie spielen in seiner Entwicklung eine wichtige Rolle.

Wie das Bewusstsein, das im physischen Körper wirkt, langsam eine äußere Welt zu erkennen anfängt, so vermischen sich auch in der Astral-Hülle die Einwirkungen aus dem Astralen, die allmählich nach den fünf Sinnen klassifiziert werden, wie es auch mit den Einwirkungen vom Physischen geschah, – mit denen von der physischen Ebene und werden noch nicht als, dem Ursprung nach, verschieden von ihnen erkannt. Dieses ist das Stadium des niederen Hellsehens, das der großen Entwicklung des Verstandes voraufgeht. Solange das sympathische System als der Hauptapparat des Bewusstseins funktioniert, so lange unterscheidet es nicht den astralen von dem physischen Ursprung der Einwirkungen. Selbst die höheren Tiere, – in denen das Zerebro-Spinalsystem gut entwickelt ist, aber dieses ausgenommen, die Sinneszentren noch nicht das Hauptwerkzeug des Bewusstseins bilden, – können noch nicht zwischen den physischen und astralen Bildern, Tönen, usw., unterscheiden. Ein Pferd setzt über einen Astralkörper weg, als wenn es ein physischer wäre, eine Katze sucht sich an den Beinen einer Astralgestalt zu reiben, ein Hund schlägt an, bei einer solchen Erscheinung. Im Hund und im Pferd dämmert ein Gefühl der Unbehaglichkeit auf, also der Unterscheidung; denn der Hund zeigt häufig Furcht vor solchen Erscheinungen und auch das Pferd wird ängstlich und zittert. Trotzdem das Pferd trainiert werden kann, den Gefahren des Schlachtfeldes zu trotzen und es selbst, wie bei den Arabern, lernt, seinen gefallenen Herrn aufzuheben und durch allen Tumult der Umgebung hindurch fortzutragen, – scheint die Nervosität des Pferdes hauptsächlich aus der Verwirrung und Bestürzung über seine Wahrnehmungen zu stammen und aus seiner Unfähigkeit zu unterscheiden zwischen dem, was es später sehr gelehrt *objektive Wirklichkeit* nennen wird, gegen die sein Körper anprallen und der ihn verletzen kann und *Täuschungen* oder *Halluzinationen*, die sein Körper unbeschädigt zu durchschreiten vermag. Fuldas Pferd ist alles *wirklich*, nur der Unterschied in ihren Verhalten regt ihn auf; bei einem außergewöhnlich intelligenten Pferd ist die Nervosität oft größer, da in ihm eine Ahnung von dem Unterschied in den Objekten selbst aufdämmert, und da es diesen nicht begreift, wird es noch mehr beunruhigt.

Der Wilde, der mehr im Zerebro-Spinal-System lebt, unterscheidet zwischen den physischen und astralen Erscheinungen, wenn auch letztere für ihn ebenso *wirklich* sind, wie die ersteren; er zählt sie zu einer anderen Welt, zu der er alle Dinge rechnet, die sich nicht in der Weise verhalten, die er für die normale hält. Er weiß nicht, dass er sich' dieser Dinge durch das sympathische und nicht durch das Zerebro-Spinal-System bewusst wird; er ist sich ihrer bewusst, – das ist alles.

Die Lemurier und früheren Atlantier hatten fast mehr astrales als physisches Bewusstsein. Astrale Einwirkungen, die die ganze astrale Hülle zum Wogen brachten, gelangten durch die astralen Sinnes-Zentren zu den sympathischen Zentren im physischen Körper und sie wurden ihrer lebhaft gewahr. Ihre Leben wurden mehr von Sensationen und Leidenschaften beherrscht als vom Verstand und der spezielle Apparat der Astralhülle, das sympathische System, war damals der herrschende Mechanismus des Bewusstseins.

Als das Zerebro-Spinal-System sich entwickelte und mehr und mehr seine besondere Stellung als Haupt-Apparat des Bewusstseins auf der physischen Ebene einnahm, richtete sich die Aufmerksamkeit des Bewusstseins mehr und mehr auf die äußere physische Welt und dessen Aspekt der Tätigkeit; der konkrete Verstand trat immer mehr in den Vordergrund.

Das sympathische System tritt jetzt zurück und seine Mitteilungen werden immer weniger und weniger beachtet; sie werden überflutet von dem Strom der gröberen und heftigeren physischen Einwirkungen von außen. Daher nimmt das astrale Bewusstsein ab und die Intelligenz nimmt zu, obgleich fast bei allen Menschen von Zeit zu Zeit noch ein unbestimmtes Gefühl von unverstandenen Eindrücken auftritt.

Auf der jetzigen Stufe der Entwicklung findet man bei einigen menschlichen Wesen noch diese niedere Form des Hellsehens, aber nur bei Personen mit sehr beschränkter Intelligenz; sie haben kaum eine Idee von dem wirklichen Vorgang und beherrschen die Ausübung dieser Fähigkeit sehr wenig.

Versuche, das Hellsehen zu verstärken, geben leicht zu nervösen Störungen sehr hartnäckiger Art Veranlassung; denn diese Versuche sind gegen das Gesetz der Entwicklung, das stets vorwärts, einem höheren Ziele zutreibt und nie zurück führt. Da wir dies Gesetz nicht ändern können, verursachen solche Versuche, ihm zuwiderzuhandeln, Störungen und Krankheiten. Wir können nicht zu dem früheren Zustand der herrschenden Stellung des sympathischen Systems zurückkehren, es sei denn auf Kosten der Gesundheit und der höheren intellektuellen Entwicklung. Deshalb besteht eine große Gefahr in der Befolgung so vieler jetzt veröffentlichten und weit verbreiteten Anweisungen, über das Sonnengeflecht oder andere sympathische Zentren zu meditieren.

Die Praktiken, von denen einige zu uns nach dem Westen ihren Weg gefunden haben, sind in Indien in ein System gebracht, Hatha Yoga genannt. Man erlangt wieder die Herrschaft über die unwillkürlichen Muskeln, sodass jemand die peristaltischen Bewegungen umkehren, das Schlagen des Herzens aufheben, nach Wunsch vomieren kann usf. Sehr viel Zeit und Mühe muss man daran wenden, ehe man solche Fertigkeit erlangt; und schließlich hat der Mensch nur Muskeln unter die Herrschaft des Willens zurückgebracht, die dieser vor langer Zeit dem sympathischen System überwiesen hat.

Wie seiner Zeit diese Überantwortung durch allmähliche Entziehung der Aufmerksamkeit geschah, so geschieht sie auch jetzt in umgekehrter Richtung durch erneute Konzentration der Aufmerksamkeit auf die betreffenden Körperteile. Da solche Fertigkeiten den Unwissenden imponieren, die sie als Beweise geistiger Größe ansehen, so werden sie häufig von Personen ausgeübt, die nach Macht begehren und unfähig sind, sie auf legalerem Wege zu erlangen. Übrigens sind dies die leichtesten Formen von Hatha Yoga, sind am wenigsten schwierig auszuüben und verursachen weniger Leiden, als einen Arm ausgestreckt zu halten, bis er verdorrt, oder auf einem Bett von spitzen Nägeln zu liegen.

Wenn das Zerebro-Spinal-System zeitweise ausgeschaltet ist, machen sich die Antriebe, die von der Astralhülle durch das sympathische System kommen, im Bewusstsein bemerkbar. Daraus erklärt sich das *Hell*sehen im Trance, – sei dieser selbst oder von anderen herbeigeführt, – die Fähigkeit, mit Hilfe von Kristallen im Astralen zu lesen, und andrer ähnlicher Leistungen. Wird in dem höheren Vehikel die Tätigkeit des Bewusstseins teilweise oder ganz aufgehoben, so wird dies veranlasst, seine Aufmerksamkeit auf das niedere zu lenken.

Um Missverständnissen vorzubeugen, mag es zweckmäßig sein, hier hinzuzufügen, dass das höhere Hellsehen dem Wachsen des Denkvermögens folgt und nicht ihm vorausgeht, und dass dies nicht eher eintritt, als die Organisation des Astral-Körpers (im Gegensatz zur Astral-Hülle) bis zu einem beträchtlichen Grade vollendet ist. Wenn dies durch die Einwirkung des Denkvermögens und der Vervollkommnung des physischen Denkapparats erreicht ist, dann entwickeln sich allmählich die eigentlichen astralen Sinnesorgane, die Chakras oder Räder, so genannt wegen ihrer wirbelnden Erscheinung.

Diese entwickeln sich auf der Astral-Ebene als die Astralsinne und deren Organe und werden von der Mentalebene aus aufgebaut und beherrscht. Das Bewusstsein arbeitet dann auf der Mentalebene und richtet den astralen Mechanismus her, wie es zuvor auf der Astralebene arbeitete und den physischen Mechanismus herrichtete. Aber jetzt arbeitet es mit größerer Macht und größerem Verständnis, da es so viele von seinen Kräften entfaltet hat.

Ferner gestaltet es Zentren im physischen Teil des sympathischen und des Zerebro-Spinal-Systems, die als physische Apparate zur Überbringung der Schwingungen von höheren Ebenen zum Gehirn-Bewusstsein dienen sollen. Wenn diese Zentren belebt worden sind, können Kenntnisse *durchgebracht* werden, d. h. das Bewusstsein, das in dem physischen Nervensystem arbeitet, kann sie jetzt benutzen. Dies ist, wie gesagt, das höhere Hellsehen, die verstandesmäßige, selbstständige Ausübung der Fähigkeiten des Bewusstseins im Astralkörper.

Bei diesem Aufstieg werden also die Fähigkeiten des Bewusstseins zunächst auf der physischen Ebene erweckt und dann nacheinander auf der astralen und der mentalen. Die astrale und die mentale Hülle muss erst hoch entwickelt werden, ehe sie zu dem betreffenden zarten Körper werden kann, der selbstständig auf seiner höheren Ebene tätig ist und dann für sich die nötigen Apparate zur Ausübung dieser höheren Kräfte in der physischen Welt herstellt.

Und selbst dann, wenn dieser Apparat durch reine Gedanken und reines Verlangen fertig gebaut ist, muss er auf der physischen Ebene durch das Feuer von Kundalini zum Leben erweckt werden, das vom physischen Gehirn und Bewusstsein angefacht und geleitet wird.

X. – Das Bewusstsein und das Selbstbewusstsein

§ 1. Das Bewusstsein

Eine unendlich lange Zeit hindurch während der pflanzlichen und tierischen Entwicklung und während der Entwicklung der normalen Menschheit bis zur Jetztzeit ist die Astral- oder Begierden-Hülle, wie wir gesehen haben, der physischen untergeordnet, soweit es die Tätigkeit des Bewusstseins betrifft. Wir haben jetzt die Entfaltung des Bewusstseins, des Lebens, zu verfolgen, das seiner Umgebung gewahr wird. Wenn wir mit Hecht sagen konnten, dass das Nervensystem von der Astralebene aus geschaffen ist, so ist es doch nichtsdestoweniger für die Betätigung des Bewusstseins auf der physischen Ebene geschaffen und für dessen wirkungsvolles Arbeiten auf dieser. Dort ist es auch, wo das Bewusstsein zum Selbstbewusstsein wird.

Wenn die Schwingungen der Außenwelt die physische Hülle des unentwickelten Selbst, des Jivâtmâ, des Strahles der Monade treffen, erwecken sie zunächst antwortende Regungen, ein Erzittern innerhalb dieses Selbst, ein dämmerndes Bewusstsein in ihm, ein Empfinden, das von dem Selbst aber nicht mit etwas Äußeren in Beziehung gebracht wird, trotzdem es durch Einwirkung von außen verursacht wurde. Es geht eine Veränderung vor sich, außerhalb des zarten Schleiers des Selbst und der diesen Schleier wieder einhüllenden dichteren Materie, welche äußere Veränderung eine solche innerhalb des Schleiers hervorruft, und diese Veränderung ruft wieder eine Tätigkeit des Bewusstseins hervor, – ein Bewusstsein von Veränderung, von verändertem Zustand. Es mag eine Anziehung, ein Hingezogenwerden sein, das ein äußerer Gegenstand auf die dichteren Hüllen ausübt und das bis zu dem Schleier des Selbst reicht, dort eine leichte Ausdehnung in dem Schleier hervorruft, dem eine Ausdehnung der dichteren Hüllen gegen den anziehenden Gegenstand hin folgt; und diese Ausdehnung ist eine Veränderung des Zustandes und wird empfunden, ruft also eine Tätigkeit des Bewusstseins hervor. Oder es ist ein Zurückstoßen, ein Forttreiben, das wiederum ein äußerer Gegenstand auf die umkleidenden Hüllen ausübt, und das bis zu dem Schleier des Selbst reicht, dort ein Zusammenziehen im Schleier hervorruft, dem ein

Zusammenziehen und Zurückziehen der Hüllen von dem abstoßenden Gegenstand folgt; und dies Zusammenziehen ist auch eine Veränderung des Zustandes und ruft eine besondere Veränderung im Bewusstsein hervor.

Wenn wir die Zustände der einschließenden Hüllen bei einer Anziehung und bei einem Zurückstoßen untersuchen, finden wir sie vollkommen verschieden. Wenn die Einwirkung eines äußeren Gegenstandes ein rhythmisches Schwingen in diesen Hüllen hervorruft, d. h., wenn ihre Materie veranlasst wird, sich in wellenförmigen, regelmäßigen Linien der Verdünnung und der Verdichtung zu ordnen, dann gestattet diese Anordnung der Hüllen-Materie einen Austausch des Lebens zwischen den beiden Dingen, die miteinander in Berührung gekommen sind, und die Vollständigkeit des Austausches steht im Verhältnis zur Gleichartigkeit der Verdünnung und Verdichtung in den beiden.

Dieser Austausch, diese teilweise Vereinigung zweier gesonderter Leben durch die trennenden Hüllen der Materie hindurch ist *Freude – Vergnügen* und das Entgegenkommen der beiden Leben ist *Anziehung*; wie kompliziert auch das Vergnügen werden mag, hierin liegt doch das Wesentliche; es ist eine Empfindung der *Zunahme* (moreness), des verstärkten, ausgebreiteteren Lebens.

Je voller das Leben sich entwickelt, desto größer die Freude bei dem Gewahrwerden, der Empfindung dieser *Zunahme*, bei der Ausdehnung des Lebens in das Leben anderer hinein und jedes einzelne dieser sich so vereinigenden Leben gewinnt an *Vermehrung* durch die Vereinigung mit dem anderen. Da rhythmische Schwingungen und entsprechende Verdünnung und Verdichtung den Austausch des Lebens möglich machen, so hat man mit Recht gesagt, *harmonische Schwingungen machen Freude*.

Wenn hingegen die Einwirkung eines äußeren Gegenstandes einen Streit der Schwingungen in den Hüllen des anderen hervorruft, – d. h., wenn die Materie infolgedessen sich unregelmäßig anordnet, sich in kreuzenden Richtungen bewegt, die Partikel sich gegenseitig stoßen und stören, – dann wird das innewohnende Leben eingeschlossen, isoliert; seine sonst ausströmenden Strahlen stocken, werden zurückgehalten und sogar auf sich selbst zurückgelenkt.

Diese Störung der normalen Tätigkeit ist *Schmerz* und *Leid*, die mit der Energie des Zurücklenkens wachsen und das Resultat des Zurücklenkungsvorganges ist *Zurückstoßen*.

Auch hier – je voller das Leben entwickelt ist, desto größer das Leid bei dieser gewaltsamen Umkehrung seiner normalen Tätigkeit und das Empfinden der Enttäuschung, das dieses Zurücklenken begleitet. Daher sagt man wiederum mit Recht, *unharmonische Schwingungen bringen Leid.*

Es ist zu beachten, dass dies für alle Hüllen gilt, obgleich die astrale speziell sich als den Empfänger derjenigen Art von Empfindungen ausbildet, die später freudevoll und leidvoll genannt werden. Fortwährend wird im Laufe der Entwicklung eine allgemeine Lebensfunktion spezialisiert und ein besonderes Organ übernimmt normalerweise deren Ausübung. Da der Astralkörper das Vehikel des Verlangens ist, liegt für ihn die Notwendigkeit, Leid und Freude speziell empfinden zu können, auf der Hand.

Kehren wir nun von dieser kurzen Abschweifung der Betrachtung über den Zustand der Hüllen zum Keim des Bewusstseins selbst zurück, so werden wir es sehr beachtenswert finden, dass dort kein *Gewahrwerden* eines äußeren Gegenstandes stattfindet, kein solches Gewahrwerden in dem Sinne, den man mit diesem Ausdruck verbindet. Das Bewusstsein weiß bis jetzt noch nichts von einem innen und außen, von einem Subjekt und einem Objekt; der göttliche Keim wird jetzt erst bewusst. Es wird bewusst durch diese Veränderung der Zustände, durch diese Bewegung in den Hüllen, dieses Ausdehnen und Zusammenziehen; denn dieses Bewusstsein existiert nur in und durch Veränderung. Hier findet also für den abgesonderten göttlichen Keim die Geburt des Bewusstseins statt; es wird durch Veränderung, aus Bewegung erzeugt; wo und wann diese erste Veränderung stattfindet, dort und dann wird das Bewusstsein für den Sonder-Keim geboren.

Die Bekleidung dieses Keimes, die verschiedenen Hüllen aus Materie der verschiedenen Ebenen geben selbst Veranlassung zu diesen ersten unbestimmten Veränderungen innerhalb des Keimes, zu der Geburt des Bewusstseins, und keiner von uns vermag die Zeiträume zu ermessen, die verfließen mussten, bis, infolge der unaufhörlichen Einwirkungen von außen und des ebenso unaufhörlichen Erzitterns im Innern, diese Veränderungen schärfer wurden und bis die Hüllen sich im Einzelnen ausgestalteten. Die Art des Bewusstseins kann auf dieser Stufe nur als ein *Fühlen* beschrieben; ein Fühlen, das langsam bestimmter und bestimmter wird und das zwei verschiedene Zustände annimmt, Freude und Leid; Freude bei Ausdehnung, Leid beim Zusammenziehen. Und es ist bemerkenswert, dass dieser Anfangszustand des Bewusstseins nicht die drei wohlbekannten Aspekte – Wille, Weisheit und Tätigkeit – kundgibt, selbst nicht im ursprünglichsten Keimzustand. *Fühlen* geht diesen voran und gehört zum Bewusstsein als ganzen, obgleich es auf den späteren Stufen der Entwicklung sich so sehr in Verbindung mit dem Willens- resp. dem Verlangens-Aspekt zeigt, dass es sich beinahe mit diesem identifiziert; in der Mehrzahl, als *Gefühle*, gehört es in Wirklichkeit zu diesem Aspekt, dem ersten, der entstehen wird bei der Differenzierung innerhalb des Bewusstseins.

Wenn die Zustände der Freude und des Leides sich im Bewusstsein klarer und bestimmter ausgestalten, geben sie den Anstoß zum Auftreten der drei Aspekte. Beim Aufhören des Freudezustandes setzt sich die Anziehung im Bewusstsein fort, es tritt das Erinnern auf, und dies wird zu einem dunklen Verlangen nach ihm, einem unsicheren Verfolgen des verschwindenden Gefühls, einer Bewegung, – zu unbestimmt, um ein Bemühen genannt zu werden, – es zu bannen, es festzuhalten; ähnlich setzt sich beim Dahinschwinden des Leides im Bewusstsein die Abstoßung fort, wiederum ein Erinnern und dies wird zu einer ebenso unbestimmten Bewegung, es fort zu weisen. Hier unter diesen Bewusstseinszuständen wird geboren: die Erinnerung an vergangene Freuden und Leiden, der Keim des Aspekts des Denkens, – der Wunsch, nochmals die Freude zu empfinden oder das Leid zu vermeiden, der Keim des Aspekts des Verlangens und durch diesen angetrieben – die Bewegung, der Keim des Aspekts der Tätigkeit.

So differenziert sich das Bewusstsein in seine drei Aspekte aus seiner ursprünglichen Einheit des Fühlens und wiederholt dabei im Kleinen den kosmischen Prozess, bei welchem die dreifache Gottheit sich aus dem Einen Sein entfaltet. Wiederum einmal zeigt sich hier die Wahrheit des Grundsatzes von Hermes: *Wie oben, so unten.*

§ 2. Das Selbstbewusstsein

Der Wunsch, die Begierde, die so aufkeimt, verlangt nach Freude und zuerst noch nicht nachdem freudespendenden Gegenstand; denn das Bewusstsein ist noch eingeschränkt auf sein eignes Reich, ist nur im Innern bewusst, ist sich nur der Veränderungen in diesem Inneren bewusst. Es hat bis jetzt seine Aufmerksamkeit noch nicht nach außen gerichtet, ist sich noch nicht einmal bewusst, dass ein *Außen* existiert. Inzwischen hämmert jedoch dieses Außen, dessen es nicht gewahr wird, fortgesetzt auf sein Vehikel und am heftigsten auf sein physisches Vehikel, das Vehikel, auf das von außen am leichtesten, von innen am schwierigsten einzuwirken ist. Allmählich ziehen diese andauernden und heftigen Anstöße die Aufmerksamkeit auf sich; ihre Unregelmäßigkeit, ihr unerwartetes Auftreten, ihre beständigen Angriffe, ihre Zusammenhangslosigkeit mit seinen langsamen tastenden Bewegungen, ihr unerklärliches Erscheinen und Verschwinden stehen im Gegensatz zu seinem dumpfen Gefühl der Regelmäßigkeit, der Kontinuität, dem Gefühl, immer da zu sein, dem Gefühl der langsamen Wogen, des Wechsels von Ansteigen und Niedersinken, innerhalb dessen, was für das Bewusstsein noch nicht sein eigenes *Selbst* ist: es ist ein Bewusstsein von Unterschied vorhanden und dies wächst aus zu dem Gefühl von einem Etwas, das umgeben von einem ewig wechselnden Wirrwarr, stets als dasselbe beharrt, dem Gefühl eines *Innen* und eines *Außen*, oder richtiger eines *Außen* und eines *Innen*; denn es ist das Hämmern von außen, dass den Unterschied zwischen *außen* und *innen* im Bewusstsein hervorruft. *Außen* kommt zuerst, wenn auch nur um ein Minimum an Zeit, da sein Erkennen allein das Erkennen des *Innen* möglich und unausbleiblich macht. Solange das Bewusstsein noch nicht so weit ist, können wir noch nicht von einem *Innen* sprechen; es ist eben alles. Wenn sich aber das *Außen* dem Bewusstsein aufdrängt, dann tritt das *Innen* auf als sein unvermeidlicher Gegensatz.

Dieser Sinn für ein *Aussen* entsteht notwendigerweise an den Berührungspunkten zwischen dem kontinuierlichen Bewusstsein und dem ewig veränderlichen Wirrwarr, also in seinem physischen Vehikel, seinem physischen Körper. In diesem stellt sich langsam das Gewahrwerden eines *Anderen* ein und mit der Vorstellung dieses *Anderen* tritt auch dem gegenüber die Vorstellung des *Ich* ein. Es wird sich äußerer Dinge bewusst, während es früher nur Veränderungen empfand; und sodann lernt es, dass diese Veränderungen in ihm vor sich gehen und dass die Dinge außerhalb seiner selbst sind. Das Selbstbewusstsein ist geboren.

Dieser Vorgang, Gegenstände wahrzunehmen, ist ein sehr komplizierter. Man muss bedenken, dass die Dinge den Körper in verschiedenster Weise berühren und dass der Körper einige ihrer Schwingungen durch die Teile empfängt, die so ausgestaltet sind, dass sie solche Schwingungen aufnehmen können. Das Auge, das Ohr, die Haut, die Zunge, die Nase empfangen verschiedene Schwingungswellen und gewisse Zellen in diesen Organen antworten auf diese mit ähnlichen Schwingungen. Die hervorgerufenen Wellen laufen zu dem Sinnes-Zentrum im Gehirn, und von dort zu den Wissens-Sinnen in der Astral-Hülle: dort gehen die ihnen entsprechenden Veränderungen im Bewusstsein vor sich, wie dies im zweiten Kapitel auseinandergesetzt wurde und werden, so verändert, weitergesandt, – als Empfindung von Farbe, Umriss, Ton, Gestaltung und Geschmack, Geruch usw., noch als getrennte Empfindungen, – zum Bewusstsein, das in der Mentalhülle arbeitet, und werden dort von diesem zu einem einzigen Bild zusammengefügt, zu einem einzigen Begriff von einem Gegenstand vereinigt. Dieses Zusammenfügen der verschiedenen Ströme zu einem, diese Syntese der Empfindungen ist die Besonderheit des Intellekts (mind). Daher wird in der indischen Psychologie der Intellekt der *sechste Sinn"* genannt, *die Sinne, von denen der Intellekt der sechste ist.*[62)]

Wenn wir die fünf Bewegungs-Organe in Beziehung zum Intellekt betrachten, finden wir den Prozess in umgekehrter Richtung vor sich gehen; der Intellekt gestaltet das Bild einer gewissen Handlung als ein Ganzes und ruft dadurch eine entsprechende Gruppe von Schwingungen hervor, die sich in den Bewegungs-Sinnen in der Astral-Hülle wiederholen. Diese zerteilen das Bild, lösen es in seine einzelnen Bestandteile auf; die hervorgerufenen Schwingungen in der Materie der einzelnen Motor-Zentren wiederholen sich dann in den Motor-Zentren des physischen Gehirns als getrennte Wellen; die Motor-Zentren verteilen und senden die Wellen durch das Nervensystem an die verschiedenen Muskeln, die mitwirken müssen, um die Handlung zu vollziehen. In dieser doppelten Beziehung betrachtet, wird der Intellekt zum elften Sinn, *die zehn Sinne und der eine.*[63)]

§ 3. Wirklich und Unwirklich

Mit der Umwandlung des Bewusstseins in *Selbstbewusstsein* tritt das Erkennen eines Unterschiedes ein, das später, in dem entwickelteren Selbstbewusstsein zum Unterschied wird zwischen dem Objektiven, dem Wirklichen – in dem gewöhnlichen Sinne des Wortes im Westen – und dem Subjektiven oder *Unwirklichen, Eingebildeten.* Für die Qualle, die See-Anemone, den Wasser-Polypen sind Wellen und Strömungen, Sonnenschein und Sturm, Nahrung und Sand, die seine Außenhülle oder seine Fühler berühren, nicht *wirklich*; diese Tiere registrieren solche nur als Veränderungen im Bewusstsein, wie es ja auch die Menschen im Säuglingsalter mit entsprechenden Dingen tun. Ich sagte, registrieren, nicht erkennen, da keine mentale Beobachtung, keine Untersuchung, kein Urteil auf den niederen Stufen der Entwicklung möglich ist.

Diese Geschöpfe sind noch nicht genügend *anderer* bewusst, um *ihrer selbst* bewusst sein zu können; sie empfinden nur Veränderungen, die im Umkreis ihres eignen wenig scharfen Bewusstseins vor sich gehen. Die äußere Welt wird zur *Wirklichkeit*, wenn das Bewusstsein sich von ihr trennt und dadurch zur Überzeugung von seiner eigenen Besonderheit gelangt, von dem unbestimmten *bin*, zum bestimmten *ich bin* fortschreitet.

Wenn das selbstbewusste *Ich* allmählich Klarheit in dieser Feststellung des Ich, der Besonderheit gewinnt, und zwischen Veränderungen in sich selbst und den Einwirkungen der äußeren Dinge unterscheidet, ist es reif, den nächsten Schritt zu tun: die Veränderungen in sich selbst zu den verschiedenen Einwirkungen von außen in Beziehung zu setzen. Dann entwickelt sich aus dem Verlangen nach Freude das Verlangen nach bestimmten freudebereitenden Dingen und dem folgt dann das Nachdenken, wie diese zu erlangen sind; diese wiederum führen zu Versuchen, sich nach ihnen hin zu bewegen, wenn sie in Sicht sind, sie zu suchen, wenn sie nicht da sind, und die daraus folgende langsame Entwicklung des äußeren Vehikels zu einem Körper, der für die Bewegung, die Verfolgung und den Fang gut organisiert ist.

Das Verlangen nach dem Abwesenden, das Suchen, der Erfolg oder der Misserfolg, alles prägt dem sich entwickelnden Bewusstsein den Unterschied ein zwischen seinem Verlangen und Denken, dessen er immer bewusst ist oder wenigstens sein kann und den äußeren Dingen, die kommen und gehen, unabhängig von ihm selbst, und mit rücksichtsloser Gleichgültigkeit gegen seine Gefühle.

Er unterscheidet diese als *wirkliche* Dinge, die ein Dasein besitzen, das von dem seinen unabhängig ist und die auf ihn einwirken, ob es ihm angenehm ist oder nicht. Und dieser Sinn für Realität, für Wirklichkeit bildet sich zuerst in der physischen Welt heraus; denn in dieser wird die Berührung zwischen den *Anderen* und dem *Ich* zuerst vom Bewusstsein erkannt. Das Selbst-Bewusstsein beginnt seine Entwicklung in und durch den physischen Körper und hat sein erstes Zentrum im Gehirn.

Der normale Mensch auf der jetzigen Stufe der Entwicklung in denunziert sich noch mit diesem Gehirn-Zentrum des Selbst-Bewusstseins und ist daher an das *Wach-Bewusstsein* gebunden, an das Bewusstsein, dass in dem Zerebro-Spinal-System arbeitet; er kennt sich als *Ich*, bestimmt dauernd, nur auf der physischen Ebene, d. h. im wachen Zustande. Auf dieser Ebene ist er definitiv selbst-bewusst und er unterscheidet sofort zwischen sich und der Außenwelt, zwischen seinen Gedanken und den äußeren Erscheinungen; daher sind auf dieser Ebene und nur auf dieser Ebene die äußeren Dinge für ihn *wirklich, objektiv, außerhalb seiner selbst*.

Auf anderen Ebenen, der astralen und mentalen, ist er einstweilen bewusst, aber nicht selbst-bewusst; er bemerkt Veränderungen in sich selbst, aber er unterscheidet noch nicht zwischen den selbst verursachten Veränderungen und denen, die durch Einwirkungen von außen auf sein astrales und mentales Vehikel hervorgerufen werden; für ihn sind dies alles nur Veränderungen in ihm selbst. Daher nennt der normale Durchschnitts - Mensch alle Phänomene des Bewusstseins, die auf überphysischen Ebenen vor sich gehen, auf denen das Selbst-Bewusstsein sich noch nicht herausgebildet hat, *unwirklich, subjektiv, innere*, grade wie die Qualle, wenn sie ein Philosoph wäre, die Phänomene der physischen Ebene nennen würde.

Der durchschnittliche Mensch betrachtet astrale und mentale Phänomene als die Folge von *Einbildung* d. h. als Gestalten seiner eigenen Schöpfung und nicht als die Folgen von Einwirkungen von äußeren Welten auf sein astrales oder mentales Vehikel, von Welten, die freilich ätherischer sind aber eben so *wirklich* und *objektiv*, wie die äußere physische Welt. Das will sagen, er ist noch nicht genügend entwickelt, um die Erkenntnis des Selbst auf diesen Ebenen erreicht zu haben und daher imstande zu sein, auch dort die äußere Welt zu objektivieren, als gegenständlich zu erfassen. Er ist dort nur den Veränderungen in sich selbst bewusst, den Veränderungen im Bewusstsein, und die äußere Welt ist infolge dessen für ihn nur das Spiel seiner eignen Gefühle und Gedanken. Er ist noch *baby* auf der astralen und mentalen Ebene.

X. – Bewusstseinszustände im Menschen[62)]

§ 1. Das Unter-Bewusstsein

Wir haben schon erwähnt, dass viele Tätigkeiten des Bewusstseins, die einst absichtlich vor sieb gingen, automatisch geworden, und allmählich unter die *Schwelle des Bewusstseins* gesunken sind. Die Vorgänge, die zur Lebenserhaltung dienen – wie das Schlagen des Herzens, das Ausdehnen und Zusammenziehen des Herzens, der Verdauungsprozess, usw. – sind alle in eine Region des Bewusstseins geraten, auf die die Aufmerksamkeit nicht gerichtet ist; und es gibt auch unzählige Vorgänge, die mit der Erhaltung des leiblichen Lebens zusammenhängen, die ebenfalls in diese dunkle Region gehören. Das sympathische System ist eine Fundgrube von Spuren längst vergangener Tätigkeiten, von Tätigkeiten oder Vorgängen, die überhaupt nicht zu unserm gegenwärtigen Leben gehören, sondern von solchen, die sich vor Hunderten von Jahrtausenden abspielten, die längst verflossenen Leben eigentümlich waren, als der Jivâtmâ, das ist unser Selbst, in Körpern von Wilden wohnte, ja in Körpern von Tieren. Manch grundloser Schrecken, manche Mitternachts-Panik, manche Woge furchtbaren Zorns, manchen Antrieb zu wilder Grausamkeit, mancher Ausbruch leidenschaftlicher Rachsucht taucht herauf aus der Tiefe dieser dunklen See des Unterbewusstseins, die in uns wogt, und der manches Wrack, manches grausige Geheimnis aus uusrer Vergangenheit birgt. Vom astralen Bewusstsein seiner Zeit dem physischen Werkzeug zur praktischen Ausführung überantwortet, hat die stets sensitive Platte des permanenten Atoms sie aufgefangen und fotografiert, und sie ein Leben nach dem anderen dem Untergrund des Nervensystems eingeprägt. Die Wachsamkeit des Bewusstseins ist momentan erschlafft, eine starke Schwingung eines anderen trifft uns, oder irgend ein Ereignis bringt Zustände hervor, die uns stark in Erregung versetzen, in der einen oder anderen Weise werden die schlummernden Möglichkeiten erweckt und aufwirbelnd aus der Tiefe tritt plötzlich die lang begrabene Leidenschaft ans Tageslicht.

Dort verbergen sich auch die Instinkte, die so oft die Vernunft überwältigen, die Instinkte, dereinst lebenerhaltende Mittel, oder Ergebnisse der Erfahrungen tödlicher Gefahr, oder wirklichen Todes unserer einstmaligen Körper, die die Seele für die zukünftige Lebensführung sich merkte; Instinkte der Liebe für das andre Geschlecht, die Folge von unzähligen Vereinigungen; Instinkte väterlicher und mütterlicher Liebe, die manche Generation hindurch erwiesen wurde; Instinkte des Greifens nach unberechtigten Vorteilen, die Folge zahlloser Betrügereien und Intrigen. – Und dann wieder lauern dort manche Schwingungsarten, die zu Vorkommnissen, zu Gefühlen, Begierden und Gedanken unseres jetzigen Lebens gehören, erlebt und vergessen, die aber dicht unter der Oberfläche liegen, bereit, jedem Anruf zu folgen.

Die Zeit fehlt, den Inhalt dieser Antiquitäten-Kammer einer undenklich langen Vergangenheit aufzuzählen, die zu gleicher Zeit mit alten Knochen, die reif für den Kehrichthaufen sind, interessante Überbleibsel aus alten Tagen enthält, und Werkzeuge, die noch für heutige Zwecke taugen. Über der Tür dieser Antiquitäten-Kammer steht geschrieben: *Trümmer der Vergangenheit*; denn das Unterbewusstsein gehört zur Vergangenheit, wie das Wach-Bewusstsein zur Gegenwart und das Überbewusstsein zur Zukunft.

Ein andrer Teil des Unter-Bewusstseins in uns besteht aus dem Inhalt all der Bewusstseine, die unsre Körper als Feld ihrer Entwicklung benützen, – der Atome, Moleküle, Zellen aller Grade. Manche der wunderlichen Erscheinungen und zierlichen Figuren, die vom Unter-Bewusstsein in uns aufsteigen, gehören gar nicht zu uns, sondern sind die unsicheren Tastversuche, törichte Befürchtungen und zarte Fantasiegebilde der Bewusstseins-Einheiten, die noch auf einer niedrigeren Stufe der Entwicklung als die unsere stehen, die unsre Gäste sind und in unserm Körper, wie in einem Logierhaus wohnen. In diesem Teil des Unterbewusstseins gehen die Kämpfe vor sich, die eine Gruppe von Geschöpfen in unserm Blut gegen eine andre Gruppe führen; sie treten aber nicht in unser Bewusstsein ein, außer, wenn infolge dieser Kämpfe Krankheiten entstehen.

Das menschliche Unterbewusstsein auf der physischen Ebene ist also aus sehr verschiedenen Elementen zusammengesetzt, und man muss es daher kritisch untersuchen und zu verstehen lernen, um es von der Tätigkeit des wahren menschlichen Überbewusstseins zu unterscheiden, das in seinem plötzlichen Auftreten im Bewusstsein den Instinkten ähnelt, aber sich seiner Natur und seinem Platz in der Entwicklung nach vollständig von ihm unterscheidet, da das Überbewusstsein zur Zukunft, das Unterbewusstsein aber zur Vergangenheit gehört. Diese beiden unterscheiden sich, wie abgestorbene Organreste, die von der Geschichte der Vergangenheit berichten, und keimende Organanlagen, die den Fortschritt der Zukunft ankünden.

Wir haben auch gesehen, dass das Bewusstsein, das auf der Astralebene wirkt, das Nervensystem als sein Werkzeug auf der physischen Ebene gebaut hat und noch baut; aber auch dies bildet keinen Teil von dem, was auf dieser Stufe der Entwicklung das normale, wache Bewusstsein genannt wird. Im Durchschnitts-Menschen baut und organisiert jetzt das Bewusstsein, das auf der Mentalebene tätig ist, den Astralkörper als sein zukünftiges Werkzeug auf der Astralebene; aber auch dies bildet keinen Teil des Wachbewusstseins. Was ist aber dann das menschliche Wach-Bewusstsein?

§ 2. Das Wach-Bewusstsein

Das Wach-Bewusstsein ist das Bewusstsein, das auf der Mental- und der Astral-Ebene tätig ist, mentale und astrale Materie als sein Vehikel benutzt, im physischen Gehirn als Selbst-Bewusstsein seinen Sitz hat[65] und dies Gehirn und das mit ihm verbundene Nervensystem als sein Werkzeug des Wollens, Wissens und Handelns auf der physischen Ebene benutzt. Im Wachbewusstsein ist das Gehirn stets tätig, stets vibrierend; seine Tätigkeit mag als Vermittlungsorgan von außen durch die Sinne angeregt werden, oder durch das Bewusstsein von den inneren Ebenen aus; aber ununterbrochen ist es tätig, und reagiert auf das Äußere und auf das Innere. Im Durchschnitts-Menschen ist das Gehirn die einzige Stelle, an welcher er sich als „Ich" fühlt, und sich als eine besondere individuelle Einheit erkennt. In seinem ganzen übrigen Selbst tastet er noch unbestimmt umher; er antwortet auf äußere Eindrücke, aber ist sich nicht klar über sie; er ist sich seiner eigenen Veränderung bewusst, aber nicht der *Anderen* und des *Ich selbst*. Bei den vorgeschrittenen Mitgliedern der menschlichen Gesellschaft ist das Bewusstsein, das auf der astralen und mentalen Ebene wirkt, sehr vielseitig und lebendig tätig, aber seine Aufmerksamkeit ist noch nicht nach auswärts auf die astrale und mentale Welt gerichtet, in denen es lebt, und seine Tätigkeit findet seinen äußeren

Ausdruck nur im Selbst-Bewusstsein auf der physischen Ebene, auf die die ganze äußere Aufmerksamkeit des Bewusstseins gerichtet ist, und in welches so viel von seiner höheren Tätigkeit einströmt, als es aufzunehmen fähig ist. Von Zeit zu Zeit bewirken mächtige Eindrücke auf der Astral- und Mental-Ebene so heftige Schwingungen im Bewusstsein, dass eine Woge von Gedanken oder Gefühlen ins wache Bewusstsein hinüber schäumt und es in solche heftige Bewegungen stürzt, dass seine normale Tätigkeit weggeschwemmt, überflutet wird, und der Mensch zu einer Handlungsweise hingerissen wird, bei der er sich nicht mehr von seinem Selbstbewusstsein leiten und beherrschen lässt. Wir werden hierauf zurückkommen, wenn wir zum überphysischen Bewusstsein kommen.

Das Wach-Bewusstsein wäre dann also als derjenige Teil des ganzen Bewusstseins zu bezeichnen, der im Gehirn und im Nervensystem wirkt und sich als entschiedenes Selbst-Bewusstsein kundgibt. Wir können uns das Bewusstsein symbolisch als ein großes Licht vorstellen, dass durch eine Glaskugel scheint, die in die Decke eines Zimmers eingelassen ist, und das untere Zimmer erleuchtet, während das Licht selbst im oberen Zimmer brennt, und seine Strahlen frei nach allen Richtungen aussendet. Oder das Bewusstsein ist wie ein großes Licht-Ei, von dem nur das eine Ende im Gehirn eingelassen ist, und dieses Ende ist das Wach-Bewusstsein. Sobald das Bewusstsein auf der Astralebene zum Selbst-Bewusstsein wird und das Gehirn sich genügend entwickelt hat, um auf die Schwingungen dieser Ebene zu antworten, dann wird das Astral-Bewusstsein ein Teil des Wachbewusstseins.

Noch später, wenn das Bewusstsein zum Selbst-Bewusstsein auf der Mentalebene wird, und das Gehirn sich noch weiter entwickelt, um auch auf diese Schwingungen zu reagieren, dann umschließt das Wach-Bewusstsein auch das Bewusstsein der Mentalebene. Und dies geht so weiter, bis das ganze Bewusstsein auf unsern fünf Ebenen sich zum Selbst-Bewusstsein entwickelt hat.

Diese Erweiterung des Wach-Bewusstseins geht Hand in Hand mit der Entwicklung der Atome des Gehirns sowie der Entwicklung gewisser Organe im Gehirn, wie auch der Verbindungen zwischen bestimmten Zellen. Um das astrale Selbst-Bewusstsein mit einzuschließen, ist es nötig, dass die Hypophyse (pituitary body) sich über ihren jetzigen Zustand hinaus entwickelt und dass die vierte Reihe der Spiralchen in den Atomen sich vollkommen ausgestaltet. Zur Erwerbung des mentalen

Selbst-Bewusstseins muss die Zirbeldrüse in Tätigkeit versetzt, und die fünfte Reihe der Spiralchen vollständig arbeitsfähig gemacht werden. Solange diese physischen Anforderungen noch nicht erfüllt sind, mag das Selbstbewusstsein auf der astralen und mentalen Ebene sich entfalten; aber es bleibt überbewusst, und sein Wirken überträgt sich noch nicht auf das Gehirn und wird noch nicht zu einem Teil des Wach-Bewusstseins.

Das Wach-Bewusstsein ist begrenzt und bedingt durch das Gehirn, solange der Mensch einen physischen Körper besitzt; jede Beschädigung des Gehirns, jede Verletzung, jede Störung überträgt sich sofort auf seine Tätigkeit. Es mag das Bewusstsein eines Menschen noch so hoch entwickelt sein, es ist doch begrenzt durch sein Gehirn, so weit es sich um seine Betätigung auf der physischen Ebene handelt, und wenn dieses Gehirn schlecht gestaltet oder schlecht ausgearbeitet ist, dann zeigt sich sein Wach-Bewusstsein kümmerlich und beschränkt.

Mit dem Verlust des physischen Körpers wechselt der Inhalt des Wach-Bewusstseins, und das, was hier von den physischen Verhältnissen gilt, gilt dann für die astralen. Wir können daher unsre ursprüngliche Erklärung zu der allgemeinen Definition erweitern: Ein Wach-Bewusstsein ist der Teil des ganzen Bewusstseins, der in seinem dichtesten Vehikel tätig ist, in dem Körper also, der zu der niedrigsten Ebene gehört, mit der dieses Bewusstsein in Berührung kommt.

Auf den ersten Stufen der menschlichen Entwicklung ist auf den inneren Ebenen im Bewusstsein wenig Tätigkeit, außer wenn es von außen angeregt wird; aber wenn das Selbst-Bewusstsein auf der physischen Ebene lebhafter wird, bereichert es mit immer wachsender Geschwindigkeit den Inhalt des Bewusstseins auf den inneren; und das Bewusstsein entwickelt sich durch die Einwirkung auf seinen Inhalt sehr schnell, bis seine inneren Kräfte die Möglichkeit ihrer Kundgebung durch das Gehirn weit übersteigt, und dieses wird dann aus einem Hilfsmittel und aus einer Anregung zu einer Schranke und einem Hindernis.

Dann wird der Druck des Bewusstseins auf sein physisches Werkzeug zu Zeiten gefährlich groß und verursacht eine Nerven-Spannung, die das Gleichgewicht des Gehirns leicht stören kann, da es nicht imstande ist, mit genügender Geschwindigkeit den mächtigen, herandrängenden Wogen nachzugeben. Daher die Wahrheit des Ausspruchs: Genie und Wahnsinn sind nah verwandt. Nur das fein und hoch organisierte Gehirn kann dem *Genie* das Mittel bieten, sich auf der physischen Ebene zu betätigen; aber solch ein Gehirn wird gleichzeitig am leichtesten durch die starken genialen Wellen aus dem Gleichgewicht geworfen und dann haben wir den – Wahnsinn. Wahnsinn – die Unfähigkeit des Gehirns, regelrecht auf Schwingungen zu antworten – kann natürlich auch die Folge fehlerhafter oder mangelhafter Gehirn-Organisation sein, und dann hat der Wahnsinn mit *Genie* nichts zu tun; aber es ist eine bezeichnende und bedeutsame Tatsache, dass ein Gehirn, das der normalen Entwicklung voraus ist, das neue, zarte und komplizierte Zellen-Verbindungen zum reicheren Ausdruck des Bewusstseins auf der physischen Ebene herausgearbeitet hat, dass ein solches Gehirn leicht versagt, weil ein Teil seines zarten Mechanismus leicht aus dem Gleis gerät, da es noch nicht hinreichend befestigt ist, um den Anstrengungen gewachsen zu sein. Auch hierauf werden wir beim überphysischen Bewusstsein zurückkommen.

§ 3. Das überphysische Bewusstsein

Psychologen haben sich in letzter Zeit hier im Westen mit dem Studium der anderen, nicht wachen Zustände des Bewusstseins beschäftigt. Diese Zustände werden verschieden bezeichnet, als *abnorm, unterbewusst, unbewusst*, auch oft als *Traum-Bewusstsein*, – da der Traum, die am allgemeinsten bekannte und universelle Form des Andere-Bewusstseins ist.

Zuerst war die Neigung vorhanden, die Zustände als die Folge eines gestörten Gehirnzustandes zu betrachten und diese Ansicht ist noch weit verbreitet; aber die vorgeschrittenen Psychologen sind dieser kurzsichtigen Idee entwachsen und fangen an, solche Zustände als bestimmte Manifestationen des Bewusstseins unter Bedingungen aufzufassen und zu erforschen, die sie noch nicht ganz verstehen, die aber ihrer Meinung nach nicht notwendigerweise als krankhaft gestört aufzufassen sind; einige erkennen definitiv ein *weiteres Bewusstsein* an, von dem nur ein Teil durch das bis jetzt entwickelte Gehirn Ausdruck finden kann.

Im Orient ist seit langen, langen Zeiten dieser Zustand des Andere-Bewusstseins stets als höher denn der wache betrachtet worden, als der von den engen Grenzen des physischen Gehirns betrete Zustand des Bewusstseins, das dann in einem feineren, gestaltungsfähigeren und geeigneteren Material arbeitet. Das Träumen ist als eine besondere Art dieser überphysischen Tätigkeit betrachtet worden, als eine Berührung mit höheren Welten und man hat Mittel angewendet, in der Traumwelt das Selbstbewusstsein zu wecken, das Selbstbewusstsein, in die höheren Hüllen gekleidet, nach Willkür vom physischen Körper zu befreien, so dass anstatt des in unentwickelten Traumzuständen unbestimmten, konfusen Reagierens auf die Einwirkungen der höheren Welten, sich dort ein Selbstbewusstsein mit klarem und bestimmtem Schauen bildet. Um dies zu bewirken, muss das Selbstbewusstsein in seinen höheren Vehikeln zuerst aus dem physischen Körper austreten und auf der Astralebene in Tätigkeit versetzt werden; denn bis es nicht weiß, dass es aus dem dichten Körper ausgetreten ist, kann es im *Traum* nicht die außerphysischen Erfahrungen von den chaotischen Erinnerungsfetzen an physische Erlebnisse trennen, die sich mit ihnen im Gehirn vermengen.

Wie klares, reines Wasser, das in ein schmutziges Gefäß gegossen wird, sich mit dem Schmutz mischt, wird ein astrales Erlebnis, das sich einem Gehirn, voll von Erinnerungen vergangener physischer Ereignisse mitteilt, verwirrt, konfus und gefälscht werden.[66] Die orientalische Psychologie sucht daher nach Methoden, um das Selbstbewusstsein von seinem physischen Werkzeug zu trennen, und es ist interessant, zu beobachten, dass diese Methoden, trotzdem sie vollständig verschieden, von den im Westen benutzten sind, und sich darauf richten, die Intensität des Bewusstseins zu verstärken, den Körper doch in denselben Zustand der Ruhe versetzen, wie die im Westen angewandten physischen Mittel, wenn sich hier die Psychologen mit dem Studium des Andere-Bewusstseins abgeben.

Das Überbewusstsein umschließt das ganze Bewusstsein, das das Wach-Bewusstsein überragt, das will sagen, alles auf den höheren Ebenen, was sich nicht auf der physischen durch das Gehirn als Selbst-Bewusstsein ausdrückt. Es ist daher sehr vielseitigen Charakters und umfasst eine sehr große Zahl von Phänomenen. Der Traum ist, wie gesagt, ein Teil dieses Bewusstseins; so sind es auch die Wirkungen des Astral-Bewusstseins, die Vorahnungen, Warnungen, Visionen von, nach Raum und Zeit, fernen Vorkommnissen, unbestimmtes Hereinspielen anderer Welten, plötzliche Eingebungen in Bezug auf Charaktere oder Erlebnisse; ebenso all die Tätigkeiten des mentalen Bewusstseins, des höheren und des niederen, die als intuitives Erfassen der Wahrheit auftreten, oder als momentane Einsicht in die Kausal-Zusammenhänge, die mentalen oder moralischen Inspirationen, die Geistesblitze des Genius, Visionen hoher künstlerischer Schönheit, usw., usw. Diese Eingriffe des Überbewusstseins in die physische Ebene haben den Charakter des Unerwarteten, aber doch der Überzeugung, der maßgebenden Autorität und der anscheinenden Ursachlosigkeit. Sie stehen nicht oder nur indirekt in Beziehung zum Inhalt des Wach-Bewusstseins und rechtfertigen sich nicht vor ihm, sondern drängen sich ihm einfach auf.

Um das Überbewusstsein auf der physischen Ebene zur Manifestation zu bringen, ist es auf den unteren Stufen nötig, das Gehirn in Untätigkeit zu versetzen, die Sinnesorgane auf physische Eindrücke reaktionsunfähig zu machen und durch Austreiben der bewussten Wesenheit den Körper in den Zustand zu versetzen, den wir *Trance* nennen.

Der *Trance* ist nichts als ein Schlafzustand, der auf künstliche und abnorme Weise hervorgerufen wird, entweder durch mesmerische (magnetische) oder hypnotische oder medizinische oder andere Mittel; das bleibt sich gleich, so weit der physische Körper in Betracht kommt. Das Ergebnis auf den anderen Ebenen hängt aber vollständig von der Entwicklung des Bewusstseins auf jenen Ebenen ab, und ein hoch entwickeltes Bewusstsein würde die Anwendung hypnotischer oder medizinischer Mittel nicht gestatten, – mit Ausnahme vielleicht, der Betäubungsmittel vor einer Operation, – während es unter besonderen Umständen die Anwendung magnetischer Behandlung zulassen mag, um den Trancezustand hervorzurufen.

Der Trance kann auch durch Einwirkung von den höheren Ebenen aus erzeugt werden, wie durch intensive Konzentration des Denkens, oder durch ekstatische *Kontemplation* eines Gegenstandes der Verehrung, die zur Entzückung führt. Dies sind die Mittel, die von undenklichen Zeiten her die Raja Yogis des Orients angewendet haben, wie die Heiligen des Westens die Kontemplation zur Erreichung des Zustandes der Entzückung; der Trance ist nicht zu unterscheiden von dem, welcher in der Salpetriere und anderwärts durch oben erwähnte Mittel hervorgebracht wird. Die Hatha Yogis erreichen auch denselben Trance-Zustand, doch durch Mittel, die vielmehr den okzidentalischen gleichen, – durch Anstarren eines schwarzen Fleckes auf weißem Grunde, durch Richten der Augen auf die Spitze der Nase und andere ähnliche Praktiken.

Wenn aber andere Mittel als physisches Starren und physische Manipulationen benutzt werden, wie groß ist dann der Unterschied zwischen dem überphysischen Zustand des Bewusstseins beim Yogi, gegenüber dem des Hypnotisierten! H. P. Blavatsky hat diesen Unterschied sehr gut beschrieben: *Im Trancezustand verändert sich der Zustand der Aura vollständig; die sieben prismatischen Farben sind nicht mehr zu unterscheiden. Im Schlaf sind sie auch nicht alle daheim. Denn die, welche zu den spirituellen Elementen im Menschen gehören, nämlich gelb, Buddhi, indigo, höheres Manas und das Blau der aurischen Hülle sind kaum zu erkennen, oder vollständig verschwunden. Der spirituelle Mensch ist frei während des Schlafes, und obgleich sein physisches Gedächtnis es nicht bemerkt, rufen doch Leben, die in seine höchste Essenz gekleidet sind, Leben im Bereich anderer Ebenen, im Bereich der wahren Wirklichkeit, Träume auf unsrer Ebene der Illusion hervor. Ein guter Hellseher, vor allem, wenn er die Gelegenheit hätte, einen Yogi im Trance-Zustand und ein magnetisiertes Sujet nebeneinander zu sehen, würde eine wichtige Lektion im Okkultismus leimen. Er würde den Unterschied zwischen selbst herbeigeführtem Trance und den hypnotischen Zustand kennenlernen, der durch äußere Einflüsse erzielt ist. Im Yogi verschwinden die Grundteile der niederen Vierheit gänzlich. Weder rot, grün, rot-violett noch das aurische Blau ist zu sehen; nichts als das kaum wahrnehmbare Schwingen des goldgetönten Prana-Prinzips, und eine violette goldgestreifte Flamme, die im Kopf aufwärtssteigt, in die Region, wo das dritte Auge sich befindet, und in einem Punkt endigt. Wenn der Schüler bedenkt, dass das wahre Violett, oder das äußerste Ende des Spektrums, kein aus rot und blau zusammengesetzter Ton ist, sondern eine einheitliche Farbe, die um sieben Stufen schneller schwingt als das Rot, und dass der goldene Ton, die Essenz aus den drei gelben Linien vom Orange-rot, Gelb-Orange und Gelb ist, dann wird er den Grund verstehen, weshalb er (der Yogi) in seinem eignen aurischen Körper lebt, der jetzt das Vehikel von Buddhi-Manas ist. Anderseits ist bei einem Sujet in einem künstlich hervorgerufenen hypnotischen oder magnetischen (mesmerischen) Trance – die Wirkung von unbewusster, wenn nicht bewusster schwarzer Magie, falls er nicht durch einen hohen Adepten hervorgerufen worden ist, – die ganze Reihe der Grundteile vorhanden, das höhere Manas gelähmt, Buddhi durch diese Lähmung von ihm getrennt und der rot-violette Astralkörper vollständig dem niederen-Manas und dem Kama-Rupa unterworfen.*[67]

Dieser Unterschied in der Erscheinung der in Trance versetzten Personen, wie sie sich dem hellsehenden Auge darbietet, ist mit einem Unterschied von außerordentlicher Wichtigkeit in der Folge des *Trance* verbunden. Der Yogi, der auf solche Weise seinen Körper verlässt, tut dies in vollem Selbst-Bewusstsein, tritt iu vollem Besitz seiner Fähigkeiten in die höheren Welten ein, und prägt bei seiner Rückkehr zum dichten Körper seinem entwickelten Gehirn die Erinnerung an seine Erlebnisse ein. Der wenig entwickelte Mensch *verliert das Bewusstsein* im Trance; wenn das Selbst-Bewusstsein auf den höheren Ebenen nicht entfaltet ist, richtet sich sein Wahrnehmen nicht nach außen; er befindet sich dort iu der astralen und mentalen Welt, ebenso im Schlaf wie hier auf der physischen Ebene, und beim Erwachen aus dem Trance weiß er nichts von dem, was sich während der Zeit hier oder anderwärts zugetragen hat.

Wenn jedoch das Sujet hinreichend fortgeschritten ist, wie es die Menschen auf der jetzigen Stufe der Entwicklung meistens sind, um auf der Astralebene selbstbewusst zu sein, kann er anderen nützen, wenn diese ihn während des Trances befragen. Denn in dem künstlich herbeigeführten Trance-Zustand, während dessen das Gehirn von der normalen Aktion und Reaktion zwischen sich selbst und seiner Umgebung ausgeschaltet ist, wird es zu einem, wenn auch unzulänglichen Werkzeug des überphysischen Bewusstseins. Abgeschieden von seiner physischen Umgebung, in die Unmöglichkeit versetzt, auf die gewohnten Reize von außen zu antworten, getrennt von seinen niederen Verbindungen und nur im Zusammenhang mit den höheren, fährt es fort auf die Eindrücke von oben zu antworten und kann das um so wirkungsvoller, da keine Energie mehr nach außen gerichtet ist. Dies ist das Wesentliche des Trance-Zustandes. Während der erzwungenen Sperrung der Kommunikations-Wege der Sinne, durch welche ihre Kräfte in die Außen-Welt ausströmen, bleiben diese Kräfte als Diener für das überphysische Bewusstsein verwendbar. Während des Schweigens, das der physischen Ebene auferlegt ist, können sich die Stimmen der anderen Ebenen vernehmbar machen.

Während des hypnotischen Trance ist eine Belebung der mentalen Fähigkeiten bemerkbar; das Gedächtnis umfasst, wie man gefunden hat, einen weit größeren Zeitraum; denn das schwache Pulsieren, das Vorkommnisse aus längst vergangener Zeit hinterlassen haben, wird für das Sujet vernehmbar, wenn das stärkere Pulsieren der kürzlich erlebten Ereignisse zeitweise zum Schweigen gebracht ist. Personen tauchen wieder in seinem Gedächtnis auf, die ihm längst entschwunden waren; in der Jugend gelernte, aber längst vergessene Sprachen, erscheinen wieder; ganz unbedeutende Ereignisse treten wieder klar hervor. Manchmal erweitert sich das Wahrnehmungsvermögen auf ein umfangreiches Gebiet, ferne Vorkommnisse werden gesehen, das Schauen durchdringt physische Hindernisse, weit entferntes Gespräch wird hörbar. Auch Einzelheiten von anderen Ebenen werden ihm oft für Augenblicke sichtbar, die sich mit den Gedanken-Formen wacher Stunden vermengen. Eine ganze Literatur gibt es über diesen Gegenstand und wer sich dafür interessiert, kann diese studieren.

Man hat auch gefunden, dass die Folgen des tiefen Trances andre sind, als die des mehr oberflächlichen. Wenn der Trance sich vertieft, kommen höhere Schichten des überphysischen Bewusstseins im Gehirn zum Ausdruck. Der berühmte Fall der Leonie I, II und III ist ja sehr bekannt,[68] und es ist beachtenswert, dass Leonie I von Leonie II und III nichts wusste, dass Leonie II Leonie I kannte, aber nicht Leonie III und dass Leonie III beide, Leonie I und II kannte. Das zeigt, dass das Höhere das Niedere kennt, während umgekehrt das Niedere vom Höheren nichts weiß, – eine sehr wesentliche Tatsache.

Im magnetischen Trance werden die höheren Phänomene leichter erzielt als im hypnotischen; wenn das Sujet gut entwickelt ist, sind sehr klare Mitteilungen über die Erscheinungen auf der astralen und selbst auf der mentalen Welt zu erhalten, und manchmal auch flüchtige Blicke auf vergangene Leben.

Wenn wir also sehen, dass die Ausschließung der physischen Ebene die Bedingung für die Kundgebungen des überphysischen Bewusstseins ist, werden wir den Sinn der Methode verstehen, die die Yogis im Orient benutzen. Wenn es physische Methoden sind, wie im Hatha-Yoga, dann wird meistens der gewöhnliche hypnotische Trance erzielt, und der ihn ausübende Yogi erinnert sich beim Erwachen an nichts von dem, was er erlebt hat.

Die Methode des Raja-Yogi, bei der das Bewusstsein durch intensive Konzentration vom Gehirn abgezogen wird, führt zur Beibehaltung des Bewusstseins durch alle höheren Ebenen hindurch, und er erinnert sich bei der Rückkehr zu seinem wachen Zustand seiner überphysischen Erlebnisse.

Im Westen so wohl wie im Osten wird dasselbe Aufhören des Wach-Bewusstseins erstrebt, um Spuren des überphysischen Bewusstseins zu erhalten, oder wie der Psychologe im Westen sagen würde, des *Unbewussten*". Die orientalische Methode mit ihren Jahrtausende alten Erfahrungen hinter sich erzielt unverhältnismäßig größere Erfolge in dem Gebiet des Überphysischen, und bestätigt auf der sicheren Grundlage immer wiederholter Erfahrungen die Unabhängigkeit des Bewusstseins von seinem physischen Werkzeug.

Die Ekstase und die Visionen der Heiligen aller Zeiten und aller Religionen bieten ein weiteres Beispiel des Hereingreifens des *Unbewussten*" in das Bewußte. Bei ihnen sind lang anhaltendes und hingebendes, angespanntes Beten oder die Kontemplation (Versenkung in Anschauung) die Mittel, um den notwendigen Gehirnzustand herbeizuführen. Die Kommunikations-Wege der Sinne verschließen sich durch die Intensität der inneren Konzentration, und derselbe Zustand wird, sozusagen, krampfhaft und unwillkürlich erreicht, den der, welcher den Raja-Joga ausübt, willkürlich zu erlangen sucht. Daher finden wir die Gläubigen aller Religionen ihre Visionen der Gnade der angebeteten Gottheit zuschreiben und nicht der Tatsache, dass sie selbst einen passiven Gehirnzustand in sich hervor gerufen haben, der das überphysische Bewusstsein in den Stand setzt, diesem Gehirn die Gesichte und die Stimmen der höheren Welt zu übermitteln.

Professor William James weist in seinem Werk „Varieties of Religious Experience" (Verschiedene Arten religiöser Erfahrung) darauf hin, dass zu den auffallendsten Beispielen solchen Hereingreifens des *Unbewussten* manche Fälle *schneller Bekehrungen* zählen, in denen ein plötzlicher Gedanke, oder eine Vision, oder Stimme auf einmal die ganze Richtung des wachen Lebens eines Menschen vollständig geändert hat. Er betont mit Recht, dass eine Kraft, die so mächtig ist, dass sie solche Wirkungen hervorbringt, von einem ernstlichen Forscher des menschlichen Bewusstseins nicht so leicht beiseite geschoben, oder verächtlich ignoriert werden darf. Diese ganze Klasse psychischer Erscheinungen verlangen sorgfältiges, wissenschaftliches Studium und dies verspricht dann eine reiche Ausbeute von Ergebnissen auf dem Gebiet des überphysischen Bewusstseins, die die ernsten Forschungsbemühungen reichlich bezahlt machen wird.

Man wendet jedoch gegen diese Ansicht häufig ein, dass solche Tatsachen bei krankhaften Nerven-Zuständen beobachtet werden und dass die Sujets hysterische, überspannte Menschen seien, deren Berichte von ihren Erlebnissen durch diesen Zustand verzerrt werden. Zunächst ist dies nicht immer wahr, die orientalischen Raja-Yogis sind bekannt für ihre außerordentliche Ruhe und Heiterkeit und einige Fälle von Bekehrungen betrafen weltliche, gesunde und leistungsfähige Menschen. Aber auch zugegeben, dass in der Mehrzahl der Fälle der Nerven-Zustand krankhaft ist, und das Gehirn überanstrengt, was folgt daraus?

Das normale Gehirn ist zugegebenermaßen so weit entwickelt, dass es auf die Schwingungen der physischen Welt antwortet und diese nach oben weiter sendet und mentale und astrale Schwingungen, die von den höheren Vehikeln stammen, nach unten übermittelt. Es hat noch nicht den Punkt erreicht, ohne Störung sehr heftige Schwingungen von den höheren Ebenen aufnehmen zu können, noch überhaupt auf die Schwingungen zu antworten, die in den feineren Vehikeln durch äußere Erscheinungen auf ihrer eignen Ebene hervorgerufen werden. Heftige Gemüts-Erregungen der Freude, des Leides, des Schmerzes, des Schreckens erweisen sich häufig als zu stark für das normale Gehirn und rufen starkes Kopfweh, Hysterie, und selbst Zusammenbruch der Nerven hervor. Es ist daher kein Wunder, dass die sehr heftige Gemütserregung, die eine sogenannte Bekehrung verursacht, oft mit einer ähnlichen Nervenerschütterung verbunden ist; die Wirkung aber, – die veränderte Stellungnahme in Bezug auf das Leben, – verbleibt. Die Nerven-Störung kommt daher, dass das physische Gehirn den heftigen schnellen Schwingungen nicht gewachsen ist, die auf dasselbe herabstürzen; die dauernde Änderung seiner Lebenshaltung ist die Folge des stetigen Antriebs des überphysischen Bewusstseins, der fortwährend ausgeübt wird. Wenn das überphysische Bewusstsein nicht hinreichend entwickelt ist, um dieses fortdauernde Drängen auf den Bekehrten auszuüben, dann *fällt er aus der Gnade*, wenn die Woge der Gemütserregung verrinnt.

Visionen und ähnliche Phänomene treten auf, wie wir schon gesehen haben, wenn eine Art Trance eingetreten ist. Aber auch ohne diesen Zustand können solche Vorfälle auftreten, wenn das Gehirn, in Folge irgendeiner gelegentlichen Ursache, sich in einem Zustand der Anspannung befindet oder wenn seine Entwicklung den normalen Stand überschritten hat. Starke Gemütsbewegungen können die Nervenspannung bis zu dem Punkt treiben, wo es möglich wird, auf direkte astrale Schwingungen zu reagieren, und so wird eine astrale Begebenheit sichtbar oder hörbar. Die Wirkung der Überspannung wird sich wahrscheinlich in einer Nervenstörung zeigen. Wenn das Gehirn höher entwickelt ist als das gewöhnliche, durchschnittliche, wenn es mehr ausgearbeitet ist und sensitiver, wird es astrale Begebenheiten fortwährend empfinden und diese Spannung kann wohl etwas größer sein, als das Nervensystem, neben dem gewöhnlichen Zerschleißen durch die moderne Zivilisation, ertragen kann. Deshalb ist es wiederum leicht möglich, dass Visionen mit Hysterie und anderen Formen von Nervenstörung verbunden, auftreten.

Aber diese Folgen verringern nicht im Mindesten die Wichtigkeit der Erlebnisse als Tatsachen im Bewusstsein. Eher bestärken sie noch die Bedeutsamkeit, da sie zeigen in welcher Weise die Entwicklung durch die Einwirkung der Umgebung auf ein Organ arbeitet Das wiederholte Anprallen der äußeren Kräfte treiben den wachsenden Organismus an und überanstrengen ihn sehr häufig vorübergehend; aber die Anstrengung selbst zwingt seine Entwicklung weiter. Der Kamm der Evolutions-Welle wird immer aus abnormen Organismen bestehen; die stetigen, normalen, sicheren, durchschnittlichen Organismen folgen hinterher; sie sind sehr respektabel aber vielleicht nicht so interessant, wie die Pioniere und jedenfalls nicht so belehrend in Bezug auf die Zukunft.

In Wirklichkeit wirken die Kräfte der Astral-Ebene fortwährend heftig auf das menschliche Gehirn ein zu dem Zweck, damit es sich zu einem fähigeren Vehikel des Bewusstseins entwickelt, und ein sensitives Gehirn wird dadurch im Übergangs-Stadium leicht etwas aus dem Gleis der Welt geworfen, die jetzt hinter ihm liegt. Es ist wahrscheinlich, dass eine ganze Anzahl von Tätigkeiten, auf die in der Gegenwart noch das Denken sich richten muss, in der Zukunft automatisch ausgeführt werden, und allmählich unter die Schwelle des wachen Bewusstseins sinken, gerade wie verschiedene Funktionen, die einst vom absichtlichen Wollen abhängig waren.

Wenn diese Veränderungen weiter gehen, müssen sich diese feineren Schwingungen unausbleiblich bei einer wachsenden Anzahl von Gehirnen mit zarteren Gleichgewicht zeigen, bei solchen, die nicht normal sind, um so mehr als diese – auf dem Kamm der Evolutionswelle – die fälligsten sein werden, die darauf zu antworten verstehen. Dr. Maudsley schreibt: *Welches Recht haben wir, anzunehmen, dass die Natur irgendwie gezwungen ist, ihr Werk nur durch Wesen mit vollständig normalem Verstände zu vollbringen? Sie mag für einen bestimmten Zweck, in einem unvollkommenen Verstand ein passendes Werkzeug finden.*[69] Und Professor James selbst bemerkt: *Wenn es so etwas wie eine Inspiration von einer höheren Region aus gibt, dann mag es wohl sein, dass ein nervöses Temperament die Hauptbedingung für die nötige Empfänglichkeit ist.*[70]

Wenn wir einmal anerkennen, dass die Kräfte, die feiner sind, als die physischen, für ihre Betätigung ein zarteres Werkzeug brauchen, als das Gehirn, das nur zum Aufnehmen der physischen organisiert ist, dann werden wir uns nicht mehr beunruhigen oder wundern, wenn wir finden, dass die überphysischen Kräfte besser durch Gehirne Ausdruck finden können, die auf der physischen Ebene mehr oder weniger aus dem Gleis geraten sind.

Und wir lernen begreifen, dass die abnormen physischen Anzeichen, die das Auftreten dieser Kräfte begleiten, in keiner Weise den Wert der Kräfte beeinträchtigen, noch die Bedeutung der Rolle schmälern, die sie zukünftig in der Menschheit spielen werden. Gleichzeitig entsteht natürlich der Wunsch, eine Methode ausfindig zu machen, die es diesen Kräften ermöglicht, sich zu betätigen, ohne ihr physisches Werkzeug zu schädigen.

Dieser Weg ist im Orient in der Bemeisterung des Raja-Yoga gefunden, bei welchem man die sichere Bemeisterung des höheren Bewusstseins durch intensive Konzentration zu erlangen sucht. Diese Konzentration als solche macht das Gehirn zu einem Werkzeug für die feineren Kräfte geeigneter, da sie in Hirnzellen, in der schon beschriebenen Weise, in Verbindung mit dem Denken wirkt;[71] ferner öffnet sie langsam den nächsthöheren Satz von Spirillen im Atom und schafft so ein neues Organ für die höheren Funktionen.

Dieser Fortschritt kann natürlicherweise nur langsam vor sich gehen; aber es ist der einzig sichere Weg der Entwicklung; und wenn man die Langsamkeit bedauert, so mag es die Geduld stärken, wenn der Schüler sich klar macht, dass er versucht, die Atom-Entwicklung der nächsten Runde schon jetzt zu erreichen, und dass er kaum erwarten darf, das dies so schnell geht. Aber gerade diese Langsamkeit des Erfolges macht die Raja-Yoga Übungen für den hastigen Westen weniger annehmbar; und doch gibt es keinen anderen sicheren Weg der Entwicklung, ohne aus dem Gleichgewicht zu kommen.

Es handelt sich darum, ob man diesen Weg einschlagen, oder die krankhaften Nervenstörungen auf sich nehmen will, die das Hereinbrechen überphysischen Bewusstseins auf ein unvorbereitetes Vehikel begleiten. Wir können uns den Gesetzen der Natur nicht entziehen, wir können nur versuchen, sie kennenzulernen und sie dann anwenden.

XI. – Die Monade bei der Arbeit

§ 1. Die Herstellung ihrer Werkzeuge

Wir wollen nun betrachten, wie die Monade ihre Werkzeuge, ihre Vehikel gestaltet, während sie selbst, auf der 3., 4. und 5. Ebene befindlich, ihre Repräsentanten Atma-Buddhi-Manas besitzt, mit dem Kausalkörper als ihrer Schatzkammer, als ihr Organ, das die Erfahrungen aller Verkörperungen in sich aufnimmt.

Am Ende jeder Lebensperiode, das will sagen, am Ende jedes Devachan-Daseins muss die Monade die drei Kerne der Körper, die sie in der nächsten Lebensperiode zu benutzen hat, zu erneuter Tätigkeit antreiben. Zuerst regt sie den mentalen Kern an. Dieses Anregen besteht in der Verstärkung des Lebensstromes, der durch die Spirillen fließt. Wenn die permanenten Einheiten *schlafen gehen*, lässt der Strom des Lebens in den Spirillen, wie wir gesehn haben, nach; während der Periode der Ruhe ist dieser Strom nur klein und schwach.[72]

Wenn die Zeit zur Wiederverkörperung kommt, verstärkt sich der Strom, die Spirillen sind voll regen Lebens, und die permanenten Einheiten wirken eine nach der anderen wie Magnete, die sich mit entsprechender Materie umgeben. So beginnt die mentale Einheit infolge dieser Anregung stark zu schwingen, gemäß der Schwingungsfähigkeit, die sie durch frühere Erfahrung und Übung erworben hat, und zieht dadurch passendes Material von der Mentalebene an sich heran und ordnet es um sich herum. Gerade wie eine Eisenstange magnetisch wird, wenn ein elektrischer Strom durch einen sie umgebenden Draht fließt, und wie entsprechende Materie innerhalb ihres magnetischen Feldes sich um sie her anordnet, so ist es mit der mentalen Einheit. Wenn der Lebensstrom sie umfließt, wird sie ein Magnet und die entsprechende Materie innerhalb ihres Kraftfeldes ordnet sich um sie her und bildet einen neuen Mentalkörper.

Die Materie, die angezogen wird, entspricht der erreichten Höhenstufe der permanenten Einheit; nicht nur wird je nachdem feinere oder gröbere Materie angezogen, sondern die Materie ist auch notgedrungen verschieden in der Entwicklung der Atome, die in die Gruppierung zu Aggregaten eintreten. Die Moleküle, die angezogen werden, bestehen aus Atomen, deren Schwingungskräfte mit denen der anziehenden Einheiten identisch sind oder sich ihnen sehr nähern, mit ihnen *stimmen*. Daher entspricht der Entwicklungsstufe, die der Mensch erreicht hat, die Entwicklung der Materie seines neuen mentalen Vehikels. Auf diese Weise wird Inkarnation nach Inkarnation ein passender Mentalkörper hergestellt.

Genau derselbe Vorgang wiederholt sich auf der Astral-ebene bei der Bildung des neuen Astralkörpers. Der Astralkern – das permanente Astralatom – wird ähnlich belebt und wirkt dann in ähnlicher Weise.

Der Mensch ist so mit einem neuen Mental- und einem neuen Astralkörper bekleidet, die seiner Stufe der Entwicklung entsprechen und die seine Kräfte und Fähigkeiten, soviel er deren besitzen mag, in den Stand setzen, sich in der betreffenden Welt zu betätigen.

Wenn wir nun aber zur Gestaltung des physischen Körpers kommen, tritt ein neues Element auf. So weit es die Monade betrifft, ist die Tätigkeit dieselbe. Sie belebt den physischen Kern, – das physische permanente Atom, – und dies wirkt wie ein Magnet gleich seinen Genossen. Aber nun ist es, als ob ein Mensch bei der Anziehung und der Anordnung von Materie in dem magnetischen Felde eingriffe; das Elementarwesen, das mit der Aufgabe betraut ist, den Ätherkörper nach dem Modell zu gestalten, dass ihm von den Herren des Karma gegeben ist, tritt dazwischen und übernimmt die Leitung des Werks. Das Material wird freilich von dem permanenten Atom gesammelt, wie ein Arbeiter Steine zum Bau des Hauses herbeiträgt; aber der Maurer nimmt die Steine an oder verwirft sie und ordnet sie an nach dem Plan des Architekten.

Da tritt unwillkürlich die Frage auf: Woher kommt dieser Unterschied? Wenn wir die physische Ebene erreichen, erwarten wir eine Wiederholung des früheren Vorganges; weshalb nimmt hier aber eine fremde Macht dem Eigentümer der zu bauenden Wohnung die Leitung des Baues aus der Hand? Die Antwort liegt in der Wirkungsweise des Karmagesetzes. Auf den höheren Ebenen geben die Hüllen so viel vou dem Menschen Ausdruck, wie er entwickelt hat und er wirkt dort nicht die Folgen seiner früheren Beziehungen zu anderen aus. Jedes Bewusstseins-Zentrum auf diesen Ebenen wirkt in seinem eigenen Kreise; seine Kräfte sind auf seine eigenen Vehikel gerichtet, und nur soviel von ihnen, als sich schließlich durch das physische Vehikel ausdrückt, wirkt direkt auf andere. Diese Beziehungen zu Anderen macht sein Karma auf der physischen Ebene komplizierter und die besondere physische Form, die er während einer besonderen Lebensperiode trägt, muss dem Auswirken dieses komplizierten Karma angepasst sein. Zu diesem Anpassen ist daher das Eingreifen der Herren des Karma notwendig. Befände sich der Mensch auf dem Punkt der Entwicklung, wo er ähnliche direkte Beziehungen mit Anderen auf höheren Ebenen hätte, dann würde auch eine ähnliche Beschränkung der Macht, sein Vehikel auf diesen höheren Ebenen auszugestalten, eintreten. In der Sphäre seiner äußeren Tätigkeit, wo diese auch stattfinden mag, muss stets diese Beschränkung stattfinden.

Daher geschieht die Ausgestaltung seines physischen Körpers durch eine Autorität, die höher ist, als die seine; er muss die Bedingungen der Kasse, der Nation, der Familie, der Lebensumstände hinnehmen, wie sein vergangenes Verhalten und Tun solche verlangt.

Diese einschränkende Tätigkeit des Karma bedingt die Schaffung eines Vehikels, das nur das Ausdrucksmittel eines Teils des wirkenden Bewusstseins darstellt, – eines Teils, nicht nur weil durch die Grobheit des Materials selbst die Macht der Schaffung eines Ausdrucksmittels beschränkt wird, sondern auch, weil die oben erwähnten äußern Beschränkungen eintreten. Von seinem Bewusstsein muss daher vieles, was sonst zum Ausdruck auf der physischen Ebene geeignet sein würde, ausgeschlossen werden, und nur ein kleiner Teil von ihm kann dann in der physischen Welt als Wachbewusstsein auftreten.

Der nächste Punkt in Verbindung mit der Herstellung, den wir betrachten müssen, ist die spezielle Arbeit der Organisierung der Vehikel als Ausdrucksmittel des Bewusstseins, wobei wir die allgemeinere Einwirkung des Verlangens und des Denkens, mit der wir uns ja eingehend vertraut gemacht haben, außer Betracht lassen.

Wir sind hier mehr mit den Einzelheiten als mit den allgemeinen, prinzipiellen Grundzügen beschäftigt. Wir wissen, dass der zweite Logos bei seinem Abstieg der Materie Eigenschaften erteilt, während die Anordnung dieses so zubereiteten Materials zu verhältnismäßig dauernden Formen zu seinem Aufstieg gehört. Wenn die Monade vermöge ihrer Wiederspiegelung des spirituellen Menschen bis zu einem gewissen Grade die Macht erlangt hat, ihre Vehikel zu leiten, findet sie sich im Besitz einer

Form, in der das sympathische Nervensystem eine große Rolle spielt, und das Zerebro-Spinal-System noch keinen vorwiegenden Einfluss gewonnen hat. Sie hat noch eine Anzahl Bindeglieder herzurichten zwischen diesem sympathischen System, das sie überkommen hat, und den Zentren, die sie erst in ihrem Astralkörper organisieren muss, um in Zukunft selbstständig in ihm zu wirken. Aber vordem irgendein unabhängiges Wirken in irgendeinem höheren Vehikel möglich ist, ist es nötig, es als vermittelndes Werkzeug bis zu einem ziemlich hohen Punkt zu bringen; das will sagen, es zu einem Vehikel zu machen, durch das die Monade herabwirken kann bis zu ihrem Körper auf der physischen Ebene.

Wir müssen unterscheiden zwischen der anfänglichen Aufgabe, das mentale und astrale Vehikel so zu organisieren, dass sie sich dazu eignen, als Vermittler eines Teils des Bewusstseins des spirituellen Menschen zu dienen und der späteren Arbeit, diese selben Vehikel zu selbstständigen Körpern zu entfalten, in welchen der spirituelle Mensch imstande ist, auf deren betreffenden Ebenen zu funktionieren.

Also zwei Aufgaben sind zu erfüllen: zuerst die Organisation des mentalen und des astralen Vehikels als Vermittler des Bewusstseins bis zum physischen Körper herab und zweitens die Organisation dieser Vehikel zu selbstständigen Körpern, in denen das Bewusstsein ohne Hilfe des physischen Körpers funktionieren kann.

Das astrale und mentale Vehikel muss also organisiert werden, damit der spirituelle Mensch das physische Gehirn und das Nervensystem als sein Organ auf der physischen Ebene benutzen kann. Der Antrieb zu solch einer Benutzung geht von der physischen Ebene aus; durch physische Einwirkungen auf die verschiedenen Nervenenden werden Nervenschwingungen verursacht, die sich vermittelst der Nervenfasern auf das Gehirn übertragen; diese Schwingungen gehen vom dichten Gehirn weiter zum ätherischen, ion dort zum astralen und dann zum mentalen Vehikel und rufen eine Reaktion des Bewusstseins im Kausalkörper, auf der oberen Mentalebene hervor. Das Bewusstsein, das so von außen angeregt worden ist, ruft Schwingungen hervor, die als Antwort vom Kausalkörper zum mentalen, von diesem zum astralen, vom astralen zum Äther- und dichten physischen Körper herab vibrieren. Diese Vibrationen rufen elektrische Ströme im ätherischen Gehirn hervor und diese wieder wirken ein auf die dichte Materie der Nerven-Zellen.

Alle diese Schwingungsvorgänge organisieren allmählich die zuerst wolkenähnlichen, astralen und mentalen Gebilde zu Vehikeln, sodass sie als brauchbare Kraftfelder für diese Wirkungen und Gegenwirkungen dienen können. Dieser Prozess geht während Hunderten von Geburten vor sich; angeregt wird er, wie wir gesehn haben, von unten; aber allmählich kommt er immer mehr unter die Leitung des spirituellen Menschen, er fängt an, sein Tun durch die Erinnerung an frühere Gefühlsregungen zu leiten, ja jede Tätigkeit wird von dem Verlangen, das diese Erinnerungen weckt, veranlasst. Wenn der Prozess weiter geht, wird die Leitung von innen immer kräftiger, und immer weniger üben Anziehung und Abstoßung äußerer Gegenstände einen maßgebenden Einfluss aus; infolgedessen wird der Ausbau der Vehikel immer weniger von der Außenwelt beherrscht, und immermehr übernimmt das Innere die Leitung.

Wenn die Organisation des Vehikels fortschreitet, treten gewisse Anhäufungen von Materie in ihm auf, die zuerst wolkig und unbestimmt sind, später sich aber schärfer und schärfer begrenzen. Dies sind die zukünftigen Chakras, oder *Räder*, die Sinnes-Zentren des Astralkörpers; wohl zu unterscheiden von den astralen Sinneszentren, die mit den Sinnesorganen und Zentren des physischen Körpers in Verbindung stehen.[73] Aber lange, lange Zeitperioden hindurch geschieht nichts, nm diese langsam fortschreitenden Zentren zu beleben, und ihre Angliederung an den physischen Körper wird oft gehemmt, selbst wenn sie schon auf der Astralebene funktionieren. Diese Verbindung, diese Angliederung kann nur vom physischen Vehikel aus geschehen, denn in ihm hat die feurige Kraft Kundalini ihren Sitz. Vordem Kundalini sie zu erreichen vermag, sodass sie dann ihre Beobachtungen dem physischen Körper übermitteln können, müssen sie an das sympathische Nervensystem angegliedert werden, dessen große Ganglien-Zellen die Anschlusspunkte bilden. Wenn diese Angliederung stattgefunden hat, dann kann der feurige Strom hindurchfließen und die Beobachtungen von astralen Vorgängen können dem physischen Gehirn vollständig überbracht werden.

Während die Chakras nur auf solche Weise mit dem physischen Vehikel in Verbindung gesetzt werden können, kann ihr Ausbau als Zentren und ihre allmähliche Organisation als Kader von jedem Vehikel ausgehen, und geht in jeder Individualität von dem Vehikel aus, das dem speziellen Typus des Temperaments entspricht, zu welchem sie gehört. Je nach dem Typus des Temperaments des Menschen entscheidet sich die

Stelle, von der die größte Tätigkeit ausgeht, sowohl im Aufbau aller Vehikel wie auch in ihrer allmählichen Ausgestaltung zu wirksamen Werkzeugen, durch welche sich dies Bewusstsein auf der physischen Ebene auszudrücken vermag. Dieses Zentrum der Tätigkeit kann sich im physischen, astralen, niederen und höheren mentalen Körper befinden. Ob in diesen oder selbst in noch höheren, – das Zentrum befindet sich, je nach dem Typus, stets in dem Grundteil, welches dem Temperament entspricht und von ihm ans wirkt es *nach oben* oder *nach unten* und gestaltet die Vehikel derartig, dass sie zum Ausdruck dieses Temperamentes geeignet werden.

§ 2. Ein Mensch in der Entwicklung

Wir wollen ein spezielles Beispiel nehmen, damit wir diesen Prozess besser verstehen lernen, – ein Temperament, in welcher der konkrete Verstand, also das niedere Manas vorwiegt. Wir wollen den spirituellen Menschen die dritte, vierte und fünfte Hauptrasse hindurch verfolgen. Wenn wir ihn in der dritten Rasse bei der Arbeit finden, dann bemerken wir, dass sein Verstand noch sehr kindlich ist, selbst wenn der Verstand der vorherrschende Ton in seinem Typus ist.

Das wogende Leben um ihn her, das er weder verstellen noch beherrschen kann, wirkt sehr energisch von außen auf ihn ein, und erregt mächtig sein astrales Vehikel.

Dies astrale Vehikel wird infolge des Temperaments die Eindrücke festhalten und die Begierden werden den kindlichen Verstand zu Anstrengungen reizen, die auf die Befriedigung dieser Begierden gerichtet sind.

Seine physische Körperbeschaffenheit ist eine andere als die in der fünften Rasse, das sympathische System hat noch die Herrschaft, das Zerebro-Spinal-System ist untergeordnet; aber Teile des sympathischen Systems fangen an, viel von ihrer Wirksamkeit als Werkzeuge des Bewusstseins zu verlieren, da sie als solche Werkzeuge zu der unter-menschlichen Stufe gehören.

Es gibt zwei Organe im Gehirn, die anfänglich mit dem sympathischen System näher verbunden waren, jetzt aber einen Teil des Zerebro-Spinal-Systems bilden, – die Zirbeldrüse und die Hypophyse (pituitary body). Sie geben uns ein Beispiel, wie ein Körperteil auf einer früheren Stufe in bestimmter Weise funktionieren kann, dann seine spezielle Verwendung verliert und nur noch schwach arbeitet, wenn überhaupt und auf einer späteren Stufe der Entwicklung durch eine höhere Lebensanregung eine neue Verwendung findet und auf einer höheren Stufe tätig ist.

Die Entwicklung dieser Organe geht eher in der Klasse der Wirbellosen vor s:ch als in der der Wirbeltiere; das *dritte Auge* wird von den Biologen häufig das Auge der Wirbellosen genannt.

Man findet es jedoch auch noch bei Wirbeltieren; noch kürzlich hat man in Australien eine Schlange gefunden, die oben auf dem Kopf eine merkwürdige Gruppe von halbdurchsichtigen Schuppen besitzt; wenn man diese wegnimmt, findet man drunter ein vollständiges Auge, – ein in allen Teilen ausgebildetes Auge, – das aber nicht funktioniert.

Das dritte Auge funktionierte bei den Lemuriern in der allgemeinen, unbestimmten Weise, die für die niederen Stufen der Entwicklung charakteristisch ist und besonders charakteristisch für das sympathische System.

Wenn unser Lemurier zur atlantischen Rasse weiterschreitet, stellt das dritte Auge seine Tätigkeit ein, das Gehirn umschließt es immer mehr und es wird zu dem Anhängsel, das jetzt die Zirbeldrüse genannt wird.

Als Lemurier hatte er einen psychischen Charakter, da die Wogen des unentwickelten Astralkörpers stark auf das sympathische System einwirkten.

Als Atlantier verliert er schließlich seine psychischen Fähigkeiten, da das sympathische System sich allmählich unterordnet und das Zerebro-Spinal-System immer stärker wird.

Die Ausbildung des Zerebro-Spinal-Systems wird bei diesem Atlanter schneller vor sich gehen, als bei denen, die ein andres Temperament haben, weil die Haupttätigkeit vom konkreten Verstand ausgeht, und dieser es anregt und es ausgestaltet; der Astralkörper wird seine Vorherrschaft früher verlieren und schneller zu einem Übermittler der mentalen Antriebe an das Gehirn werden.

Daher wird unser Mann, wenn er zur fünften Rasse übergeht, besonders geeignet sein, deren Charakterzüge sich zu Nutzen zu machen; er wird sich ein großes, gut proportioniertes Gehirn herstellen, er wird seinen Astralkörper hauptsächlich zum Vermittler benutzen und von der Mentalebene aus dessen Charakter ausgestalten.

§ 3. Die Hypophyse und die Zirbeldrüse

Um zum ersten dieser beiden Organe zurückzukehren – zur Hypophyse.

Man nimmt an, dass sie sich aus einem ursprünglichen Mund entwickelt hat, der bei den Wirbellosen direkt mit dem Ernährungskanal in Verbindung stand. Sie hörte bei den Wirbeltieren auf, als Mund zu dienen und wurde ein rudimentäres Organ, aber sie hat noch eine besondere Funktion, und zwar in Bezug auf das Wachsen des Körpers beibehalten. Sie ist während der normalen Periode des physischen Wachstums tätig und je tätiger sie arbeitet, je stärker wächst der Körper. Bei Riesen hat man gefunden, dass das Organ besonders stark funktioniert.

Ja zuweilen fängt die Hypophyse im späteren Leben noch einmal an, zu arbeiten, wenn das Knochengerüst des Menschen schon fest geworden ist, und sie verursacht dann ein abnormes und monströses Wachsen an den freien Enden des Körpers, den Händen, den Füßen, der Nase usw. und schafft so Missgestaltungen sehr hässlicher Art.

Wenn das Zerebro-Spinal-System das Übergewicht erlangt, dann hört die Wirksamkeit dieser beiden Organe auf; doch, wie sie eine Vergangenheit hinter sich haben, haben sie auch noch eine Zukunft vor sich. In der Vergangenheit waren sie mit dem sympathischen System verbunden, die Zukunft verbindet sie mit dem Zerebro-Spinal-System. Wenn die Entwicklung fortschreitet, und die Chakras im Astralkörper belebt worden sind, wird die Hypophyse zum physischen Organ für astrales und später für mentales Hellsehen. Wenn im physischen Körper die Fähigkeit des astralen Hellsehens zu stark in Anspruch genommen wird, tritt manchmal eine Entzündung der Hypophyse ein. Durch dieses Organ wird die Kenntnis, die durch astrales Sehen erlangt wird, dem Gehirn übermittelt; auch wird es benutzt zur Belebung der Berührungspunkte zwischen dem sympathischen System und dem Astralkörper, wodurch eine fortdauernde Verbindung des astralen und des physischen Bewusstseins erzielt wird. –

Die Zirbeldrüse tritt in Verbindung mit einem der Chakras im Astralkörper, und durch diesen mit dem Mentalkörper, und dient dann als physisches Organ zur Vermittlung der Gedanken von einem Gehirn zum anderen. Bei Gedankenübertragungen kann der Gedanke von Intellekt zu Intellekt hinüberblitzen, wobei dann die Mentalmaterie als Medium der Übertragung dient; oder er kann zum physischen Gehirn herabsteigen, und, von dessen Zirbeldrüse mittelst des physischen Äthers zur Zirbeldrüse eines anderen Gehirns wandern und auf diesem Wege von dem äußeren Bewusstsein aufgenommen werden.

Während das Tätigkeits-Zentrum sich in dem vorherrschenden Grundteil des Menschen befindet, muss die Verbindung der Chakras mit dem physischen Körper, wie gesagt, von der physischen Ebene aus hergestellt werden. Der Zweck dieser Verbindung ist nicht, das astrale Vehikel zu einem wirkungsvollen Übermittler der Energien des spirituellen Menschen an den physischen Körper zu machen, sondern es zu ermöglichen, dass das astrale Vehikel in voller Berührung mit dem physischen ist. Es gibt ja verschiedene Zentren der Tätigkeit, um vermittelnde Vehikel auszubauen; aber es ist nötig, von der physischen Ebene auszugehen, um die Ergebnisse der Tätigkeit der Körper, die auf anderen Ebenen arbeiten, dem Wach-Bewusstsein zu übermitteln. Daher die hohe Wichtigkeit der physischen Reinheit im Essen und Trinken und anderen Dingen.

Häufig holt man die Frage: *Wie erreicht die auf höheren Ebenen erlangte Kenntnis das Gehirn und weshalb bleiben die Umstände, unter denen sie erlangt werden, nicht in der Erinnerung?* Jeder, der regelmäßig meditiert, weiß, dass viele Kenntnisse, die er durch sein Studium auf der physischen Ebene nicht erlangt hat, sich im Gehirn einstellen. Woher kommen die? Sie kommen von der astralen und mentalen Ebene, wo sie erworben wurden, und gelangen ins Gehirn auf dem gewöhnlichen, oben beschriebenen Wege; das Bewusstsein hat sie auf der Mentalebene direkt in sich aufgenommen, oder es hat sie auf der Astralebene erlangt, und es sendet dann in gewöhnlicher Weise Gedankenschwingungen hinab. Sie mögen durch irgendein Wesen auf der höheren Ebene dem Betreffenden mitgeteilt sein, indem dies direkt auf den Mentalkörper einwirkte. Aber der Umstände bei der Mitteilung mag er sich vielleicht nicht erinnern, aus einem von zwei Gründen, oder aus beiden. Die meisten Menschen sind auf der Astral- und Mental-Ebene nicht, was man technisch *wach* nennt; d. h., ihre Tätigkeit ist nach innen gekehrt, sie sind mit ihren eigenen mentalen Vorgängen und Empfindungen beschäftigt und geben sich nicht mit der Beobachtung der äußeren Vorgänge auf dieser Ebene ab. Sie mögen sehr empfänglich sein und ihr Astral- und Mentalkörper mag leicht in Schwingungen geraten und diese Schwingungen mögen die Kenntnisse, die ihm so mitgeteilt wurden, leicht weiter tragen, aber ihre Aufmerksamkeit war nicht auf das Wesen gerichtet, das ihnen die Mitteilung machte. Wenn die Entwicklung weiter schreitet, werden die Menschen mehr und mehr empfänglich auf der Astral- und Mental-Ebene, aber sie werden dadurch noch nicht ihrer Umgebung gewahr.

Die andere Ursache für das Ausbleiben der Erinnerung ist das Fehlen der erwähnten Verbindungsglieder mit dem sympathischen System. Jemand mag auf der Astralebene wach sein und tätig auf ihr wirken, er mag sich auch lebhaft seiner Umgebung bewusst sein; wenn aber die Angliederung des Astralen an das Physische noch nicht hergestellt ist, oder noch nicht belebt ist, dann bleibt das Bewusstsein unterbrochen. So lebhaft auch das Bewusstsein auf der Astralebene sein mag, solange die Verbindungsglieder noch nicht funktionieren, kann es noch nicht die Erinnerung an seine astralen Erfahrungen hindurchbringen und dem physischen Gehirn einprägen.

Zu diesen Gliedern selbst muss auch noch das tätige Funktionieren der Hypophyse hinzukommen, die die astralen Schwingungen, wie ein Brennglas die Sonnenstrahlen, in einen Fokus sammelt. Eine Anzahl Astral-Schwingungen werden zusammengezogen und fallen auf einen bestimmten Punkt und die Schwingungen, die dadurch in dichter physischer Materie entstehen, werden dann leicht weiter geleitet. Alles dieses ist notwendig zum *Erinnern*.

§ 4. Die Wege des Bewusstseins

Man könnte die Frage aufwerfen: Beschreitet das Bewusstsein immer denselben Weg, um ihr physisches Bewusstsein zu erreichen? Es finden manchmal, wie wir wissen, Übergänge statt direkt von der atomischen Unterebene der einen Ebene zu der der nächsten und manchmal durch jede Unterebene, der siebten bis zur ersten, hindurch, bis die atomische der nächst unteren Ebene erreicht ist. Welchen von diesen Wegen benutzt das Bewusstsein?

In normaler Tätigkeit, beim gewöhnlichen Denkprozess, steigt die Welle stetig durch jede folgende Unterebene herab, von der mentalen durch die sieben astralen Unterebenen zur physisch- ätherischen und so zur dichten Nervenmaterie. Diese Welle ruft elektrische Ströme in der Äthermaterie hervor und diese wiederum wirken auf das Protoplasma der grauen Zellen ein. – Wenn aber die eigenartigen Lichtblicke im Bewusstsein auftreten, wie die plötzlichen Einfälle des Genies, oder die erleuchtenden Gedanken, die wie Blitze den Geist durchzucken, – solch ein Blitz, wie er den Mann der Wissenschaft trifft, wenn aus einer großen Menge von Tatsachen plötzlich das ordnende, zugrunde liegende Gesetz hervorspringt, – dann strömt das Bewusstsein direkt von einer atomischen Unterebene zur anderen und erreicht so das Gehirn. Dies ist der erleuchtende Gedanke, der sich schon durch sein Auftreten rechtfertigt wie das Sonnenlicht und nicht durch irgendeinen logischen Denkprozess noch an Macht gewinnt. Das logische Denken gelangt also zum Gehirn durch die aufeinanderfolgenden Unterebenen, die autoritative Erleuchtung direkt durch die atomischen Stufen.

XII. – Das Wesen des Gedächtnisses

§ 1. Das große Selbst und die kleinen Selbste

Was ist Gedächtnis? Wie wirkt es? Durch welches Mittel rufen wir die Vergangenheit, sei dieselbe nun nah oder fern, wieder hervor? Denn ob es sich nun um eine Vergangenheit handelt, die nah oder fern, die dem gegenwärtigen oder einem früheren Leben angehört, die. Mittel, die wir zu ihrer Wiederhervorrufung anzuwenden gezwungen sind, müssen in beiden Fällen ganz ähnliche sein. Wir werden deshalb über das Wesen des Gedächtnisses eine Theorie aufzustellen haben, die alle Fälle von Gedächtnis in sich schließt und uns gleichzeitig in den Stand setzt, jeden einzelnen Fall zu begreifen.

Der erste Schritt zur Erlangung einer solchen bestimmten und verständlichen Theorie über das Wesen des Gedächtnisses ist der, dass wir uns zunächst über unsere eigene Konstitution, d. h. über unser Selbst mit seinen verschiedenen Hüllen und deren gegenseitige Beziehungen Klarheit verschaffen; und wir wollen hier kurz die Haupttatsachen aus den vorigen Kapiteln nochmals zusammenfassen, die direkt mit dem Problem in Zusammenhang stehen. Wir müssen uns beständig vor Augen halten, dass unser Bewusstsein eine Einheit bildet und dass diese Bewusstseins-Einheit durch verschiedene Hüllen wirkt, die die Ursache bilden, dass es nicht als eine Einheit, sondern als eine Vielheit erscheint. Die innerste und zarteste dieser Hüllen ist mit dieser Einheit des Bewusstseins unzertrennlich verknüpft. Diese Einheit ist die Monade, welche der Anupâdaka-Sphäre angehört; für alle praktischen Zwecke aber verstehen wir darunter den uns vertrauten inneren Menschen, das dreifache Atom: Atma-Buddhi-Manas, abgesehen von den der Atma-Sphäre, der Buddhi-Sphäre und der Manas-Sphäre angehörigen Hüllen. Diese Bewusstseins-Einheit ist von Hüllen umgeben, durch welche sie sich äußern kann, Hüllen, die den fünf Sphären (Ebenen) ihrer Tätigkeit angehören. Wir nennen sie das in seinen Hüllen wirkende Selbst.

Wir werden uns also ein bewusstes Selbst vorzustellen haben, das an schwingende Hüllen oder Träger (Vehikel) gebunden ist. Die Schwingungen dieser Träger korrespondieren auf Seite der Materie mit den

Veränderungen im Bewusstsein auf Seite des Selbst. Von Schwingungen des Bewusstseins können wir im strikten Sinne des Wortes nicht reden; denn eine Schwingung setzt immer etwas Materielles voraus, das sie ausführt, Bewusstseins-Schwingungen gibt es aber nicht, wohl aber Bewusstseins-Änderungen, die den Schwingungen der Hüllen entsprechen.

Diese Träger oder Körper, in denen das Bewusstsein, das Selbst wirkt, sind nun von ganz besonderer Wichtigkeit, wenn wir nach dem Gedächtnis fragen. Denn der ganze Vorgang der Wiederhervorrufung mehr oder weniger entlegener Ereignisse besteht darin, dass sich in der Hülle, in der das Bewusstsein gerade funktioniert, ein Ebenbild von ihnen gestaltet, wozu ein Teil der Materie verwandt wird, aus der diese Hülle besteht. Diesem Selbst, das ein Bruchstück des universellen Selbst darstellt, – also, wie wir hier sagen wollen, des Logos, obwohl der Logos in Wirklichkeit nur ein Teil des universellen Selbst ist, – ist alles gegenwärtig; denn dem universellen Selbst ist alles gegenwärtig, was im Universum stattgefunden hat, stattfindet und stattfinden wird; dieses alles und noch unendlich viel mehr ist dem universellen Selbst gegenwärtig. Wir wollen hier nur ein Weltall[76] ins Auge fassen und dessen Logos. Wir nennen diesen Logos allgegenwärtig und allwissend.

Im Grunde genommen besteht diese Allgegenwart, diese Allwissenheit auch im individualisierten Selbst, dem Einzelbewusstsein, da ja dieses eins ist mit dem Logos; jedoch mit einem gewissen Unterschied. Der Unterschied besteht darin, dass während in dem Einzel-Selbst als Selbst, abgesehen von allen seinen Hüllen, diese Allgegenwart und Allwissenheit vermöge seiner Einheit mit dem universellen Selbst vorhanden ist, die Hüllen, an die dieses Einzel-Selbst gebunden ist, noch nicht gelernt haben, auf die Änderungen im Bewusstsein durch Schwingungen zu reagieren, die immer auftreten, sobald es seine Aufmerksamkeit von einem Gegenstand oder einem Teil seines Inhaltes auf einen anderen lenkt.

Wir müssen also sagen, in ihm, diesem Einzel-Selbst existiert alles nur potenziell, d. h. der inneren Möglichkeit nach, nicht wie im Logos aktuell, d. h. in Wirklichkeit. Alle Veränderungen, die im Bewusstsein des Logos vor sich gehen, sind in diesem Einzel-Selbst, das einen unabtrennbaren Teil des Lebens des Logos bildet, hervorrufbar: seine Hüllen sind aber noch nicht fähig, als Medium der Manifestation dienen zu können. Wegen dieser Einzelgestaltung der Form, wegen dieser Einschließung des abgetrennten individualisierten Selbst, bleiben jene Möglichkeiten, die ihm als einen Teil des universellen Selbst eigen sind, latent, d. h. gebunden, können sie sich nicht äußern, werden sie nicht zu Wirklichkeiten. Wie in jedem Atom, das zum Aufbau einer Hülle dient, eine unbegrenzte Zahl von Schwingungsmöglichkeiten vorhanden ist, so ist in jedem Einzel-Selbst eine unbegrenzte Zahl von Möglichkeiten vorhanden, im Bewusstsein eine Modifikation eintreten zu lassen.

Bei Beginn eines Sonnensystems finden wir die Mannigfaltigkeit der Schwingungen, deren ein Atom fähig ist, beschränkt; wir sehen aber, dass es die Fähigkeit besitzt, die Mannigfaltigkeit seiner Schwingungen nach und nach ins Unbegrenzte zu erweitern, eine Erweiterung, die im Verlauf seiner Evolution eintritt, da diese ihm beständig Gelegenheit gibt, auf Schwingungen zu reagieren, die seine Oberfläche treffen. Am Ende eines Sonnensystems hat dann eine ungeheure Anzahl von Atomen die Evolutions-Stufe erreicht, auf der sie imstande sind, auf jede sie treffende Schwingung, die innerhalb des Systems entsteht, mitschwingend zu antworten; für ein solches System haben dann diese Atome den höchsten Grad von Vollkommenheit erreicht. Dasselbe gilt auch für die einzelnen oder individualisierten Selbste. Alle im Bewusstsein des Logos vor sich gehenden Veränderungen, welche sich in dessen Weltall darstellen, sich in ihm zu Formen ausgestalten, diese alle machen sich auch dem auf der Stufe der Vollendung angelangten Bewusstsein bemerkbar; jede derartige Veränderung lässt sich in jedem solchen Bewusstsein wiederholen. Das aber nennen wir Gedächtnis und definieren dieses somit als das Wiedererscheinen, das Sich-Wiederverkörpern in Materie von all dem, was innerhalb dieses Weltalls vor sich ging und darum auch im Bewusstsein seines Logos und in jedem Einzel-Bewusstsein vorhanden ist, das einen Teil dieses Logos-Bewusstseins bildet. Wir denken uns zwar das Einzel-Selbst von allen anderen Selbsten abgetrennt, dürfen aber nie vergessen, dass es mit dem Selbst des Logos unzertrennlich verknüpft ist. Das Leben des Logos ist von keinem Teil seines Weltalls ausgeschlossen, in ihm leben, weben und sind wir, ihm sind wir stets erschlossen, sind stets erfüllt von seinem Leben.

Wenn nun das Einzel-Selbst eine Hülle nach der anderen anlegt, wird seine Kraft, Kenntnisse zu sammeln, mit jeder hinzukommenden Hülle immer beschränkter, aber auch immer bestimmter. In der physischen Sphäre angelangt, ist das Bewusstsein auf die Erfahrungen beschränkt, welche durch den physischen Körper und hauptsächlich durch dessen Öffnungen zu gewinnen sind, die wir Sinnesorgane nennen; es sind dies die Zugänge, durch die dem eingeschlossenen Selbst Erfahrung zufließen kann, obschon wir auch ebenso gut sagen können, dass sie Erfahrung abhalten, wenn wir an die Erfahrungen denken, welche durch die Fähigkeiten der feineren Vehikel zu machen sind.

Der physische Körper überliefert Wahrnehmungen bestimmt und klar, etwa so wie ein Schirm mit einer feinen Öffnung darin, durch die das Licht dringt, das Bild der Außenwelt auf einer Fläche erscheinen lässt, die sonst leer bliebe; es werden dabei zwar Lichtstrahlen von dem Schirm abgeschlossen; gerade dieser Abschluss aber ermöglicht es den durchgelassenen Strahlen, ein bestimmtes Bild hervorzurufen.

§ 2. Veränderungen in den Hüllen und im Bewusstsein

Wir wollen nun zusehen, was dann geschieht, wenn die physische Hülle einen Eindruck empfängt, und dieser dann wieder hervorgerufen, – erinnert wird. Eine Schwingung von außen trifft auf ein Sinnesorgan und wird dem entsprechenden Gehirnzentrum übertragen. Eine Gruppe von Gehirnzellen beginnt nun zu vibrieren, und die Wirkung dieser Vibration auf die Zellen ist ein Zustand, der sich von dem, in welchem sie sich vor der Vibration befanden, etwas unterscheidet.

Die zurückgelassene Spur liefert der betreffenden Zellengruppe, die nun einmal auf diese besondere Art vibriert hat, eine Möglichkeit; solange sie nämlich als solche besteht, erschließt sich ihr die Möglichkeit, in derselben Weise wiederzuschwingen, ohne dazu eines von der Außenwelt kommenden Reizes zu bedürfen. Jede Wiederholung einer identischen Schwingung stärkt diese Möglichkeit, jede lässt ihre Spur zurück; allein es bedarf vieler solcher Wiederholungen, um den Zellen ein selbstständiges Schwingen zu gestatten, eine Möglichkeit, der sie durch jede von außen angeregte Wiederholung immer näherkommt.

Solche Schwingungen bleiben aber nicht auf die physischen Zellen beschränkt; sie werden vielmehr nach innen weitergeleitet zu den korrespondierenden Zellen der feineren Hüllen und rufen schließlich eine Modifikation im Bewusstsein hervor. Diese Modifikation wirkt dann wieder ihrerseits auf die Zellen zurück, eine Wiederholung der Schwingungen wird durch die Modifikation im Bewusstsein von innen aus eingeleitet und diese Wiederholung ist eine Erinnerung an den Gegenstand, durch den jene erste Reihe von Schwingungen hervorgerufen wurden. Die durch die Gesetze des physischen Universums bedingte Antwort der Zellen auf die von außen kommende Schwingung verleiht somit den Zellen die Fähigkeit, auf einen ähnlichen, wenn auch schwächeren Impuls zu antworten, der von innen kommt. Bei jeder Bewegung der Materie eines neuen Vehikels wird ein wenig Kraft verbraucht, weshalb sich die Energie der Schwingung immer mehr verringert. Der Kraftverbrauch wird aber bei jeder Wiederholung ähnlicher Zellenschwingungen als Antwort auf neue Reize von außen immer geringer, die Zellen reagieren immer leichter, je öfter die Wiederholung stattfindet.

Hierin liegt der Wert des *Außen*; es ruft leichter als jeder andere Antrieb in der Materie die Möglichkeit einer Antwort hervor, da es den Hüllen näher verwandt ist, als das *Innen*.

Die im Bewusstsein bewirkte Modifikation lässt in diesem ebenfalls eine größere Bereitwilligkeit zurück, solche Modifikationen zu wiederholen, als es zuvor besaß, und jede derartige Modifikation verstärkt in dem Bewusstsein die Fähigkeit, eine ähnliche Bewegung selbsttätig vorzunehmen. Blicken wir zurück auf die erste Entwicklungszeit des Bewusstseins, so sehen wir, dass das eingekerkerte Selbst erst durch zahllose Erfahrungen hindurchgehen muss, ehe eine selbst eingeleitete Modifikation im Bewusstsein eintreten kann.

Wenn wir dies als Tatsache festhalten, können wir diese ersten Stufen außer Acht lassen und die Wirksamkeit des Bewusstseins auf einer weiter vorgeschrittenen Stufe ins Auge fassen. Wir müssen uns auch daran erinnern, dass auf jeden Reiz, der die innerste Hülle erreicht und eine Modifikation im Bewusstsein hervorruft, als Reaktion solcher Veränderung eine neue Reihe von Schwingungen von innen nach außen erfolgt. Auf den nach innen zum Selbst hin gerichteten Schwingungswirbel folgt ein solcher, der nach außen, vom Selbst fort gerichtet ist; der erste wird vom Objekt veranlasst und verursacht das, was wir eine Vorstellung nennen; der zweite entstellt durch die Reaktion des Selbst und verursacht das, was wir eine Erinnerung nennen.

Eine Anzahl Sinnes-Eindrücke, die durch Gesichts-, Gehörs-, Geschmacks-, Geruchs- und Tast-Empfindung entstehen, pflanzt sich fort vom physischen Vehikel zum astralen und von da zum mentalen. Hier im mentalen ordnen sie sich zu einer komplexen Einheit zusammen, etwa so, wie sich ein Akkord aus verschiedenen Tönen zusammensetzt. Es ist dies speziell die Arbeit des Mentalkörpers; dieser empfängt viele Ströme und verbindet sie zu einem einzigen, er bildet aus vielen Eindrücken eine Wahrnehmung, einen Gedanken, eine komplexe Einheit.

§ 3. Verschiedene Arten von Gedächtnissen

Wir wollen uns nun diesen Empfindungs-Komplex etwas näher ansehen, nachdem er nach innen gegangen und eine Modifikation im Bewusstsein, eine Idee erzeugt hat. Die von ihm bewirkte Veränderung gibt zu neuen Schwingungen in den Hüllen Anlass, die eine Wiederholung derer sind, die er auf dem Wege von innen nach außen erzeugt hat und die jetzt in jeder Hülle in schwächerer Form wieder auftreten. Er ist jetzt nicht so kraftvoll und lebendig, wie er vorher war, als seine Komponenten vom Physischen zum Astralen, und vom Astralen zum Mentalen wirbelten; er erscheint nun im Mentalen in einer schwächeren Form wieder, als die Kopie von dem, was das Mentale nach innen sandte, aber mit schwächeren Schwingungen. Das Selbst wird' von ihm zu einer Reaktion veranlasst; denn der Reiz jeder auf irgendeine Hülle treffenden Schwingung muss in dem Selbst eine Reaktion veranlassen, aber eine Gegenwirkung, die viel schwächer ist, als die ursprüngliche Wirkung und darum auch viel weniger wirklich erscheint, als diese; die dadurch im Bewusstsein hervorgerufene Modifikation ist geringer, darum auch der Eindruck geringerer *Wirklichkeit*.

Solange das Bewusstsein noch so wenig reaktionsfähig ist, dass es von Reizen, die nicht mit physischer Impulsionskraft auftreten, gar nichts merkt, steht es wirklich der physischen Hülle näher, als einer der feineren Hüllen; das Erinnern von Ideen ist noch unmöglich; möglich ist nur das Erinnern von Wahrnehmungen, d. h. von Bildern äußerer Gegenstände, die durch Schwingungen der Gehirnnerven erzeugt, in der entsprechenden Astral- resp. Mental-Materie hervorgerufen werden.

Es sind dies in buchstäblichem Sinn Bilder in der Mental-Materie, wie die Bilder auf der Retina des Auges. Und das Bewusstsein nimmt diese Bilder wahr, *sieht* sie, wie wir tatsächlich sagen können, da mit dem Sehen des Auges die Kraft der Wahrnehmung nur unvollständig bezeichnet ist. Sobald sich das Bewusstsein ein wenig vom Physischen abwendet, und seine Aufmerksamkeit mehr auf die Modifikationen richtet, die in seinen inneren Hüllen auftreten, sieht es diese Bilder, die durch seine eigene, nach außen gehende Rückwirkung von der astralen Hülle im Gehirn reproduziert werden; dies bedeutet das Erinnern von Empfindungen. Ein solches Bild entsteht im Gehirn durch die Rückwirkung der Modifikation im Bewusstsein und wird dort erkannt.

Dies Erkennen schließt in sich, dass das Bewusstsem sich aus der physischen Hülle weit nach der astralen Hülle zurückgezogen hat und nun in dieser wirkt. Das menschliche Bewusstsein ist auf der gegenwärtigen Entwicklungsstufe in der beschriebenen Weise wirksam und deshalb voll von Erinnerungen, die Reproduktionen früherer Bilder im physischen Gehirn darstellen, hervorgerufen durch die erwähnte Rückwirkung des Bewusstseins.

Bei Individuen, die noch auf einer niederen Entwicklungsstufe stehen, handelt es sich um Bilder früherer körperlicher Erlebnisse, also um Erinnerungen an Hunger und Durst und deren Befriedigung, an sexuelle Freuden usw., kurz um lauter Dinge, bei denen der physische Körper eine aktive Rolle spielt.

Bei Individuen höherer Entwicklungsstufe, bei denen das Bewusstsein schon mehr in der mentalen Hülle wirksam ist, werden mehr die Bilder im Astralkörper die Aufmerksamkeit auf sich lenken. Es sind diese Bilder, welche im Astralkörper durch Schwingungen gebildet werden, die vom Mentalkörper nach außen gehen und als solche vom Bewusstsein wahrgenommen werden, wenn es sich mehr in den Mentalkörper, als seinen unmittelbaren Träger, zurückzuziehen beginnt. Schreitet die Entwicklung noch weiter vor, dann wird es dem immer wacher werdenden Bewusstsein schließlich möglich, auf Schwingungen zu reagieren, die von der astralen Sphäre aus, – von den zu dieser Sphäre gehörenden Dingen aus, – eingeleitet werden; die astralen Dinge werden nun zu wirklichen Dingen, die in der Erinnerung wachgerufen werden können, als Bilder im Astralkörper, die durch die Rückwirkung des Bewusstseins erzeugt worden sind.

Beiläufig sei auch darauf hingewiesen, dass die Erinnerung an einen Gegenstand Hand in Hand geht mit der Vorstellung einer Erneuerung des eindrucksvolleren Erlebnisses bei physischer Berührung mit dem betreffenden Gegenstand. Wir nennen dies eine Antizipation, eine Vorwegnahme, einen Vorgeschmack. Eine derartige Erinnerung wird zuweilen sogar dieselbe Rückwirkung auf den physischen Körper hervorrufen, welche die Berührung mit dem betreffenden Gegenstand selbst normalerweise im Gefolge hat; wir können im voraus Gefühle einer Lust haben, die im Augenblick gar nicht im Bereich des Körpers ist. So kann der Vorgeschmack einer leckeren Speise veranlassen, dass uns „das Wasser im Munde zusammenläuft". Es ist dies eine Tatsache, auf die wir zurückkommen werden, sobald wir mit unsrer Theorie des Gedächtnisses zum Abschluss gelangt sind.

§ 4. Was ist Gedächtnis?

Nachdem wir nun die in den verschiedenen Hüllen auftretenden Modifikationen betrachtet haben, die durch die von der Außenwelt ausgehenden Reize entstehen, ebenso die Modifikationen im Bewusstsein, die als Antwort hierauf auftreten, ferner die schwächeren Schwingungen, die durch die Rückwirkung des Bewusstseins in den Hüllen hervorgerufen werden und endlich das Wiedererkennen dieser Schwingungen durch das Bewusstsein, die sogenannte Erinnerung, gelangen wir zum Kernpunkt unsrer Frage:

Was ist denn eigentlich Gedächtnis?

Die zwischen Tod und Wiederverkörperung erfolgende Auflösung der einzelnen Körper setzt deren Automatismus ein Ende, d. h. deren Kraft, auf Schwingungen zu reagieren, die denen ähnlich sind, die sie bereits erfahren haben. Die hierauf Antwort gebenden Gruppen werden aufgelöst, und alles, was als eine Saat für künftige Antworten zurückbleibt, wird in den permanenten Atomen aufgespeichert.

Wie schwach diese Saat ist im Vergleich zu den neuen Automatismen, die der Masse der Körper durch neue Erfahrungen von außen auferlegt werden, ergibt sich aus der Abwesenheit jeglicher Erinnerung an vergangene Leben, die in den Hüllen selbst erregt werden könnte.

Alles, was die permanenten Atome tatsächlich leisten können, ist, auf Vibrationen, die denen ähnlich sind, die sie schon früher erfahren haben, leichter zu reagieren, als auf solche, die zum ersten Mal an sie herantreten. Das Gedächtnis der Zellen, oder Gruppen von Zellen, erlischt mit dem Tod und kann als solches nicht wieder hergestellt werden. Wo bleibt nun also das Gedächtnis?

Die kurze Antwort hierauf lautet: Das Gedächtnis ist keine Fähigkeit und wird überhaupt nicht aufbewahrt. Es ist auch nicht eine dem Bewusstsein eigentümliche Eigenschaft, und ebenso wenig ist irgendeine Erinnerung an Ereignisse der Vergangenheit im individuellen Bewusstsein aufgespeichert. Jedes Geschehnis ist eine dem universellen Bewusstsein, dem Bewusstsein des Logos gegenwärtige Tatsache.

Alles, was in seinem Bewusstsein geschieht, Vergangenheit, Gegenwart und Zukunft, ist immer da in seinem allumfassenden Bewusstsein, seinem *ewigen Jetzt*. Vom Anbeginn des Universums bis zu seinem Ende, von seiner Dämmerung bis zu seinem Sonnenuntergang ist alles stets da, stets gegenwärtig, stets vorhanden. – In diesem Ozean von Ideen ist alles. Bruchstücke seines Inhaltes sind es, mit denen wir beim Durchstreifen dieses Ozeans iu Berührung kommen, und das, was wir auf solche Berührung antworten, bildet unsre Erkenntnis. Haben wir aber einmal auf diese weise Kenntnis erlangt, dann können wir solche Berührung leichter wiederholen, und diese Wiederholung ist, – wenn es zwischen unserer augenblicklichen Hülle und den zur selben Sphäre gehörigen Bruchstücken zu keiner Berührung kommt, – Erinnerung.

Jede Erinnerung ist wieder hervor rufbar, weil im Bewusstsein des Logos alle Möglichkeiten von Bilder, produzierenden Schwingungen vorhanden sind; an diesem Bewusstsein können wir um so leichter teilnehmen, je öfter wir schon früher an ähnlichen Schwingungen teilgenommen haben. Deshalb werden auch die Schwingungen, die einen Teil unsrer Erfahrung bilden, von uns leichter wiederholt als die, bei denen dies nicht der Fall ist; und hier zeigt sich auch der Wert der permanenten Atome. Sobald diese angestachelt werden, verfallen sie auch sofort wieder in die alten, schon früher ausgeführten Schwingungen und von all den Schwingungen, deren die Atome und Moleküle unserer Körper fähig sind, beginnen sie dann die mitzumachen, die dem von den permanenten Atomen angeschlagenen Rhythmus entsprechen. Der Umstand, dass während unseres gegenwärtigen Lebens Schwingungen und Modifikationen des Bewusstseins auf uns eingewirkt haben, macht es uns leichter, dem universellen Bewusstsein das zu entnehmen, von dem wir iu unserm eigenen Bewusstsein bereits Erfahrung besitzen. Ob es sich hier um eine Erinnerung, die auf das gegenwärtige Leben, oder um eine solche handelt, die auf ein längst vergangenes Leben Bezug hat, die Methode, sie wieder hervorzurufen, bleibt stets die gleiche. Es gibt kein anderes Gedächtnis, als das stets gegenwärtige Bewusstsein des Logos, in dem wir buchstäblich leben, weben und sind und all unser Erinnern besteht darin, dass wir uns mit denjenigen Teilen seines Bewusstseins in Berührung bringen, an denen wir bereits früher teilgenommen haben.

Nach Pythagoras ist daher alles Lernen Erinnerung, denn es ist ein Schöpfen aus dem Bewusstsein des Logos im das Bewusstsein des Einzelselbst, ein Schöpfen von dem, was wegen unsrer Wesenseinheit mit dem Logos ewig unser ist. In der Sphäre, in der die Einheit die Getrenntheit überwiegt, nehmen wir an dem Bewusstsein des Logos unsres Universums teil; in den niederen Sphären, in denen die Getrenntheit die Einheit verschleiert, bleibt uns dieses Bewusstsein durch unsre unentwickelten Hüllen verschlossen.

Es ist deren mangelhafte Reaktionsfähigkeit, die uns daran hindert; denn nur durch diese Hüllen kann unser Wissen in diese Sphären dringen. Wir können somit nicht unser Gedächtnis direkt verbessern; was wir verbessern können, ist nur unsere allgemeine Empfänglichkeit und Reproduktionskraft und dies erreichen wir dadurch, dass wir unsre Körper sensitiver machen, wobei wir allerdings sorgfältig darauf achten müssen, dass wir nicht die Grenze ihrer Elastizität überschreiten. Ebenso können wir jenem speziellen Teil des Logos-Bewusstseins, dem wir uns anpassen möchten, besondere Beachtung schenken, die Aufmerksamkeit unsres Bewusstseins darauf lenken, unser Bewusstsein darauf konzentrieren. Wir brauchen deshalb durchaus keine Berechnungen darüber anzustellen, *wieviele Engel wohl auf einer Nadelspitze Platz haben*, wie wir die unbegrenzte Zahl von Vibrationen, die wir in vielen Leben erfahren haben, in einem begrenzten Raum festhalten können; denn das Ganze der formerzeugenden Schwingungen im Universum ist immer gegenwärtig, steht jeder individuellen Einheit immer zur Verfügung, und wird von einer solchen in dem Maße mehr und mehr erreicht, als ihre Evolution voranschreitet.

§ 5. Erinnern und Vergessen

Wir wollen das Gesagte auf ein früheres Ereignis unsres gegenwärtigen Lebens anwenden: einzelne Umstände dieses Ereignisses *sind uns im Gedächtnis geblieben*, andere *sind vergessen*. In Wirklichkeit besteht das Ereignis mit allen seinen Einzelheiten fort, gleichermaßen *erinnert* und *vergessen* in nur einem Zustand, dem Gedächtnis des Logos, dem Universal-Gedächtnis. Jeder, der imstande ist, sich mit diesem Gedächtnis in Verbindung zu setzen, kann die näheren Umständen des Ereignisses ebenso gut wieder hervorholen, wie wir es können. Die Ereignisse, die wir durchgemacht haben, bilden nicht nur unser Eigentum, sondern einen Teil des Logos-Bewusstseins, und unsere Empfindung eines Eigentums-Rechts auf sie ist nur dem Umstand zuzuschreiben, dass wir früher einmal durch sie gewisse Schwingungen erlebt haben, und deshalb diese jetzt leichter wiederholen können, als damals, wo wir zum ersten Mal mit jenen Ereignissen in Berührung kamen.

Solche Berührung kann übrigens zu verschiedenen Zeiten mit verschiedenen Hüllen stattfinden, da wir ja unter Zeit- und Raum-Verhältnissen leben, die mit jeden dieser Hüllen variieren. Der Teil des Logos-Bewusstseins, durch den wir uns in userm physischen Körper hindurchbewegen, ist viel beschränkter, als der, durch den wir dies in userm Astral- und Mentalkörper tun, und die Berührungen durch einen gut organisierten Körper sind viel lebhafter, als die durch einen weniger gut organisierten. Außerdem muss daran erinnert werden, dass die Beschränktheit der Berührungsfläche nur unsern Hüllen zur Last fällt. Einem Vorgang gegenüber, der sowohl eine physische, wie astrale, mentale und spirituelle Seite aufweist, bleibt unser Bewusstsein von ihm auf die Hüllen beschränkt, die auf diese Seiten reagieren können. Wir fühlen uns selbst in die Verhältnisse versetzt, welche die grobstofflichste Hülle, in welcher wir tätig sind, umgeben und sie also *von außen* berühren, während wir uns der Umgebung, mit denen wir mittelst unserer feineren Hüllen in Berührung treten, *erinnern*, indem diese letzteren ihre Schwingungen auf die gröbere Hülle übertragen, die dann *von innen* berührt wird.

Die Entscheidung über die Objektivität der Umstände, die mit den Ausdrücken *gegenwärtig* oder *erinnert* getroffen wird, ist die des allgemeinen Menschenverstandes (common sense). Wenn andere um uns her dasselbe sehen, was wir sehen, dasselbe hören, was wir hören, so betrachten wir die Umstände als objektiv; ist dies dagegen nicht der Fall, kommt anderen das nicht zum Bewusstsein, was uns zum Bewusstsein kommt, so betrachten wir die Umstände als subjektiv. Dieser Beweis von Objektivität ist jedoch nur für die gültig, die alle in derselben Hülle tätig sind. Ist aber eine der Personen nur im physischen Körper aktiv und eine andere sowohl im physischen wie im astralen Körper, so können die Dinge, welche dem letzteren im Astralkörper objektiv erscheinen, auf den anderen in seinem physischen Körper nicht einwirken; er wird sie also für subjektive Halluzinationen erklären. Das gemeinsame Wahrnehmen des allgemeinen Menschenverstandes ist also nur maßgebend für dieselben *Körper*; es wird gleichmäßige Ergebnisse liefern, wenn alle sich im physischen Körper, oder alle sich im Astralkörper, oder alle sich im Mentalkörper befinden. Denn der *allgemeine Verstand* ist nichts anders, als die Form der Gedanken des Logos in jeder einzelnen Sphäre, die jedes verkörperte Bewusstsein bestimmen und dies befähigen, durch gewisse Modifikationen auf gewisse Schwingungen in seinen Hüllen zu antworten.

Diese *gemeinsame Wahrnehmung* ist durchaus nicht auf die physische Sphäre allein beschränkt; aber die auf der gegenwärtigen Evolutionsstufe stehende Menschheit, hat im Durchschnitt das ihr innewohnende Bewusstsein noch nicht genügend entfaltet, um auch in der astralen und der mentalen Sphäre eine *gemeinsame Wahrnehmung* ausüben zu können. Die gemeinsame Wahrnehmung, der allgemeine Menschenverstand (common sense) ist ein beredtes Zeugnis für die Einheit unseres innewohnenden Lebens: wir sehen alle Dinge um uns her in der Sphäre des Physischen in derselben Weise, weil unsere anscheinend getrennten Bewusstseine in der Tat sämtlich dem einen Bewusstsein angehören, das alle Formen beseelt. Wir reagieren alle in derselben allgemeinen Weise, entsprechend der Stufe unsrer Entwicklung, weil wir dasselbe Bewusstsein teilen; und ähnliche Dinge wirken ähnlich auf uns ein, weil Aktion und Reaktion zwischen ihnen und uns die gegenseitige Einwirkung eines und desselben Lebens in verschiedenen Formen darstellt.

Dass wir uns einer Sache erinnern können, ist also dem Umstand zu verdanken, dass im Bewusstsein des Logos alles ewig besteht. Der Logos hat uns zeitliche und räumliche Schranken auferlegt, damit wir uns durch Übung die Fähigkeit erwerben, durch Modifikationen des Bewusstseins rasch auf Schwingungen zu reagieren, die in unsern Hüllen durch Schwingungen erzeugt werden, die von anderen mit ähnlichem Bewusstsein beseelten Hüllen ausgehen. Nur so können wir allmählich lernen, klar und deutlich zu unterscheiden. Indem wir die Dinge nacheinander, also zeitlich verbinden und sie ebenso in ihren gegenseitigen Richtungs-Beziehungen zu uns und zueinander – also räumlich verbinden, entwickeln wir uns allmählich zu einem Zustand, in welchem wir alles gleichzeitig und jedes Ding überall – also außerhalb von Zeit und Raum – erkennen können.

Während wir im Leben durch zahllose Ergebnisse hindurchgehen, machen wir die Erfahrung, dass wir nicht mit allen, durch die wir hindurchgegangen sind, in Berührung bleiben. Die in unserer physischen Hülle vorhandene Kraft, zu reagieren, ist sehr beschränkt, weshalb zahlreiche Erfahrungen ihrem Wirkungskreis entschwinden. Im Trancezustand aber lassen sich diese wieder hervorrufen, und man sagt dann, sie seien aus dem Unter-Bewusstsein aufgetaucht. In Wirklichkeit bleiben solche Erfahrungen unverändert im Universal-Bewusstsein aufbewahrt, und als wir sie erlebten, wurden wir sie gewahr, weil das sehr beschränkte, vom physischen Körper verdeckte Licht unsres Bewusstseins auf sie fiel; so wie wir weiter schreiten, verschwanden sie.

Da nun aber die von demselben Licht beleuchtete Fläche, wenn das Licht durch die astrale Hülle hindurchstrahlt, größer ist, so erscheinen uns jene Erfahrungen wieder, wenn wir uns in Trancezustand d. h. in dem vom physischen Körper befreiten Astralkörper befinden. Sie sind nicht gekommen, fortgegangen und wieder zurückgekehrt, sondern das Licht unsres Bewusstseins in der physischen Hülle war daran vorübergeschritten, sodass wir sie nicht mehr sahen; das ausgebreitetere Licht der astralen Hülle aber lässt sie uns wieder sehen. Treffend bemerkt Bhagavân Dâs in seinem Buch „The Science of Peace“:

Würde mitten in der Nacht durch die Hallen eines großen Museums oder einer Bildergallerie ein Besucher wandern, mit einer einzigen kleinen Lampe in der Hand, so würde jeder der dort vorhandenen Gegenstände, die Statuen, Bilder, usw., nacheinander einen Augenblick von dieser Lampe beleuchtet werden, während alle übrigen in Dunkelheit blieben, und nach diesem einzigen Augenblick würde sich auch über diesen Gegenstand Dunkelheit ausbreiten. Nun wollen wir aber annehmen, es wäre nicht einer, sondern es wären zahllose Besucher da, so viele Besucher, als sich Kunstgegenstände in der Gallerie befinden, und jeder von ihnen würde sich unaufhörlich durch die große Menge der anderen hindurchschlängeln und eine Lampe auf jeden Gegenstand nur einen Moment lang Licht werfen lassen, sodass nur ihr Träger den Gegenstand sieht. Ein solches gewaltiges, unbewegliches Gebäude stellt die feststehende Vorstellung des unveränderlichen Absoluten dar. Jeder Lampenträger ist eins der scheinbar unendlich vielen Einzel-Bewusstseine, die in ihrer Gesamtheit das eine universelle Bewusstsein ausmachen. Das Fallen des Lichts auf einen Gegenstand, sein Heraustreten in den Zustand der Potenz stellt eine Erfahrung des Jiva dar; wird das Licht entfernt, dann tritt der Gegenstand wieder in den Zustand der Latenz. Vom Standpunkt der Gegenstände aus, d. h. vom Standpunkt des universellen Bewusstseins aus gibt es weder einen Potenz – noch einen Latenz-Zustand. Dagegen gibt es beides vom Standpunkt des Einzel-Bewusstseins aus.

Sobald die verschiedenen Hüllen nach und nach zur volleren Wirksamkeit gelangen, erweitert sich die beleuchtete Fläche und das Bewusstsein kann nun seine Aufmerksamkeit auf jeden Teil dieser Fläche lenken und die Gegenstände, die sie umfasst, genau beobachten. Wenn es dann die Fähigkeit erlangt hat, sich in der Astralsphäre frei zu betätigen und das, was es dort umgibt, gewahr wird, kann es vieles sehen, was in der Sphäre des Physischen *Vergangenheit* der *Zukunft* bedeutet, wenn es Dinge sind, auf die es schon in der Vergangenheit zu reagieren gelernt hat.

Dinge, die außerhalb der durch die astrale Hülle belichteten Fläche liegen, fallen in das weitere Gebiet, das von der noch feineren mentalen Hülle belichtet wird. Ist endlich der Kausalkörper der Träger des Bewusstseins geworden, dann taucht die *Erinnerung an vergangene Leben* wieder auf, da der Kausalkörper auf Begebenheiten leichter vibriert, auf die er schon früher einmal reagierend vibriert hat, und da das durch ihn hindurchschimmernde Licht ein weit ausgedehnteres Gebiet umfasst und längst vergangene Scenen beleuchtet; – Szenen, die allerdings nicht länger im eigentlichen Sinne des Wortes, als die Scenen der Gegenwart, vergangen sind, sondern nur räumlich und zeitlich eine andere Stelle einnehmen.

Die niederen Hüllen, die auf diese Begebnisse noch niemals reagierend vibriert haben, können nicht in direkte Berührung mit ihnen gelangen und auf sie reagieren; dies kann nur die relativ permanente Hülle des Kausalkörpers. Wenn aber dieser Körper auf sie reagiert, setzen sich dessen Schwingungen leicht abwärts, d. h. in die niederen Sphären, fort und werden dann im mentalen, astralen und physischen Körper reproduziert.

§ 6. Aufmerksamkeit

Es wurde oben von dem Bewusstsein gesagt, dass *es seine Aufmerksamkeit auf jeden Teil der beleuchteten Fläche lenken und die Gegenstände, die sie umfasst, genau beobachten könne.* Dieses *Hinlenken der Aufmerksamkeit* entspricht beim Bewusstsein genau dem, was wir beim physischen Auge das Einstellen nennen. Beobachten wir den Vorgang, der in den Muskeln des Auges stattfindet, wenn wir zuerst auf einen nahen und dann auf einen entfernten Gegenstand oder umgekehrt sehen, dann empfinden wir eine leise Bewegung und diese Zusammenziehung, resp. Ausdehnung verursacht ein leichtes Zusammendrücken resp. das Gegenteil in den Augenlinsen.

Es geschieht dies jetzt ganz automatisch, rein instinktiv, aber nur infolge von Übung. Ein kleines Kind stellt seine Augen nicht ein, kann keine Entfernungen einschätzen. Es greift ebenso leicht nach einer Kerze, die in der anderen Ecke des Zimmers steht, wie nach einer solchen, die es wirklich erreichen kann und muss erst langsam durch Erfahrung lernen, wie weit es greifen kann. Das Bestreben, klar sehen zu können, führt nun zur Einstellung des Auges und nach kurzer Zeit wird dann der Vorgang automatisch. Die Gegenstände, auf die das Auge eingestellt ist, kommen in das klare Sehfeld und das übrige wird verschwommen gesehen. Ebenso wird auch das Bewusstsein nur das deutlich gewahr, worauf es seine Aufmerksamkeit lenkt; das Übrige bleibt verschwommen, *außerhalb des Fokus.*

Der Mensch lernt aber auch nach und nach seine Aufmerksamkeit auf Dinge lenken, die nach unsrer Zeitanschauung längst vergangen sind. Der Kausalkörper wird mit ihnen in Berührung gesetzt, und die Schwingungen dann auf die niederen Körper übertragen. Die Gegenwart eines weiter fortgeschrittenen Forschers wird dem weniger fortgeschrittenen von Nutzen sein, weil, wenn der Astralkörper des ersteren dazu gebracht worden ist, auf längst vergangene Vorkommnisse reagierend zu schwingen und dabei ein astrales Bild von ihnen hervorzurufen, der Astralkörper des jüngeren Forschers diese Schwingungen nun leicht reproduzieren, und sie so ebenso *sehen* kann.

Aber selbst dann, wenn ein Mensch gelernt hat, sich mit seiner Vergangenheit in Berührung zu setzen, und durch seine eigene mit der damit verknüpften Vergangenheit andrer Menschen, wird er es doch schwieriger finden, seine Aufmerksamkeit mit Erfolg auf Scenen zu lenken, mit denen er in gar keiner Verbindung gestanden; und wenn ihm dies nicht gelungen ist, wird er es jetzt noch immer schwierig finden, sich mit Scenen in Berührung zu setzen, die außerhalb des Erfahrungsbereiches seiner kürzlichen Vergangenheit liegen. Wollte er z. B. den Mond besuchen und er würde nach seiner gewohnten Methode die Richtung dorthin einschlagen, so würde er sich bald mitten in einem Hagel von ungewohnten Vibrationen befinden, auf die er nicht reagieren könnte und er wäre genötigt, sich auf die ihm innewohnende göttliche Kraft zurückzuziehen, um auf irgendetwas, was dann auf seine Hüllen einwirkt, zu reagieren. Wollte er gar suchen, noch weiter zu gelangen, vielleicht zu einem anderen Planeten-System, so würde er eine Schranke finden, über die er nicht hinaus kann, die unpassierbare Grenze seines eigenen planetarischen Logos.

§ 7. Das Eine Bewusstsein

Wir beginnen wohl jetzt, zu begreifen, was mit der Behauptung gemeint ist, dass Menschen, die auf einer gewissen Entwicklungsstufe stehen, diesen oder jenen Teil des Kosmos besuchen können; sie können sich über die den materiellen Hüllen des weniger Entwickelten gestellten Grenzen hinaus mit dem. Bewusstsein des Logos in Berührung setzen. Diese Hüllen bestehen aus Materie, die unter der Einwirkung des Logos ihres Planetensystems eine gewisse Modifikation erfahren hat; sie können deshalb nicht auf Schwingungen einer anders modifizierten Materie antworten, und der Forscher, der mit dem universellen Gedächtnis jenseits der Grenzen seines Planetensystems in Berührung- treten möchte, müsste imstande sein, seinen atmischen Körper zu benutzen.

Dies ist die Theorie des Gedächtnisses, die ich hiermit dem nachdenkenden theosophischen Forscher unterbreite. Sie lässt sich ebenso gut auf das Erinnern und Vergessen des Alltags-Lebens wie auf die ungeheuren Bereiche anwenden, auf die im letzten Absatz angespielt wurde. Denn für den Logos gibt es kein klein und kein groß, und wir treten auch beim geringsten Erinnerungsakt mit der Allgegenwart und Allwissenheit des Logos in ebenso nahe Berührung wie bei der Erinnerung an eine weit zurückliegende Vergangenheit.

Es gibt kein *weit zurückliegend* und keine *nahe*. Alles ist gleich gegenwärtig zu jeder Zeit und in jedem Raum. Die Schwierigkeit liegt in unsern Hüllen und nicht in diesem alles umspannenden, unveränderlichen Leben. Alles wird verständlicher und friede bringender, wenn wir an das Bewusstsein denken, für das es weder ein *vorher* noch ein *nachher*, weder *Vergangenheit* noch *Zukunft* gibt. Dann beginnen wir, zu fühlen, dass diese Dinge nichts als Illusionen, nichts als notwendige Beschränkungen sind, die uns unsere eigenen Hüllen auferlegen, notwendig so lange, bis unsere Kräfte entwickelt sind und uns zur Verfügung stehen. In diesem mächtigen Bewusstsein, in dem alles ewig gegenwärtig ist, leben wir selbst unbewusst, und wir fühlen dunkel, wenn wir bewusst in diesem Ewigen leben könnten, würde Friede sein. Ich kenne nichts, das mehr dazu angetan wäre, die Ereignisse eines Lebens in ihrem richtigen Verhältnis erscheinen zu lassen, als diese Vorstellung von einem Bewusstsein, in dem von Anfang an alles gegenwärtig ist, in dem es weder einen Anfang noch ein Ende gibt. Wir lernen daraus, dass es nichts Schreckliches gibt, und nichts, das mehr als relativ leidvoll ist; und aus dieser Lehre quillt dann jener wahre Friede, der im richtigen Verlauf aufleuchten wird zur hehren Freude.

Zweiter Teil – Wille, Verlangen und Gemütsbewegung

I. – Der Wille, zu leben

In der kurzen Betrachtung über die *Anfänge* in § 1 und 2 der Einleitung zu diesem Buch sahen wir, dass die Monade, die aus dem ersten Logos stammt, in ihrer eigenen Natur die Dreieinigkeit ihrer Quelle aufzeigt, die Aspekte des Willens, der Weisheit und der Tätigkeit.

Es ist das Studium dieses Willens, – der sich auf den höheren Ebenen als wirklicher Wille, auf den niederen als Verlangen zeigt, – mit dem wir uns jetzt beschäftigen wollen und die Untersuchung des Verlangens führt uns zu der Gemütsbewegung, die unauflöslich mit ihm verknüpft ist. Wir haben schon gesehn, dass wir hier auf Erden sind, weil wir den Willen gehabt haben, in den niederen Welten zu leben, dass der Wille unsern Aufenthalt hier bestimmt. Aber die Natur und die Macht und das Wirken des Willens kommt der Hauptsache nach nur wenig zur praktischen Geltung, denn in den ersten Zeiten der Entwicklung offenbart er sich auf den niederen Ebenen nur als Verlangen, und er muss zunächst als Verlangen studiert werden, ehe wir ihn als wirklichen Willen verstehen können.

Es ist der Macht- oder Kraft- Aspekt des Bewusstseins, der sich sozusagen im Selbst verschleiert, sich hinter der Weisheit und der Tätigkeit gewissermaßen verbirgt, und doch sie beide zur Manifestation treibt. So verborgen ist er seiner Natur nach, dass viele ihn als eins mit der Tätigkeit betrachten, und ihm die Würde eines Aspekts des Bewusstseins verweigern. Doch ist die Tätigkeit das Einwirken des Selbst auf das Nicht-Selbst, das, was dem Nicht-Selbst seine zeitweilige Wirklichkeit, *die Realität* verleiht, das was, erschafft; der Wille jedoch verbirgt sich stets im Innern, er treibt zur Tätigkeit, zieht an, stößt ab und ist der innerste Wesenskern des Seins.

Der Wille ist die Kraft, die hinter der Erkenntnis steht, und zur Tätigkeit anreizt. Der Gedanke ist die schöpferische Tätigkeit, doch der Wille ist die Triebkraft. Unsere Körper haben ihre jetzige Beschaffenheit angenommen, weil das Selbst zahllose Zeitalter hindurch seinen Willen darangesetzt hat, dass sich die Materie in solche Formen gestalte, die es ermöglichen, nach allen Richtungen hin zu erkennen und Kraft auszuströmen. Es steht in einer alten Schrift: „Es ist wahr, dieser Körper ist sterblich, oh Maghavan, er ist dem Tode unterworfen, doch ist er ein Aufenthaltsort für den unsterblichen und körperlosen Atma. – Die Augen haben den Zweck, als Organe der Beobachtung dem Wesen zu dienen, das in den Augen wohnt.

Der, welcher spricht: *Ich will riechen*, ist der Atma, der wünschte, die Gerüche wahrzunehmen. Der, welcher sprach: *Ich will sprechen*, ist der Atma, der wünschte, Worte zu äußern. Der, welcher sprach: *Ich will hören*, ist der Atma, der wünschte, auf Töne zu lauschen. Der, welcher sprach: *Ich will denken, ist der Atma; der Verstand ist das himmlische Auge, das alle wünschenswerten Dinge betrachtet. Vermittelst des mentalen, himmlischen Auges erfreut Atma sich an allem.*[75]

Dies ist das Geheimnis, die Triebkraft der Entwicklung. Es ist wahr, der höchste Wille zeigt den Hauptweg der Entwicklung; es ist wahr, die spirituellen, intelligenten Wesen vieler Grade leiten die sich entwickelnden Geschöpfe auf diesem Hauptwege. Aber zu wenig Aufmerksamkeit hat man den zahllosen Versuchen geschenkt, den Fehlschlägen und den Erfolgen, den kleinen Seitenwegen, den Verirrungen und Umwegen, die dem Tasten der Sonder-Willen entsprangen, den einzelnen Willen zum Leben, die nach Selbst-Ausdruck trachteten.

Die Berührung mit der Außenwelt regt in jedem Atma den Willen an, zu wissen, was ihn berührt. Er weiß als Seequalle noch wenig, aber der Wille zu wissen, gestaltet auf diese und auf jene Weise ein immer verbessertes Auge, das immer weniger die Fähigkeit des Wahrnehmens hindert.

Wenn wir die Entwicklung studieren, dann erkennen wir immer deutlicher die verschiedenen Willen, die die Materie gestalten, aber dies Gestalten in tastenden Versuchen, nicht mit klarem Blick ausführen. Da so viele Willen vorhanden sind, so verzweigt sich der Baum der Entwicklung fortwährend weiter. Es steckt wirklich eine gewisse Wahrheit in Professor Cliffords bilderreicher Kindergeschichte von den großen Sauriern der alten Zeit: *Einige wollten gern fliegen und wurden Vögel; andere mochten lieber kriechen und wurden Reptilien.* Häufig sehen wir, wie ein Versuch misslingt und dann wird einer in andrer Richtung wieder aufgenommen. Oft sehen wir die plumpsten Vorkehrungen eng vereinigt mit den ausgezeichneten Anpassungen. Die letzteren sind die Wirkungen der Intelligenzen, die ihr Ziel kennen und fortgesetzt an der Ausgestaltung der materiellen Formen ziselieren; die anderen sind die Ergebnisse des Strebens von innen aus, das noch blind und tastend ist, aber fortwährend nach Selbst-Ausdruck drängt. Wenn wir nur äußere Helfer annehmen würden, die von Anfang an das Ziel klar vor Augen haben, würde uns die Natur ein unlösbares Rätsel in betreff ihrer Ausgestaltung sein; so zahlreich sind die unzulänglichen Versuche, die unpraktischen Pläne.

Wenn wir aber festhalten, dass in jeder Form der Wille, zu leben, vorhanden ist, dass dieser nach Ausdruck sucht, seine Vehikel nach seinen eigenen Absichten gestaltet, dann können wir zugleich den schöpferischen Plan erkennen, der allem zugrunde liegt, – den Plan des Logos, die wunderbaren Anpassungen, die seinen Plan ausführen, die Arbeit der bauenden Intelligenzen, und – die unpassenden Einrichtungen und plumpen Mittel, denen die Anstrengungen des Willens der Geschöpfe das Dasein gaben, die eben noch nicht die Kenntnisse oder die Macht besitzen, ihn in vollkommenerer Weise zur Ausführung zu bringen.

Es ist dieses tastende, strebende, kämpfende, göttliche Selbst, das beim Fortgang der Entwicklung in immer wachsendem Maße der wahre Herrscher wird, der Unsterbliche.

Jeder, der erfasst hat, dass er selbst dieser unsterbliche Herrscher ist, inmitten seiner selbst geschaffenen Ausdrucksmittel, seiner Vehikel, erlangt ein Gefühl für die Würde, für die Macht, die immer stärker wird und die niedere Natur immer mehr bezwingt. Die Erkenntnis der Wahrheit macht uns innerlich frei.

Der innere Herrscher mag noch gehindert werden, grade durch die Formen, die er selbst als Ausdrucksmittel geschaffen hat; aber wenn er sich selbst als Herrscher erkennt und fühlt, kann er stetig daran arbeiten, sein Reich vollständiger zur Unterwerfung zu bringen.

Er weiß, dass er zu einem bestimmten Zweck in die Welt gekommen ist, – um sich fähig zu machen, mitzuarbeiten mit dem höchsten Willen und er kann alles ausführen und erleiden, was zu diesem Zweck nötig ist.

Er erkennt sich als göttlich und weiß, dass die Selbst-Verwirklichung nur eine Frage der Zeit ist. Im Innern fühlt er die Göttlichkeit, wenn sie äußerlich auch noch nicht zum Ausdruck gekommen ist; es muss sich das noch manifestieren, was er dem Wesen nach ist. Er ist König de jure, noch nicht de *facto*.

Wie ein Prinz, der für eine Krone geboren ist, geduldig sich der Disziplin unterwirft, die ihn tüchtig und reif macht, sie zu tragen, entwickelt sich in uns der souveräne Wille zu der Altersstufe, da die königliche Gewalt ihm zuteilwird; und so unterwerfen wir uns geduldig der notwendigen Disziplin des Lebens.

II. – Das Verlangen

§ 1. Die Natur des Verlangens

Wenn die Monade ihre Strahlen in die Materie der dritten, vierten und fünften Ebene aussendet und sich ein Atom von jeder dieser Ebenen aneignet,[76)] ruft sie das hervor, was gewöhnlich ihre *Wiederspiegelung in der Materie* genannt wird, den menschlichen Geist (Spirit); und der Willens-Aspekt der Monade spiegelt sich in dem menschlichen Atma, dessen Heim auf der dritten, der atmischen Ebene ist. Dieses so geschaffene erste Kraftzentrum wird freilich durch die Schleier der Materie in seiner Wirksamkeit geschwächt, aber keineswegs aufgehoben; wie ein gut hergestellter Spiegel ein vollkommnes Bild eines Gegenstandes hervorruft, so ist der menschliche Geist, Atma-Buddhi-Manas, ein vollkommnes Bild der Monade, ist tatsächlich die Monade selbst, gehüllt in dichtere Materie. Wie aber ein konkaver oder konvexer Spiegel ein gestörtes Bild von einem Gegenstand gibt, so gibt auch die ferneren Wiederspiegelungen des Geistes oder dessen Involution in noch dichtere Materie nur gestörte Bilder von ihm.

So erscheint der Wille, wenn er immer weiter herabschreitet und sich auf jeder Ebene weiter verschleiert und so die Welt unmittelbar über der physischen, die astrale, erreicht, dort als Verlangen. Das Verlangen zeigt die Energie, die Konzentrierung, die antreibenden Charakterseiten des Willens; aber die Materie bat die Kontrolle, die Leitung des Geistes verdrängt, und hat sich die Herrschaft angemaßt, Das Verlangen ist der entthronte Wille, der Gefangene, der Sklave der Materie. Es ist nicht mehr selbstbestimmend, sondern wird durch die äußere Umgebung bestimmt.

Dies ist der Unterschied zwischen Wille und Verlangen (oder Wunsch, Begierde, Trieb). Die innerste Natur beider ist dieselbe, denn sie sind beide in Wahrheit nur Bestimmung, Entschließung, die Selbst-Bestimmung des Atma, die eine Triebkraft des Menschen, das, was zur Tätigkeit antreibt, auf die äußere Welt, auf das Nicbt-Selbst einzuwirken. Wenn das Selbst die Tätigkeit beschließt, unbeeinflusst von Anziehung oder Abstoßung seitens der Dinge der Umgebung, dann manifestiert sich der Wille. Wenn äußere Anziehung und Abstoßung die Tätigkeit bestimmen und der Mensch, taub für die Stimme des Selbst, unbewusst des innern Herrschers, von ihnen hierhin und dorthin gezogen wird, dann haben wir es mit dem Verlangen zu tun.

Verlangen ist in Astralmaterie gekleideter Wille, in die Materie, die durch die zweite Lebenswelle sich zu Kombinationen gestaltete und deren Wirkung auf das Bewusstsein, und vice versa, in diesem Sensationen, Gefühle und Empfindungen erregt. Gekleidet in diese Materie, deren Schwingungen im Bewusstsein von Sensationen begleitet werden, wird der Wille zum Verlangen.

Der eigentliche Charakterzug seines Wesens, Bewegungs-Impulse zu erteilen, reagiert jetzt, – wenn es umgeben ist von Materie, die Sensationen erregt, – durch antreibende Energie auf diese Materie und die Energie, hervorgerufen so wie auch wirkend durch Astralmaterie, ist – Verlangen.

Wie in der höheren Natur der Wille die antreibende Kraft ist, so ist es in den niederen das Verlangen. Ist es schwach, dann ist der ganze Charakter schwach in seinem Reagieren auf die Welt. Das Maß der Wirkungskraft eines Charakters ist die Macht seines Willens oder seines Verlangens, je nach der Stufe der Entwicklung. Es liegt dem volkstümlichen Sprichwort: *je größer der Sünder, je größer der Heilige*, eine gewisse Wahrheit zugrunde. Der mittelmäßige Mensch kann weder großartig gut, noch großartig schlecht sein; es ist nicht mehr in ihm, als was für kleinliche Tugenden oder kleinliche Laster hinreicht.

Die Stärke der Begierden-Natur in einem Menschen ist das Maß für seine Fähigkeit zum Fortschritt, dass Maß der Triebkraft, die ihn auf seinem Weg weiter vorwärtsdrängt. Die Kraft in einem Menschen, die ihn antreibt, auf seine Umgebung zu reagieren, ist das Maß seiner Macht, sie zu modifizieren, sie abzuändern, ihrer Herr zu werden. In dem Kampf mit der Begierden-Natur, der die höhere Entwicklung kennzeichnet, darf die Triebkraft nicht zerstört, sondern muss übertragen werden; niedriges Verlangen ist in höheres zu verwandeln, die Energie muss verfeinert werden, ohne dass ihr etwas von ihrer Macht verloren geht und schließlich muss das Verlangen im Willen verschwinden, in den Willens-Aspekt des Geistes (spirit), in der Macht des Selbst aufgehen.

Keiner, der hinauf strebt, sollte durch das Stürmen und Toben seiner Begierden in ihm entmutigt werden, wie ja auch ein Pferdebändiger das

Bäumen und Ausschlagen des zuzureitenden Füllens nicht ungern sieht. Die Wildheit des jungen ungezähmten Geschöpfs und sein Auflehnen gegen alle Anstrengungen, es zu bezwingen und in Zaum zu halten, gibt Aussicht auf seine spätere Brauchbarkeit, wenn es erst an Zucht gewöhnt und trainiert ist. Ebenso ist es mit dem Aufbäumen der Begierden gegen die Zügelung durch den Verstand, es lässt in Zukunft eine große Stärke des Willens erhoffen, des Macht-Aspekts des Selbst.

Eher entstehen Schwierigkeiten, wo das Verlangen schwach ist, vordem der Wille sich von den Fesseln der Astralmaterie befreit hat, denn in solchem Fall kommt der Wille zum Leben nur schwach zum Ausdruck, und nur wenig Kraft steht für die Entwicklung zur Verfügung. Es gibt Schwierigkeiten, Hindernisse in den Vehikeln, die die Energie des Weiterschreitens der Monade zurückhält, ihr den freien Durchgang versperrt, und bis nicht diese Hindernisse beseitigt sind, ist wenig Fortschritt zu erhoffen. Im Sturm treibt das Schiff vorwärts, wenn es auch Gefahr laufen mag, zu scheitern; aber bei Windstille bleibt es hilflos und unbeweglich und Segel und Steuer wirken nicht. Und da auf der Lebensreise ein endgültiges Scheitern ausgeschlossen ist, höchstens vorübergehend Havarie eintreten kann und Sturm zum Weiterkommen besser hilft, als Windstille, mögen diejenigen, die sich vom Sturm umtost lüblen, mit sicherer Überzeugung vorwärts blicken auf den Tag, da die Sturmes-Ausbrüche der Begierden sich in den stetigen Wind des Willens gewandelt haben.

§ 2. Das Erwachen des Verlangens

Auf die Astralwelt haben wir alle unsere Empfindungen zurückzuführen. Die Zentren, durch die wir fühlen, liegen im Astralkörper und deren Gegenwirkung auf Berührungen von außen erregen im Bewusstsein Gefühle von Freud oder Leid. Der gewöhnliche Physiologe führt Gefühle von Freud und Leid auf die Berührungspunkte in den Gehirn-Zentren zurück, da er nur Nervenschwingungen zwischen Peripherie und Zentrum anerkennt, und das Gefühl, als eine Reaktion des Bewusstseins im Gehirnzentrum ansieht.

Wir verfolgen die Schwingungen weiter und finden im Gehirnzentrum und in dem ihn durchdringenden Äther nur diese Schwingungen, aber sehen im Astralzentrum den Punkt, wo die Reaktion des Bewusstseins stattfindet. Wenn der physische und der Astralkörper auseinanderrücken, ob durch Wirkung von Chloroform, Äther, Lustgas oder anderen Mitteln, fühlt der physische Körper trotz seines vollständigen Nervenapparates ebenso wenig, als wenn er keine Nerven besäße. Die Angliederung des Astralkörpers, des Körpers der Empfindungen an den physischen Körper ist ausgerenkt und das Bewusstsein antwortet auf keinen Reiz mehr.

Das Erwachen des Verlangens findet in diesem Körper der Empfindungen statt und folgt dem ersten unbestimmten Fühlen von Freud und Leid. Wie früher schon auseinandergesetzt,[77] ist Freude das Gefühl der Zunahme, des verstärkten, ausgebreiteten Lebens, während Leid eine Einengung, eine Verminderung des Lebens ist und dies gehört noch zum ganzen Bewusstsein. *Der Anfangs-Zustand des Bewusstseins gibt nicht die drei wohlbekannten Aspekte – Wille, Weisheit und Tätigkeit – kund, selbst nicht im ursprünglichsten Keimzustand; Fühlen geht diesen voran und gehört zum Bewusstsein als Ganzem, obgleich es auf der späteren Stufe der Entwicklung sich so sehr in Verbindung mit dem Willens resp. Verlangen-Aspekt zeigt, dass es sich beinah mit diesem identifiziert. Wenn die Zustände der Freude und des Leides sich im Bewusstsein klarer und bestimmter ausgestalten, geben sie den Anstoß zum Auftreten der drei Aspekte; beim Aufhören des Freudezustandes setzt sich die Anziehung im Bewusstsein fort, es tritt ein dunkles Verlangen nach ihm auf, –* ein Verlangen nebenbei bemerkt, nicht nach dem freudebereitenden Gegenstand, sondern nach der Fortsetzung des Gefühls der Freude, – *ein unsicheres Verfolgen des verschwindenden Gefühls, eine Bewegung, – zu unbestimmt, um ein Bemühen genannt zu werden, – es zu bannen, es fest zu halten; ähnlich setzt sich beim Dahinschwinden des Leides im Bewusstsein die Abweisung fort, ... es entsteht daraus eine ebenso unbestimmte Bewegung, es abzuweisen. Hier in diesen Bewusstseins-Znständen finden wir die Stätte der Geburt ... des Verlangens.*

Dieses Hervortreten des Verlangens ist ein schwaches sich Ausstrecken des Lebens auf der Suche nach Freude, eine Bewegung des Lebens, noch unsicher, unbestimmt, tastend. Hierüber hinaus kann es noch nicht gehen, bevor das Denken sich nicht bis zu einem bestimmten Grade entwickelt und eine äußere Welt erkannt hat, ein Nicht-Selbst, und gelernt, verschiedene Gegenstände des Nicht-Selbst mit der Freude oder dem Leid, die bei der Berührung mit diesen Gegenständen im Bewusstsein entstehen, in Beziehung zu setzen.

Aber die Folgen dieser Berührung haben, lange vordem diese Gegenstände erkannt wurden, wie oben erwähnt, im Bewusstsein eine Abtrennung, eine Abspaltung des Verlangens hervorgerufen.

Wir wollen als eins der einfachsten Beispiele das Verlangen nach Nahrung in einem niederen Organismus nehmen. Wenn der physische Körper abzunehmen, zu vergehen droht, entsteht im Astralkörper ein Gefühl des Leides, ein Bedürfnis, ein Haben-wollen, wenn auch unsicher und unbestimmt; der Körper ist durch seine Abnahme ein weniger wirksames Werkzeug für das durch das Astrale herabströmende Leben geworden und diese Abnahme, diese Verminderung verursacht Leid. Eine Strömung im Wasser, in dem der Organismus lebt, trägt dem Körper Nahrung zu; er nimmt sie in sich auf, seine Abnahme ist wieder ersetzt, das Leben fließt wieder in ganzer Fülle, und Freude ist da.

Auf einer etwas höheren Stufe sehen wir, dass wenn Leid empfunden wird, das Verlangen auftritt, ihm zu entfliehen; das Gefühl der Abweisung entstellt, das Gegenteil von dem Gefühl der Anziehung, das durch Freude hervorgerufen wird. Hieraus ergibt sich die Spaltung des Verlangens nach zwei Richtungen. Aus dem Willen, zu leben, entstand das Sehnen nach Erfahrung, nach Erlebnissen, und in den niederen Vehikeln wird dieses Sehnen, das als *Verlangen* auftritt, nach einer Seite zum Sehnen nach Erlebnissen, die das Leben kräftiger und reicher machen und nach der anderen zum Zurückschrecken vor allem, was schwächt und herabdrückt. Diese Anziehung sowohl wie das Abweisen gehört zur Natur des *Verlangens*.

Gerade wie ein Magnet gewisse Metalle anzieht oder abstößt, ebenso zieht das verkörperte Selbst an oder stößt ab. Anziehung und Abstoßung gehören zum *Verlangen*; sie sind die beiden großen Triebkräfte im Leben, auf die alle Wünsche und Begierden zuletzt zurückzuführen sind. Das Selbst gerät in die Bande des Verlangens, der Anziehung-Abstossung, und wird hierhin und dorthin gezogen, von diesem und von jenem abgestoßen, umhergetrieben zwischen Freude – und Leid – erregenden Dingen, wie ein steuerloses Schiff in den Wind- und Wasserströmungen.

§ 3. Das Verhältnis des Verlangens zum Denken

Wir haben nun das Verhältnis des Verlangens zum Denken zu betrachten, und zu verfolgen, wie es zuerst das letztere beherrscht und später von ihm beherrscht wird.

Die reine Vernunft ist die Wiederspiegelung des Weisheits-Aspektes der Monade und erscheint im menschlichen Geist als Buddhi; es ist jedoch nicht das Verhältnis des Verlangens zur reinen Vernunft, mit dem wir es zu tun haben, denn man kann nicht in Wirklichkeit behaupten, dass es Beziehungen zur Weisheit hat, sondern zur Liebe, der Manifestation der Weisheit auf der Astral-Ebene. Wir haben mehr seine Beziehung zum Tätigkeits-Aspekt der Monade zu suchen, der sich auf der Astral-Ebene als Empfinden und auf der mentalen als Denken zeigt. Auch handelt es sich hier nicht um das höhere Denkorgan, die schöpferische Tätigkeit, um Manas in seiner Reinheit, sondern um dessen getrübte Wiederspiegelung, dem niederen Verstand. Es ist dieser niedere Verstand, dieser niedere Intellekt, der unmittelbar mit dem Verlangen in Verbindung steht und in der Entwicklung auf der Menschheitsstufe unentwirrbar mit ihm verstrickt ist. So innig sind sie miteinander vereinigt, dass wir von Kama-Manas (Begierden-Intellekt) als von einem einzigen Ding, einer Einheit sprechen; sehr schwierig ist es, im niederen Bewusstsein einen einzigen Gedanken zu finden, der nicht von einem Verlangen beeinflusst, gefärbt wird. *Das Manas wird richtig als zwiefältig geschildert, als rein und als unrein; das unreine wird durch das Verlangen bestimmt, das reine ist frei von Verlangen.*[78]

Dieser niedere Intellekt betätigt sich durch *Denken* auf der mentalen Ebene; seine charakteristische Eigenschaft ist, dass er behauptet oder leugnet; er erkennt durch Unterscheidung; er nimmt wahr und erinnert sich. Auf der Astralebene tritt, wie wir gesehen haben, derselbe Aspekt, der auf der Mentalebene als Denken erscheint, als Empfinden auf und dies wird durch die Berührung mit der äußeren Welt hervorgerufen.

Wenn eine Freude empfunden worden ist und diese hat aufgehört, dann entsteht das Verlangen, sie noch einmal zu erleben, wie wir gesehen haben. Und diese Tatsache schließt das Erinnern ein, eine Funktion des Intellekts. Wiederum werden wir darauf hingewiesen, dass das Bewusstsein immer in seiner dreifachen Natur wirkt, wenn auch der eine oder der andere vorwiegen mag; denn selbst das kleinste keimhafte Verlangen kann nicht entstehen, ohne dass die Erinnerung dabei mitwirkt. Die durch eine äußere Einwirkung erregte Empfindung muss schon viele Male erregt sein, bevor der Intellekt eine Beziehung festgestellt hat zwischen der Empfindung, deren er sich bewusst wird und dem äußeren Gegenstand, der die Empfindung verursacht hat. Schließlich tritt das *Wahrnehmen* des Gegenstandes auf, d. h., der Intellekt setzt ihn zu den Veränderungen in sich selbst in Beziehung, erkennt eine Zustandsänderung in sich selbst als verursacht durch den äußeren Gegenstand.

Durch die Wiederholungen dieses Wahrnehmens entsteht im Gedächtnis eine bestimmte Beziehung zwischen dem Gegenstand und der freudigen oder leidvollen Empfindung, und wenn das Verlangen zur Wiederholung der Freude drängt, dann ruft der Intellekt den Gegenstand wieder zurück, der das Vergnügen bereitet hatte. So lässt die Vermischung von Denken und Verlangen eine besondere Art von Verlangen entstehen, nämlich das Verlangen, den freudebringenden Gegenstand aufzufinden und sich anzueignen. Dieses Verlangen treibt den Intellekt an, seine eigenartige Tätigkeit zu äußern. Wenn durch unbefriedigte Wünsche Unbehagen entsteht, dann strengt er sich an, dies Unbehagen durch Herbeischaffen des gewünschten Gegenstandes zu vertreiben. Der denkende Geist überlegt und plant und treibt den Körper zu Handlungen, um das Seimen des Verlangens zu stillen. Und ganz ähnlich, gleichfalls vom Verlangen getrieben, überlegt und plant der Intellekt und treibt den Körper zum Handeln, um durch Meidung oder Abweisung eines Gegenstandes, der als leidbringend erkannt ist, die Wiederkehr des Leides zu verhindern.

Das sind die Beziehungen zwischen Verlangen und Denken. Das Verlangen regt an, reizt und treibt zu mentalen Anstrengungen. Der Intellekt ist auf seinen frühesten Stufen der Sklave des Verlangens und die Schnelligkeit seines Wachsens steht im Verhältnis zu der Stärke der Antriebe des Verlangens. Wir verlangen und werden dadurch genötigt, zu denken.

§ 4. Verlangen, Denken und Handeln

Die dritte Stufe der Berührung des Selbst mit dem Nicht-Selbst ist das Handeln, die Tätigkeit. Der Intellekt, der den Gegenstand des Verlangens wahrgenommen hat, leitet zum Handeln, führt und gestaltet die Handlung. Das Handeln ist, wie oft behauptet wird, die Folge des Verlangens, aber das Verlangen allein könnte nur Bewegung oder chaotisches Handeln veranlassen. [Die Kraft des Verlangens ist antreibend, nicht leitend. Das Denken ist es, das das Element der Leitung hinzufügt und es zu einem zielbewussten Handeln gestaltet.

Dies ist die stets wiederkehrende Reihenfolge im Bewusstsein, – Verlangen, Denken, Handeln. Die antreibende Kraft des Verlangens treibt zum Denken, die leitende Kraft des Denkens führt zum Handeln. Diese Aufeinanderfolge ist unabänderlich und deren klares Verständnis ist von der größten Wichtigkeit, denn die wirksame Beherrschung der Lebensführung hängt von diesem Verständnis ab und von dessen Anwendung in der Praxis. Die Gestaltung seines Karmas kann man nur dann erlernen, wenn man diese Reihenfolge verstanden hat, denn vermeidliches und unvermeidliches Bandeln kann nur so auseinandergehalten werden.

Das Denken ist das Mittel, durch das wir dies Verlangen ändern können und dadurch das Handeln selbst. Wenn der Verstand einsieht, dass gewisse Begierden zu Gedanken getrieben haben und diese zu Handlungen führten, die Leid brachten, dann kann er dem zukünftigen Drängen des Verlangens in ähnliche Richtung widerstehen und sich weigern, Handlungen zu einem Ziel zu führen, das er schon als verhängnisvoll erkannt hat. Er kann sich die leidvollen Folgen zur Vorstellung bringen, dadurch die zurückweisende Kraft des Verlangens erregen und das freudvolle Ergebnis eines Verlangens in entgegengesetzter Richtung ausmalen.

Die schöpferische Tätigkeit des Denkens kann benutzt werden, das Verlangen zu idealisieren und dessen antreibenden Kraft eine höhere Richtung zu geben. In dieser Weise kann das Denken benutzt werden, um das Verlangen zu meistern und kann aus dem Sklaven zum Herrn werden. Und wenn das Denken so seine Herrschaft über seinen widerspenstigen Genossen erlangt hat, beginnt die Transmutation, die Wandlung des Verlangens in den Willen und dadurch geht die Leitung der ausströmenden Energie vom Äußern zum Innern über, von den äußeren Dingen, die anziehen und abstoßen, zu dem Geist (spirit), dem inneren Herrscher.

§ 5. Der bindende Charakter des Verlangens

Da der Wille, zu leben, die Ursache des Hervortretens und Herabsteigens ist und das Leben sich zu verkörpern und sich das anzueignen trachtet, was zur Manifestation und Erhaltung in der Form nötig ist, so zeigt das Verlangen, also der Wille auf den niederen Ebenen, ähnliche Charakterzüge; es sucht dasjenige sich anzueignen, in sich hinein zu ziehen, zu einem Teil von sich seihst zu machen, wodurch sein Lehen in der Form aufrechterhalten und verstärkt wird. Wenn wir nach einem Gegenstand verlangen, so suchen wir, ihn zu einem Teil von uns seihst zu machen, zu einem Teil von dem *Ich*, sodass es ein Teil der Verkörperung des *Ich* bilde. Das Verlangen ist die Ausübung der Anziehungskraft; sie zieht das Gewünschte an sich. Das, was wir wünschen, verbinden wir mit uns. Durch das Verlangen, es zu besitzen, bildet sich ein Band zwischen dem Gegenstand und dem Verlangenden. Wir binden diesen Teil des Nicht-Selbst an das Selbst und das Band existiert so lange, bis das Ich den Gegenstand besitzt, oder so lange bis das Selbst das Band zerrissen und den Gegenstand zurückgewiesen hat. Dies sind *die Bande des Herzens*,[79] die das Selbst an das Rad von Geburt und Tod fesseln.

Diese Bande zwischen dem Verlangen und dem Gegenstand des Verlangens sind wie Stricke, die das Selbst nach dem Ort ziehen, wo die Gegenstände des Verlangens sich befinden, und sie bestimmen so seine Geburt in der einen oder anderen Welt. Hierauf bezieht sich der Vers: *Auch der, der gebunden ist, erhält durch sein Handeln das, worauf sein Sinnen sich gerichtet hat. Hat er den Gegenstand des Handelns, das er hier ausgeübt hat, erhalten, dann kommt er wieder von jener Welt zu dieser, um des Handels willen. So ist es auch mit dem verlangenden Gemüt.*[80] Wenn ein Mensch mehr nach den Dingen einer anderen Welt verlangt, als nach denen dieser Welt, dann wird er in jene geboren werden. Fortwährend ist eine Spannung in dem Band des Verlangens vorhanden, bis das Selbst und der Gegenstand sich vereinigt haben.

Die eine große bestimmende Energie, der Wille, zu leben, der die Planeten an ihren Lauf um die Sonne bannt, die die Materie der Sterne davor behütet, auseinanderzufallen, der unsere Körper zusammenhält, – das ist die Energie des Verlangens. Das, was alles beherrscht, ist auch in uns als Verlaugen und dies muss zu uns oder uns zu all den Dingen ziehen, in die es seine Haken eingeschlagen hat.

Der Haken des Verlangens verfängt sich in einen Gegenstand wie eine Harpune in einen Wallfisch, in den der Harpunier sie geschleudert hat. Wenn das Verlangen seine Harpune in ein Ding geworfen hat, dann ist das Selbst an dies Ding gebunden, hat es in seinem Willen sich angeeignet und muss es alsbald durch die Tat sich zu eigen machen. Daher hat ein großer Lehrer gesagt: *Ärgert dich dein rechtes Auge, so reiß es aus und wirf es von dir. – Ärgert dich deine rechte Hand, so haue sie ab und wirf sie von dir.*[81] Das gewünschte Ding wird zu einem Teil des Körpers des Selbst und wenn es böse ist, muss es ausgerissen werden und sollte dies noch so viel Qual bereiten. Sonst wird es nur durch die langsame, zersetzende Kraft der Zeit erschlaffen und vergehen. *Nur der Starke vermag es auszureißen, zu töten; der Schwache muss sein Wachstum erwarten, sein Keifen, sein Sterben.*[82]

§ 6. Das Zerreissen der Bande

Um die Bande des Verlangens zu zerreißen, muss man zum Denken, zum Intellekt seine Zuflucht nehmen. Er birgt die Kraft, die zuerst das Verlangen reinigen und dann verwandeln kann.

Der Intellekt zeichnet die Ergebnisse auf, die aus der Aneignung eines jeden gewünschten Gegenstandes entstehen, und bemerkt, ob Freude oder Leid aus der Vereinigung dieses Gegenstandes mit dem verkörperten Selbst entsteht.

Und wenn er nach zahlreichen Aneignungen eines anziehenden Gegenstandes gefunden hat, dass das Ergebnis Leid ist, dann merkt er diesen Gegenstand als einen solchen an, der in der Zukunft vermieden werden sollte. Die Freuden, welche durch Berührung mit der Außenwelt erlangt werden, gebären Leiden.[83]

Dann entsteht Kampf. Wenn der anziehende Gegenstand sich wieder darbietet, wirft das Verlangen seine Harpune aus und hält ihn fest und beginnt, ihn an sich zu ziehen. Der Intellekt, der sich der leidvollen Folgen des früheren, ähnlichen Erjagens erinnert, versucht, das Verlangen zu bekämpfen, mit dem Schwert des Wissens das fesselnde Band zu durchschneiden. Heftiger Kampf wütet im Menschen; er wird vom Verlangen vorwärtsgedrängt, durch das Denken zurück gehalten; viele, viele Male wird das Verlangen triumphieren und der Gegenstand angeeignet; aber das entstehende Leid wiederholt sich auch jedes Mal und jede Folge des Verlangens lässt einen neuen Feind aufseiten des Intellekts erstehen. Unausbleiblich, wenn auch langsam erweist sich das Denken als der Stärkere, bis zuletzt sich der Sieg auf seine Seite neigt und ein Tag kommt, wo das Verlangen schwächer ist als der Intellekt und der anziehende Gegenstand aufgegeben wird, das Band der Anziehung durchschnitten ist. In Bezug auf diesen Gegenstand ist das Band zerrissen.

In diesem Konflikt sucht das Denken die Stärke des Verlangens gegen das Verlangen auszunutzen. Es wählt Gegenstände des Verlangens aus, die ein verhältnismäßig dauerndes Glücksgefühl gewähren, und sucht diese gegen die Wünsche ins Gefecht zu führen, die bald Leid bringen.

So wird es künstlerischen Genuss dem sinnlichen gegenüberstellen, politische oder gesellschaftliche Macht und Ehre gegen fleischliche Vergnügungen; es wird das Verlangen anstacheln, den Guten zu gefallen und daher das Trachten stärken, sich der lasterhaften Freuden zu enthalten; es wird schließlich das Verlangen nach ewigem Frieden über die Begierden nach zeitigen Freuden zum Sieg führen.

Durch die eine große Anziehung wird der Wunsch nach den niederen Dingen überwunden und diese hören auf, länger Gegenstände des Verlangens zu sein: *Sogar der Geschmack (für sie) verlässt den, der den Höchsten erschaut hat.*[84)]

Die Energie des Verlangens selbst kann den Menschen von dem fortziehen, was Leid bringt und ihn an das heften, was Freude bringt. Dieselbe Kraft, die bindet, hat als ein Werkzeug der Freiheit zu dienen. Sie drängt den Menschen fort von den Dingen, sie richtet ihn nach oben, nach innen, heftet ihn an das Leben, aus dem er hervorging und in dessen Gemeinschaft seine höchste Seligkeit besteht.

Hierin liegt der Wert der Devotion, der Hingabe als befreiendes Mittel; die Liebe, die auf den Höchsten gerichtet ist, sieht ihn als vor allem wünschenswert an, als einen Gegenstand des intensivsten Verlangens und diese Hingabe verbrennt alle Bande, alle Anhänglichkeit an Gegenstände, die das Herz in Fesseln halten.

Nur durch das Selbst, als das Denkende, kann das Selbst, als das Verlangende, bemeistert werden, das Selbst, das sich verkörpert hat und denkt, es sei die Form.

Der Mensch muss lernen, sich von den Vehikeln zu trennen, in denen er verlangt, denkt und handelt, sie als Teile des Nicht-Selbst erkennen, als Materie, die dem Leben gegenübersteht. So wird die Energie, die zu Gegenständen des niederen Verlangens ausströmte, durch den Intellekt zum höheren Verlangen und dieses wird dadurch zur Wandlung in den Willen vorbereitet.

Wenn der niedere Verstand in den höheren aufgeht und der höhere in die *Weisheit*, dann wird der reine Wille zur Macht des spirituellen Geistes, der in vollkommner Harmonie mit dem höchsten Willen sich selbst bestimmt, sich selbst beherrscht und daher frei ist. Dann erst sind alle Bande zerrissen und der spirituelle Geist wird durch nichts Äußeres gezwungen und gefesselt. Dann erst kann man von einem freien Willen sprechen.

III. – Das Verlangen (Fortsetzung)

§ 1. Das Vehikel des Verlangens

Wir werden noch einmal zum Streit in der Begierden-Natur zurück-kehren müssen, um noch einige nützliche Einzelheiten dem schon ge-sagten hinzuzufügen; doch ist es zunächst notwendig, das Vehikel des Verlangens, den Begierden-Körper oder Astralleib zu studieren, da dies Studium uns in den Stand setzen wird, genau die Methode zu verstehen, die wir benutzen können, um die niederen Begierden zu überwinden und sie los zu werden.

Das Vehikel des Verlangens besteht aus sogenannter Astral-Materie, aus Materie von der Ebene zunächst über der physischen. Es gibt von dieser Materie, wie von der physischen, sieben Unterarten, die sich ähn-lich zueinander verhalten, wie der feste zum flüssigen und zum gasför-migen Aggregatzustand usw. auf der physischen Ebene. Wie der physische Körper aus Materie in diesen verschiedenen physischen Aggregatzustän-den besteht, so besteht der Astralkörper aus Materie in verschiedenen astralen Aggregatzuständen. In jedem dieser Zustände gibt es gröbere und feinere Aggregate und die Aufgabe der astralen wie der physischen Reini-gung besteht in der Ersetzung der gröberen durch die feineren.

Ferner – die niederen Grade der Astralmaterie dienen hauptsächlich zur Betätigung der niederen Begierden, während die höheren Grade auf die Empfindungen reagieren, die sich durch die Einwirkung des Intellekts in Gemütsbewegungen, in Emotionen verwandelt haben. Die niederen Wünsche, die nach Gegenständen des Vergnügens verlangen, finden die niederen Grade der Astralmaterie als Medium für ihr Anziehungsbestre-ben bereit und je niedriger und gröber die Wünsche sind, je gröber sind auch die Aggregationen, die sich zu diesem Zweck eignen. Da das Verlan-gen die entsprechende Stoffart im Astralkörper zum schwingen bringt, wird in dieser ein kräftigeres Leben erweckt; sie zieht ähnliche Materie von außen an sich, und es wächst so der Bestand an solcher Stoffart im Astralkörper. Wenn die Begierde dadurch allmählich zu Emotionen ver-feinert werden, dass intellektuelle Elemente hinzutreten und die Selbst-sucht sich verringert, dann wächst in ähnlicher Weise der Bestand an feinerer Stoffart im Astralkörper, während das Leben der roheren Materie zurückgeht, diese an Energie verliert und ihr Bestand abnimmt.

Wenn wir diese Tatsachen auf das praktische Leben anwenden, können sie uns helfen, den Feind zu schwächen, der in uns thront, denn wir können ihn seiner Werkzeuge berauben. Ein Verräter innerhalb der Tore ist gefährlicher als ein Feind draußen, und der Begierden-Körper handelt wie ein solcher Verräter, solange er aus Elementen zusammengesetzt ist, die auf die Versuchungen von außen antworten.

Da das Verlangen dem Astralkörper das gröbere Material einverleibt, muss es vom Intellekt gezügelt werden; dieser muss sich weigern, das flüchtige Vergnügen, das der Besitz des gewünschten Gegenstandes hervorrufen würde, auszumalen, anstatt dessen aber sich ein Bild des dauernden Leides vorhalten, das mit ihm verbunden ist.

Sobald wir die gröbere Materie, die in Antwort auf die niedrigen Anziehungskräfte schwingt, losgeworden sind, verlieren diese Kräfte alle Macht, uns aufzuregen. Dies Vehikel des Verlangens haben wir also in die Hand zu nehmen; seine Zusammensetzung entscheidet über die Anziehungskräfte, die von außen auf uns einwirken. Wir können die Form bearbeiten, die Elemente, aus denen die Form besteht, ändern und so den Feind in einen Verteidiger verwandeln.

Wenn ein Mensch in der Entwicklung seines Charakters vorangeschritten ist, dann steht er häufig einer Schwierigkeit gegenüber, die ihn aufregt und niederdrückt. Er findet sich von Begierden erfasst, vor denen er doch zurückschreckt, deren er sich schämt, und trotz seiner gewaltigen Anstrengungen, sie abzuschütteln, klammern sie sieb an ihn und peinigen ihn. Sie stimmen so gar nicht zu seinem Wollen, seinem Hoffen, seinem Streben und doch scheinen sie in gewisser Weise zu ihm zu gehören.

Diese peinliche Erfahrung hat darin seinen Grund, dass das Bewusstsein sich schneller entwickelt, als die Form sich ändern kann, und so sind die beiden bis zu einem bestimmten Grade in Konflikt miteinander. Es ist noch ein beträchtlicher Teil der gröberen Stoffart im Astralkörper vorhanden; da aber die Wünsche höhere geworden sind, beleben sie nicht mehr diese Materie. Trotzdem ist noch ein Teil des alten Lebens in ihr, und obgleich diese Aggregationen verfallen, so sind sie doch nicht völlig verschwunden. Wenn nun auch des Menschen Wunsch-Natur dieses Material nicht mehr als Ausdrucksmittel seiner selbst benutzt, so kann es doch von außen zu zeitweiliger Tätigkeit erweckt werden, und so, ähnlich wie ein galvanisierter Leichnam, ein scheinbares Leben annehmen.

Die Begierden andrer menschlicher Elementarformen des Verlangens böser Art saugen sich vielleicht an diese nicht mehr benutzten Partikel in seinem Astralkörper fest, reizen ihn und beleben ihn wieder und veranlassen ihn dadurch, solche Triebe des Verlangens, die er verabscheut, als die eigenen zu empfinden. Wer solche Erfahrungen macht, sollte trotz seiner Verwirrung Mut fassen; beim plötzlichen Wiederauftreten solcher Begierden sollte er sie sofort, als nicht die seinigen, zurückweisen und sich klar machen, dass die Elemente in ihm, die sie benutzt haben, der Vergangenheit angehören und jetzt im Sterben liegen und dass der Tag ihres endgültigen Todes und seiner Befreiung nahe ist.

Wir können ein Beispiel aus dem Traumleben nehmen, um das Wirken solcher abgenutzten Materie im Astralkörper zu zeigen. Ein Mann war in seinem früheren Leben ein Trinker gewesen und infolge seiner Erfahrungen nach dem Tode fasste er einen tiefen Abscheu vor dem Trinken; bei der neuen Geburt prägte das Ego dem neuen physischen und Astralkörper diesen Abscheu ein; aber trotzdem war in dem Astralkörper noch etwas von derartiger Materie enthalten infolge der Schwingungen, die die frühere Trunksucht in dem permanenten Atom hervorgerufen hatte.

Diese Materie ist im gegenwärtigen Leben weder durch Trink-Leidenschaft noch durch Mitmachen der Trinkgewohnheiten belebt worden; im Gegenteil im Leben am Tage ist der Mann ganz nüchtern. Aber im Traum wird diese Materie im Astralkörper von außen zur Tätigkeit gereizt und da die Herrschaft des Egos über den Astralkörper schwach ist,[85] antwortet diese Materie auf die Schwingungen der Trinkbegierde, und der Mann träumt, dass er trinkt.

Wenn ferner in einem Menschen ein schlummerndes Verlangen zum Trinken noch vorhanden ist, zu schwach, um sich bei wachem Bewusstsein zu zeigen, dann kann es im Traumzustand auftreten; denn physische Materie ist verhältnismäßig zäh und schwierig, in Bewegung zu setzen, und ein schwaches Verlangen hat manchmal nicht Kraft genug, Schwingungen in dieser hervorzurufen; aber dasselbe Verlangen vermag vielleicht die viel zartere Astralmaterie zu bewegen und so wird manchmal jemand im Traum von einer Begierde hingerissen, die bei wachem Bewusstsein keine Macht über ihn hat.

Solche Träume machen oft viel Kummer, weil man sie nicht verstellt. Der Mensch sollte einsehen, dass der Traum zeigt, dass die Versuchung überwunden ist, soweit es ihn selbst betrifft, und dass er nur von der Leiche früherer Begierden gequält wird, die auf der Astralebene von außen wieder belebt worden ist, oder, wenn von innen, dann von einem absterbenden Verlangen, das zu schwach ist, um ihn in wachen Augenblicken zu beeinflussen.

Der Traum ist ein Zeichen des fast schon ganz errungenen Sieges. Zu gleicher Zeit ist er eine Warnung; denn er teilt dem Menschen mit, dass in seinem Astralkörper noch etwas Materie vorhanden ist, die durch Schwingungen der Trinker-Begierde belebt werden kann, und dass er sich während des Wachens nicht an Orte begeben sollte, wo solche Schwingungen vorhanden sind. Bis nicht solche Träume gänzlich aufgehört haben, ist der Astralkörper noch nicht ganz frei von einer Materie, die eine Quelle von Gefahr in sich schließt.

§ 2. Der Streit zwischen dem Verlangen und dem Denken

Jetzt werden wir nun wieder zu dem schon erwähnten Streit in der Begierden-Natur zurückkehren, um noch näher auf einige Einzelheiten einzugehen.

Dieser Streit ist dem mittleren Stadium der Entwicklung eigen, wie man sagen kann, – der langen Periode zwischen dem Zustand des Menschen, der vollständig von der Begierde beherrscht wird, der nach allem greift, wonach er verlangt, ohne vom Gewissen zurückgehalten, von Reue beunruhigt zu werden und – dem Zustand des hoch entwickelten spirituellen Menschen, in welchem Wille, Weisheit und Tun harmonisch zusammenwirken. Der Kampf entsteht zwischen dem Verlangen und dem Denken dadurch, dass das Denken im Menschen das Verhältnis des Selbst zu dem Nicht-Selbst und dem Selbst der anderen Sonder-Wesen zu verstehen beginnt, und das Verlangen durch die Gegenstände, die es umgibt, beeinflusst, durch Anziehung und Abstoßung hin und hergezogen, – gelockt und abgestoßen wird.

Wir müssen nun die Stufe der Entwicklung untersuchen, auf welcher sich die Erinnerung an vielfache, vergangene Erlebnisse, die sich im Bewusstsein festgesetzt hat, der Befriedigung von solchen Begierden entgenstämmt, die gezeigt haben, dass sie Leid bringen, oder um mich genauer auszudrücken, die Stufe, auf welcher die Schlussfolgerung des Denkers aus diesen angesammelten Erfahrungen sich angesichts eines Verlangens der Begierden-Natur nach dem Gegenstand, der sich als gefährlich erwiesen hat, geltend macht.

Die Gewohnheit, nach allem zu greifen und sich daran zu erfreuen, hat sich in Hunderten von Leben herausgebildet, und ist stark, während die Gewohnheit, einem augenblicklich lockenden Vergnügen zu widerstehen, um ein zukünftiges Leid zu vermeiden, sich erst allmählich herauszubilden in Begriff ist und infolge dessen sich noch sehr schwach erweist.

Daher endigen die Kämpfe zwischen dem Denker und der Begierden-Natur noch lange Zeit in einer Reihenfolge von Niederlagen; das Manas wird, solange es noch jung ist, im Streit mit dem gereiften Begierdenkörper noch fortwährend besiegt.

Aber jeder Sieg der Begierden-Natur, der von einem kurzen Vergnügen, aber einem langen Leid begleitet wird, lässt eine neue, ihr selbst feindliche Kraft entstehn, die die Stärke ihre Gegners steigert. So säet jede Niederlage des Denkers den Samen für zukünftige Siege und seine Stärke wächst täglich, während die Kraft der Begierden-Natur erschlafft.

Wenn wir dies klar begriffen haben, geben wir uns nicht länger dem Kummer hin über unser eigenes Fallen und das Fallen derer, die wir lieben; denn wir wissen, dass dieses Fallen sicherlich eine zukünftig festere Haltung herbeiführen wird und dass im Schoß des Leides der zukünftige Sieg heranreift.

Unser Wissen von Recht und Unrecht erwächst aus der Erfahrung und wird nur durch eigenes Erleben vertieft. Der Sinn für Recht und Unrecht, der dem Zivilisierten jetzt angeboren ist, ist durch unzählige Erfahrungen entwickelt worden.

In den früheren Tagen des gesonderten Selbst waren alle Erfahrungen für seine Entwicklung nützlich, und brachten alle ihm die Lehren, die für sein Wachsen nötig waren Nach und nach lernte er, dass, wenn er seinen Begierden nachgab, die bei ihrer Befriedigung andere schädigten, ihm ein Leid erwuchs, das ganz außer Verhältnis stand zum flüchtigen Vergnügen, welches ihm die Erfüllung gewährte. Er fing an, die Bezeichnung *unrecht* dem Verlangen beizulegen, dessen Befriedigung ein Überwiegen des Leides im Gefolge hatte, und dies um so leichter, da die Führer und Lehrer, die sein erstes Heranwachsen leiteten, die Dinge, die solche

Begierden hervorriefen, mit dem Banne ihrer Missbilligung belegten. Wenn er ihnen nicht gehorcht hatte, und nun Leiden folgten, war der Eindruck wegen dieser vorherigen Warnung um so wirkungsvoller, und das Gewissen – der Wille, das Rechte zu tun und das Böse zu meiden, – wurde um so mehr gekräftigt.

In diesem Zusammenhang können wir leicht den Wert der Ermahnung, des Tadels und des guten Rates erkennen. Sie alle werden im Geiste aufgespeichert und sind Kräfte, die sich den angesammelten Erinnerungen zugesellen, um der Befriedigung *unrechten* Verlangens zu widerstehen.

Es ist wohl möglich, dass der Mensch trotz der Warnung doch wieder nachgibt, wenn die Versuchung auf ihn eindringt; das zeigt nur, dass das Übergewicht der Kraft noch bei dem *unrechten* Wunsch ist; wenn das vorausgesagte Leid eintritt, wird der Denker alle Warnungen und Ermahnungen in sein Gedächtnis zurückrufen, und wird sich um so tiefer das Urteil einprägen: *Dieses Verlangen ist unrecht.*

Das Begehen der unrechten Tat zeigt nur, dass die Erinnerung des früheren Leides noch nicht wirkungsvoll genug ist, um die Anziehungskraft der eifrig vorempfundenen Lust des Augenblickes zu überwinden.

Die Lehre muss noch einige Mal wiederholt werden, um die Erinnerung an die Vergangenheit zu stärken, und wenn das geschehen ist, ist der Sieg sicher. Das Leid ist ein notwendiges Element im Wachstum der Seele und trägt die Verheißung dieses Wachstums in sich. Allerwärts um uns her, wenn wir nur richtig zusehen, wächst das Gute, nirgends gibt es hoffnungslos Böses!

Dieser Kampf spiegelt sich in dem traurigen Ausruf: *Was ich will, das tue ich nicht; was ich nicht will, das tue ich! Ich will das Gute tun und das Böse hängt mir an!*

Das Böse, das wir tun, trotzdem der Wunsch ist, es nicht zu tun, üben wir aus infolge der Gewohnheit von alters her. Der schwache Wille wird noch überwältigt von der starken Begierde.

Der Denker ruft nun in seinem Kampf mit der Wunsch-Natur diese Natur selbst zu Hilfe und strebt darnach, einen Wunsch wachzurufen, der sich dem Verlangen entgegen werfen soll, gegen den er den Krieg zu führen im Begriff ist. Wie die Anziehung eines schwachen Magneten nach einer Seite durch die eines stärkeren nach der anderen Seite überwunden, besiegt werden kann, so vermag auch ein Wunsch so gekräftigt zu werden, dass er einen anderen überwindet; ein *guter* Wunsch kann so erweckt werden, um einen *bösen* zu besiegen. Daher der Wert eines Ideals.

§ 3. Der Wert eines Ideals

Ein Ideal ist eine mentale Vorstellung begeisternden Charakters, die man sich als Vorbild seines Verhaltens ausarbeitet, und es ist eins der wirksamsten Mittel, um seine Wünsche und Begierden zu beeinflussen, sich ein solches Ideal vorzuhalten.

Das Ideal mag sich in einem bestimmten Wesen verkörpern oder nicht, je nach dem Charakter des Menschen, der es sich bildet; im Auge zu behalten ist, dass der Wert eines Ideals hauptsächlich von seiner Anziehungskraft abhängt und dass das, was den einen Charakter anzieht, dies keineswegs notwendig auch bei einem anderen tun muss.

Von ganz allgemeinem Gesichtspunkt aus betrachtet, sind ein abstraktes Ideal und das einer bestimmten Persönlichkeit beide gleich gut; und von ihnen soll ein Mensch das wählen, was grade für ihn am meisten Anziehungskraft und daher Einfluss besitzt.

Ein intellektueller Charakter wird meistens ein abstraktes Ideal am befriedigendsten finden, während ein Mensch, dessen charakteristischste Seite das Gemüt ist, nach einer bestimmten Verkörperung seiner Ideen verlangt. Der Nachteil des abstrakten Ideals ist, dass es möglicherweise manchmal nicht imstande ist, zur Begeisterung mit sich fortzureißen; der Nachteil der konkreten Individualisierung ist, dass die betr. Individualität manchmal dem Ideal nicht voll entspricht.

Es ist natürlich der Intellekt, das Manas, das sich das Ideal erschafft und es, als eine Abstraktion bestehn lässt, oder in einer Person verkörpert. Man wähle zur Schaffung eines Ideals eine Zeit, wo der Geist ruhig, klar und bei der Sache ist, wenn die Begierden-Natur schläft, Dann betrachte der Denker den Zweck des Lebens, das Ziel, nach dem er strebt, und mache sich, um seine Wahl zu leiten, die nötigen Eigenschaften klar, die er besitzen muss, um das Ziel zu erreichen.

Diese Eigenschaften hat er nun in ein einziges Bild zusammenzufassen und sich so stark, wie er kann, diese Ergänzung der Eigenschaften, die er bedarf, *einzubilden*. Täglich sollte er diesen Ergänzungs-Prozess wiederholen, bis dieses Ideal ihm klar im Geiste vorschwebt, mit aller Schönheit hohen Denkens und edlen Handelns, eine Gestalt von zwingender Anziehungskraft.

Der intellektuelle Mensch wird dieses Ideal sich als reine Vorstellung vorhalten. Der *Gemüts-Mensch* wird es in eine Person verlegen, wie in den Buddha, den Christus, Shrikrishna oder einem anderen göttlichen Lehrer; er wird womöglich das Leben seines Ideals, seine Lehren und seinen Wandel studieren; das Ideal wird dadurch immer kräftiger belebt und dem Denker immer mehr zur Wirklichkeit. Innige Liebe wird zu diesem verkörperten Ideal im Herzen aufblühen, und das Verlangen wird sehnsüchtige Arme ausstrecken, um es zu umfangen.

Und wenn die Versuchung naht und die niederen Begierden nach Befriedigung verlangen, dann betätigt sich die anziehende Kraft des Ideals, das höhere Verlangen besiegt das niedere, und der Denker fühlt sich durch das richtige Verlangen gekräftigt; die negative Forderung, die ermahnt: *lass ab vom Bösen!* wird verstärkt durch die positive Wirkung des Ideals, das anspornt: *vollbringe das Tüchtige, das Gute!*

Der Mensch, der gewohnheitsmäßig sein Leben im Gefühl der Gegenwart eines großen Ideals führt, ist gewappnet durch die Liebe zu diesem Ideal gegen unrechtes Verlangen, durch die Scham vor ihm, unter seinen Augen niedrig zu handeln, durch die Sehnsucht, dem Gegenstand seiner Verehrung zu gleichen und ebenso durch die gestärkte allgemeine Richtung und Neigung seines Geistes zu edlem Denken. Unrechtes Verlangen verträgt sich immer weniger mit seinem Charakter; es stirbt ganz naturgemäß ab, da es unfähig ist, in dieser reinen, klaren Atmosphäre zu leben.

Da in den Augen vieler Menschen der historische Kritizismus sehr vieles zerstört hat, mag es sich der Mühe lohnen, hier zu bemerken, dass der Wert des idealen Christus, des idealen Buddha, des idealen Krishna in keiner Weise durch den Mangel an historischen Daten oder durch irgendwelche fehlenden Beweise für die Authentizität eines Manuskripts beeinträchtigt wird.

Viele von den überlieferten Erzählungen mögen nicht historisch wahr sein, aber sie sind ethisch und dem inneren Wesen nach wahr. Ob dieses oder jenes Vorkommnis im physischen Leben des Lehrers stattgefunden hat oder nicht, ist nicht sehr wichtig; die Einwirkung eines solchen idealen Charakters auf seine Umgebung ist stets durchaus wahr. Die *heiligen Schriften* der Welt stellen spirituelle Tatsachen dar, ob die physischen Umstände historisch treu wiedergegeben sind oder nicht.

So kann das Denken das Verlangen gestalten und ihm die Richtung geben, es aus einem Feind zu einem Verbündeten machen. Durch die Änderung der Richtung des Verlangens wird es aus einer hindernden zu einer erhebenden und beschleunigenden Kraft; während das Verlangen nach irdischen Dingen uns an den Staub der Erde festhält, hebt das Verlangen nach dem Ideal uns mit starken Schwingen in den Himmel.

§ 4. Die Reinigung des Verlangens

Wir haben schon gesehen, wie viel zur Reinigung des Vehikels des Verlangens geschehen kann und die eben besprochene Versenkung in ein Ideal und seine Verehrung ist ein sehr wirkungsvolles Mittel zur Läuterung des Verlangens. Böses Verlangen stirbt ab, wenn gute Wünsche ermutigt und angespornt werden, – es stirbt ab, einfach aus Mangel an Nahrung.

Die Anstrengung, alles böse Verlangen zurückzuweisen, wird von der festen Weigerung des Gedankens unterstützt, es zu Taten kommen zu lassen. Der Wille fängt an, das Tun zu verhindern, selbst wenn der Wunsch nach Befriedigung verlangt. Und diese Weigerung, das Umsetzen in Taten zuzulassen, zu dem böses Verlangen antreibt, raubt allmählich den Gegenständen alle Anziehungskraft, die sie früher in reichem Maße besaßen.

Die Gegenstände der Sinne ... wenden sich ab von dem enthaltsamen Bewohner des Körpers.[86] Dies Verlangen wird schwächer und schwächer und stirbt ab, wenn man sich weigert, ihm nachzugeben. Enthaltsamkeit von der Befriedigung ist ein mächtiges Mittel zur Reinigung.

Es gibt noch ein anderes läuterndes Mittel, bei welchem die abstoßende Kraft des Verlangens benutzt wird, während bei der Kontemplation des Ideals die anziehende Kraft angerufen wurde. Es ist bei extremen Fällen anwendbar, wo die niedrigen Begierden stürmisch und aufrührerisch sind, Begierden, die zur Völlerei, Trunkenheit, Schamlosigkeit führen. Manchmal ist es einem Menschen unmöglich, solche Begierden loszuwerden und trotz aller seiner Anstrengungen geben seine Gedanken ihrem starken Antrieb nach und niedrige Bilder und Vorstellungen spiegeln sich wieder in seinem Gehirn. Er kann sie besiegen, indem er ihnen scheinbar nachgibt und sich die unausbleiblichen schlimmen Konsequenzen dieser niedrigen Vorstellungen in Gedanken vollständig klar macht und sie bis zum Ende verfolgt.

Er malt es sich aus, wie er der Versuchung, die ihn erfasst, nachgibt und wie er immer mehr in die Gewalt des Bösen versinkt, das ihn fast gänzlich beherrscht. Er verfolgt sein Schicksal in Gedanken, wie er tiefer und tiefer fällt und der hilflose Sklave seiner Leidenschaft wird. Er stellt sich lebhaft die Stufen seines Niederganges vor, sieht, wie sein Körper immer roher und roher, dann geschwächt und krank wird.

Er betrachtet die erschütterten Nerven, die entsetzlichen Krankheitserscheinungen, den traurigen Verfall und Untergang des einst starken und gesunden Körpers. Er fixiert sein Auge auf den unehrenhaften Tod und auf das schmachvolle Andenken, das er seinen Verwandten und Freunden als Erbteil hinterlässt. Er schaut in Gedanken auf die andere Seite des Todes und erblickt die Flecken und die Entstellung, die sich infolge seiner Laster in seinem Astralkörper zeigen, und empfindet die Beklemmung durch das ungestüme Verlangen der Begierden, die doch nicht mehr befriedigt werden können. Entschlossen zwingt er seine zurückschreckenden Gedanken bei dem elenden Panorama des Sieges seiner bösen Begierden zu verharren, bis sich in ihm ein starker Widerstand gegen sie erhebt, eine unerträgliche Furcht und eine Abscheu vor den Folgen, falls er ihnen jetzt nachgibt.

Solch eine reinigende Abschreckungs-Methode wirkt wie das Messer, mit dem der Wundarzt einen Krebs ausschneidet, der das Leben bedroht; wie alle chirurgischen Operationen, sollte man sie nur anwenden, wenn gar kein anderes Heilmittel übrig bleibt. Es ist besser, böses Verlangen durch die anziehende Kraft eines Ideals zu besiegen, als durch die abschreckende des lebhaft vorgestellten Verderbens. Aber wo die Anziehung den Sieg nicht erringt, mag der Abscheu ihn bringen.

Diese letztere Methode birgt auch die Gefahr, dass die gröbere Materie im Vehikel des Verlangens vermehrt und verstärkt wird, wenn man in Gedanken bei dem Bösen verweilt und der Kampf wird dadurch länger hinausgezogen, als wenn man es fertigbringt, mit seiner Lebenstätigkeit sich ganz auf gute Wünsche und hohes Streben zu werfen. Daher ist das die schlechtere der beiden Methoden und nur anzuwenden, wenn die andere einem unmöglich ist.

Durch Erhebung zum Höheren, durch Zurückweisung, durch die langsame Lehrmethode der Leiden muss das Verlangen geläutert werden.

Dies *muss* ist nicht so sehr ein Zwang, den eine äußere Gottheit ausübt, als der Herrscherbefehl der Gottheit im Innern, die ihren Willen zur Herrschaft gelangen lassen will. Mit diesem wahren Willen der Gottheit, die unser eigentliches Selbst ist, arbeiten alle göttlichen Kräfte zusammen, und dieses göttliche Selbst, das das Höchste will, muss sich schließlich alles Untertan machen.

Mit diesem Triumph hört dann alles Verlangen auf; denn dann ziehen die äußeren Dinge die ausströmenden Kräfte des Atma weder an, noch stoßen sie sie ab; die Kräfte werden nur noch von der Weisheit geleitet, d. h., der Wille hat die Stelle des Verlangens angenommen; das Gute und das Böse, beide werden als die göttlichen Kräfte angesehen, die für die Entwicklung arbeiten; das eine ist so nötig wie das andere, das eine ist die Ergänzung des anderen. Das Gute ist die Kraft, mit der wir zu wirken haben, das Böse ist die Kraft, gegen die wir zu wirken haben; durch den richtigen Gebrauch beider entwickeln sich die schlummernden Möglichkeiten zu voll wirkenden Fähigkeiten des Selbst. Wenn das Selbst die Seite, den Aspekt der Weisheit entwickelt hat, blickt es mit gleichem Mitgefühl auf den Gerechten und den Ungerechten, den Heiligen und den Sünder, und ist daher in gleicher Weise bereit, beiden zu helfen, beiden seine starke Hand zu reichen. Das Verlangen, das den einen als anziehend, den anderen als abstoßend ansah, als Freude bereitend und als Leid bringend, hat aufgehört und der Wille, die von der Weisheit geleitete Energie, bringt beiden die ihnen gerade nötige Hilfe.

So erhebt sich der Mensch über die Tyrannei des Paares der Gegensätze und lebt in ewigem Frieden.

IV. – Die Gemütsbewegungen

§ 1. Die Geburt der Gemütsbewegungen

Die Gemütsbewegung oder Emotion ist nicht ein einfacher oder ursprünglicher Zustand des Bewusstseins, sondern etwas Zusammengesetztes, das durch gemeinsames Wirken zweier Aspekte des Selbst, des Verlangens und des Denkens, zustande kommt: die Einwirkung des Intellekts auf das Verlangen lässt die Emotion geboren werden; sie ist das Kind beider und zeigt sowohl Charakterzüge ihres Vaters, des Intellekts, wie auch der Mutter, des Verlangens.

Die wirkliche Gemütsbewegung scheint so verschieden vom Verlangen, dass ihre ursprüngliche Identität einigermaßen verschleiert ist; aber wir können diese Identität entweder dadurch nachweisen, dass wir die Entwicklung eines Verlangens zur Emotion verfolgen, oder indem wir beide Erscheinungen nebeneinanderstellen und studieren; wir werden dann finden, dass beide dieselben Charakterzüge haben, auch dieselben Unterabteilungen, dass die eine tatsächlich eine entwickeltere Form der anderen ist und der Grund hiervon darin liegt, dass eine Anzahl intellektueller Elemente in der späteren Form enthalten sind, die in der früheren fehlten oder weniger hervortraten.

Wir wollen die Entwicklung eines Verlangens in eine Emotion bei einem der gewöhnlichsten menschlichen Verhältnisse, dem der Geschlechter zueinander, verfolgen. Verlangen nach Nahrung, Verlangen nach geschlechtlicher Vereinigung sind die zwei tief liegendsten Verlangen aller lebenden Dinge; – Verlangen nach Nahrung, um das Leben zu erhalten, Verlangen nach geschlechtlicher Vereinigung, um das Leben zu vermehren. In beiden erlebt der Mensch das Gefühl des *Zunehmens* (moreness) oder anders ausgedrückt, er fühlt Freude. Das Verlangen nach Nahrung bleibt ein Verlangen; die Nahrung wird verzehrt; sie assimiliert und verliert ihre getrennte Wesenheit und bildet einen Teil des *Ich*. Es ist kein dauerndes Verhältnis zwischen dem Verzehrenden und der Nahrung vorhanden, das Raum zur Entwicklung in eine Emotion gäbe. Anders ist es mit dem Geschlechts-Verhältnis, das die Tendenz in sich hat, mit der Entwicklung der Individualität immer andauernder zu werden.

Zwei Wilde werden durch Geschlechtsliebe zueinander gezogen; in beiden entsteht die Leidenschaft, einander zu besitzen. Das Verlangen ist ein so einfaches, wie das der Nahrung; aber es kann nicht in gleichem Grade befriedigt werden, denn keiner kann den anderen sich ganz aneignen und in sich aufnehmen; beide behalten ihre eigene Identität, und jeder wird nur teilweise zum *Ich* des anderen. Es tritt in Wirklichkeit eine Zunahme des *Ich* ein; aber diese findet nur auf dem Wege der Aneinander-Schließung, nicht auf dem der Selbst-Identifizirung statt.

Wenn ein Verlangen in eine Gemütsbewegung übergehen soll, ist ein solches fortwährend vorhandenes Hindernis nötig. Dies ermöglicht die Verknüpfung der Erinnerung und des Vorausblicks mit dem bestimmten Gegenstand und nicht mit einem anderen ähnlicher Art, – wie im Fall der Nahrung. Ein fortdauerndes Verlangen nach Vereinigung mit demselben Gegenstand wird zur Gemütsbewegung; es mischen sich Gedanken in das ursprüngliche Verlangen nach Besitz ein. Dies Hindernis für die sich gegenseitig anziehenden Wesen, aus zweien eins zu werden, das ihr Zusammenfließen zurückhält, macht, während es zu vernichten scheint, gerade ein dauerndes Dasein erst möglich; würde das Hindernis beseitigt, dann würde sowohl Verlangen wie Emotion aufhören und die zwei Einsgewordenen müssten dann einen anderen äußern Gegenstand für fernere Selbst-Zunahme, fernere Freude suchen.

Doch kehren wir zu unsern Wilden zurück, die durch Verlangen vereinigt sind. Das Weib wird krank und hört zurzeit auf, ein Gegenstand der Geschlechts-Befriedigung zu sein. Aber der Mann erinnert sich der Vergangenheit, sieht die Zukunft und ihre Freude voraus, und ein Gefühl der Sympathie mit ihren Leiden, des Mitleids mit ihrer Schwachheit regt sich in ihm. Die dauernde Anziehung, die sie auf ihn ausübt, verwandelt, dank der Erinnerung und des Voraussehens, dies Verlangen, diese Begierde in eine Gemütsbewegung, in eine Emotion, Leidenschaft in Liebe, und Sympathie und Mitleid sind ihre ersten Kundgebungen. Diese wiederum führen dazu, dass er ihr Opfer bringt, dass er wacht, um sie zu pflegen, anstatt zu schlafen, dass er Mühen auf sich nimmt, anstatt zu ruhen. Diese gelegentlichen Stimmungen, diese Gemütsbewegungen der Liebe setzen sich allmählich in ihm fest und werden zu Tugenden; d. h. sie werden zu dauernden Stimmungen und Neigungen in seinem Charakter, zeigen sich in Antwort auf die Notrufe der Menschen, – aller Menschen, mit denen er in Berührung kommt, ob sie anziehend sind oder nicht. Wir werden später sehen, dass Tugenden einfach dauernde Stimmungen oder Neigungen infolge richtiger Gemütsbewegungen sind.

Vordem wir jedoch das Verhältnis zwischen der Ethik und den Emotionen behandeln, müssen wir uns erst die zugrunde liegende Identität des Verlangens mit den Gemütsbewegungen, den Emotionen klar machen und zu diesem Zweck ihre Charakterzüge und Unter-Abteilungen betrachten. Wenn wir dies getan haben, werden wir sehen, dass die Emotionen nicht ein wirres Dickicht bilden, sondern, dass sie alle aus einer Wurzel entspringen und sich in zwei Hauptstämme teilen, von denen jeder sich wieder in Zweigen auswächst, auf denen die Blätter der Tugenden und der Laster wachsen.

Diesen fruchtbaren Gedanken, der eine Wissenschaft der Emotionen möglich macht und dadurch ein verständliches und vernünftiges System der Ethik, verdanken wir einem indischen Schriftsteller Bhagavan. Das, der zum ersten Mal Ordnung in dieses bisher verworrene Gebiet des Bewusstseins gebracht hat. Wer sich für Psychologie interessiert, wird in seiner *Science of the Emotions* („Wissenschaft der Gemütsbewegungen") eine klar geschriebene Abhandlung finden, die dieses Schema weiter auseinander setzt, das Chaos der Emotionen in einen Kosmos verwandelt und eine geordnete

Lehre über die Moralität bringt. Die hier verfolgten allgemeinen Linien der Darstellung sind diesem Werk entnommen, auf das die Leser in Betreff weiterer Einzelheiten hingewiesen werden.

Wir haben gesehen, dass das Verlangen zwei Haupt-Ausdrucksweisen hat: den Wunsch heranzuziehen, um zu besitzen oder auch um mit irgendeinem Gegenstand in Berührung zu kommen, der früher schon Freude bereitet hat, und – den Wunsch, abzuweisen, fortzutreiben oder auch die Berührung mit einem Gegenstand zu vermeiden, der früher schon Leid gebracht hat. Wir haben gesehen, dass Anziehung und Abstoßung die zwei Formen des Verlaugens sind, die das Selbst beherrschen.

Die Emotion, also ein Verlangen, das vom Intellekt durchströmt wird, zeigt unausbleiblich dieselbe Zweiteilung. Die Emotion mit dem Charakter der Anziehung, die die Dinge in Freude zueinander zieht, die erhaltende, integrierende Energie des Weltalls wird Liebe genannt. Die Emotion mit dem Charakter der Abstoßung, die die Dinge unter Leid auseinander treibt, die zerstörende, desintegrierende Energie im Weltall wird Hass genannt. Dies sind die zwei Stämme aus derselben Wurzel – dem Verlangen, und all die Zweige der Gemütsbewegungen können auf einen dieser beiden zurückgeführt werden.

Also die Charakterzüge des Verlangens und der Emotionen sind identisch: die Liebe sucht die anziehenden Dinge an sich zu bringen oder ihnen nachzugehen, um sich mit ihnen zu vereinigen, um sie sich anzueignen oder von ihnen angeeignet zu werden. Sie bindet durch die Freude, durch das Glücksgefühl, wie auch das Verlangen bindet.

Ihre Bande sind freilich dauernder, komplizierter, aus zahlreicheren und zarteren Fäden zusammengewirkt, in größerer Mannigfaltigkeit verwebt, aber das Wesen der *Anziehung des Verlangens*, das Zusammenketten zweier Gegenstände ist auch das Wesen der *Anziehung der Emotion* – der Liebe. Und so sucht auch der Hass den abstoßenden Gegenstand von sich zu treiben oder von ihm zu fliehen, um von ihm getrennt zu sein, zurückzustoßen oder zurückgestoßen zu werden. Er trennt unter Leid, unter Unglücksgefühl. Und so ist das Wesen der *Abstoßung des Verlangens*, das Auseinander-Treiben zweier Dinge auch das Wesen der *Abstoßung der Emotion* – des Hasses. Die Liebe und der Hass sind die ausgearbeiteten und vom Denken durchströmten Formen des einfachen Verlangens, zu besitzen oder abzuweisen.

§ 2. Die Rolle der Gemütsbewegungen in der Familie

Der Mensch ist als ein *soziales Tier* bezeichnet worden, eine biologische Ausdrucksweise, die besagen will, dass er sich am besten in Berührung mit seinen Genossen, nicht im Einzelleben entwickelt. Seine speziellen intellektuellen Charakterzüge bedürfen zu ihrer Entwicklung eines sozialen Mediums, und seine stärksten Freuden – und daher auch seine stärksten Leiden – entstehen aus seinem Verhältnis zu anderen Mitgliedern seiner eignen Gattung. Sie allein können in ihm die Antworten, die Reaktionen hervorrufen, von denen sein ferneres Wachstum abhängt; nur durch Antworten auf Reize von außen kann eine Entfaltung, das Erwecken von schlummernden Kräften stattfinden, und wenn die menschliche Stufe erreicht ist, entstehen die schärfsten und wirkungsvollsten Reize nur aus der Berührung mit menschlichen Wesen.

Die Geschlechts-Anziehung liefert das erste soziale Band und die Kinder, die dem Ehemann und seinem Weib geboren werden, bilden mit ihnen die erste soziale Einheit, – die Familie. Die langdauernde Hilflosigkeit und Abhängigkeit der menschlichen Kleinen gibt der physischen Leidenschaft, Eltern zu werden, die Zeit, zur Emotion väterlicher und mütterlicher Liebe auszureifen, verleiht so der Familie ihre Beständigkeit, während die Familie selbst ein Feld für das unausbleibliche Spiel verschiedener Gemütsbewegungen abgibt. Hier bilden sich die ersten bestimmten und dauernden Beziehungen zwischen menschlichen Wesen und auf der Harmonie dieser Beziehungen, auf den Wohltaten, die diese Verhältnisse jedem Familien-Mitglied gewähren, beruht das Glück eines jeden.

Wir können mit Nutzen das Spiel der Emotionen in der Familie studieren, da wir hier eine verhältnismäßig einfache soziale Einheit vor uns haben, die uns doch ein Bild im kleinen von der Gesellschaft im großen gibt. Wir können hier den Ursprung und die Entwicklung der Tugenden und Laster finden und lernen, um was es sich bei der Moralität handelt.

Wir haben schon gesehen, wie die Geschlechts-Leidenschaft unter dem Zwang der Umstände sich zu der Emotion der Liebe entwickelt und wie sich diese als Zärtlichkeit und' Mitleiden zeigt, wenn das Weib, das sonst auf gleicher Stufe neben ihm stand, hilflos und abhängig wird und dadurch zeitweilig physisch unter ihm steht, ihm untergeordnet ist, wie z. B. bei der Geburt eines Kindes.

Sollte in ähnlicher Weise der Ehemann durch Krankheit oder Unfall auf eine physisch untergeordnete Stufe gesunken sein, dann wird in seinem Weibe Zärtlichkeit und Mitleid für ihn geweckt. Aber diese Betätigung der Liebe kann der Stärkere nicht ausüben, ohne von dem Schwächeren als Antwort Liebeserweisungen hervorzurufen; diese zeigen auf Seiten des Schwächeren als ihre natürlichen Charakterzüge: Vertrauen, Zuversicht, Dankbarkeit, alles in gleicher Weise Liebes-Emotionen, die durch ihre Färbung ihren Ursprung aus Schwäche und Abhängigkeit zu erkennen geben.

In dem Verhältnis der Eltern zu den Kindern und der Kinder zu den Eltern werden sich diese Liebes-Emotionen auf beiden Seiten dauernd betätigen, da hier der Unterschied zwischen der physisch höheren und niederen Stufe viel stärker hervortritt und eine beträchtliche Zeit hindurch anhält. Zärtlichkeit, Mitleiden, Schutz werden die Eltern fortwährend den

Kindern gegenüber auszuüben haben und Glauben, Vertrauen und Dankbarkeit wird bei den Kindern fortwährend hervorgerufen. Die verschiedenen Umstände werden auch verschiedene Liebes-Emotionen wecken, wie Großmut, Nachsicht, Geduld, usw., aufseiten der Eltern, und Gehorsam, Pflichttreue, Dienstbereitschaft usw. aufseiten der Kinder. Fassen wir diese beiden Klassen der Liebes-Emotionen zusammen, dann finden wir als das gemeinsame Wesen in der einen Klasse Wohlwollen, in der anderen Verehrung; ersteres ist Liebe, die nach unten blickt auf Schwächere, Niedere; die letztere Liebe, die aufwärtsblickt auf Stärkere, Überlegene. Und wir können dann uns allgemein ausdrücken und sagen: die Liebe, die herabblickt, ist Wohlwollen, Liebe, die aufwärts blickt, ist Verehrung; dies sind die verschiedenen, gemeinsamen Charakterzüge der Liebe der Höheren zu den Niederen und der Liebe der Niederen zu den Höheren, allüberall in der Welt.

Die normalen Verhältnisse zwischen Mann und Weib, zwischen Brüdern und Schwestern bieten uns ein Feld zum Studium der Betätigungen der Liebe zwischen Gleichem. Wir sehen, dass die Liehe sich als gegenseitige Zärtlichkeit und gegenseitiges Vertrauen zeigt, als Rücksichtnahme, als Achtung, als Wunsch, zu gefallen, als schnelles Verständnis für die Wünsche der anderen und als Bemühen, sie zu erfüllen, als Großherzigkeit, Nachgiebigkeit.

Die Elemente der Liebe-Emotion der Höheren zu den Niederen finden sich hier auch, aber auf alle ist der Stempel der Gegenseitigkeit gedrückt. So können wir sagen, dass der gemeinsame Charakterzug zwischen Gleichen der Wunsch ist, sich gegenseitig zu helfen.

So haben wir Wohlwollen, gegenseitige Hilfsbereitschaft, und Verehrung als die drei Hauptabteilungen der Liebes-Emotionen und in diese drei werden sich alle Liebes-Emotionen unterbringen lassen.

Ein ähnliches Studium der Hass-Emotionen in der Familie wird uns ähnliche Ergebnisse liefern. Wenn Hass zwischen Mann und Weib herrscht, wird der zeitweise Überlegene Härte, Grausamkeit, Unterdrückung gegen den zeitweilig Niederen zeigen, und dieser wird durch Betätigung des Hasses antworten, die die Charakterzüge der Schwäche zeigen, durch Rachsucht, Furcht und Untreue. Dies wird noch deutlicher zwischen Eltern und Kindern, wenn beide von der Hass-Emotion beherrscht werden, da die Ungleichheit hier größer ist. Die Tyrannei züchtet eine ganze Herde von üblen Emotionen: Betrug, Knechtssinn, Feigheit, solange das Kind hilflos ist, Ungehorsam, Auflehnung und Rache, wenn es älter wird. Suchen wir hier wieder nach einem gemeinsamen Charakterzug, dann finden wir, dass Hass, der nach unten blickt, Verachtung ist, nach oben – Furcht. Ähnlich zeigt sich der Hass unter Gleichen als Zorn, Streitsucht, Geringschätzung, Heftigkeit, Schadenfreude, Eifersucht, Trotz usw. alles Gemütsbewegungen, die den Menschen vom Menschen trennen, wenn sie als Nebenbuhler, als Rivalen einander gegenüberstehen, nicht Hand in Hand gehen.

Der gemeinsame Charakterzug des Hasses zwischen Gleichen ist daher gegenseitige Schädigung und die drei Haupt-Charakterzüge der Hass-Emotion sind Verachtung, Wunsch, sich gegenseitig zu schädigen und Furcht.

Die Liebe ist bei allen ihren Offenbarungen charakterisiert durch Mitgefühl, Selbst-Aufopferung, den Wunsch zu geben; dieses sind ihre wesentlichen und wirkenden Elemente, oh als Wohlwollen, gegenseitige Hilfsbereitschaft öder als Verehrung. Denn alle diese drei dienen unmittelbar der Anziehung, bringen eine Vereinigung hervor, sind der wahren Natur der Liebe entsprungen. Daher stammt die Liebe aus dem Geist (spirit), denn die Sympathie ist das Gefühl für einen anderen, wie man für sich selbst fühlen würde. Die Selbst-Aufopferung ist die Anerkennung der Ansprüche eines anderen, als man selbst; das Geben ist das Wesen des spirituellen Lebens. So sieht man, dass die Liebe zum Geist (spirit) gehört, zu der Lebens-Seite des Universums.

Hass andrerseits charakterisiert sich in allen Betätigungen durch Antipathie, Selbstsucht, den Wunsch zu nehmen. Dies sind seine wesentlichen, wirkenden Elemente, ob als Verachtung, als Wunsch, sich gegenseitig zu schaden, oder als Furcht. Alle diese dienen unmittelbar der Abstoßung, dem Trennen des einen von dem anderen; daher stammt der Hass aus der Materie, er betont Unterscheidung und Mannigfaltigkeit, ist seinem Wesen nach Absonderung, gehört zur Formseite des Universums.

Wir haben bislang das Spiel der Emotionen in der Familie behandelt, da die Familie uns als ein Miniaturbild der Gesellschaft dienen kann. Die Gesellschaft ist nur die Zusammenfassung zahlreicher Familien-Einheiten zu einem Ganzen; aber das Fehlen der Bande des Blutes zwischen diesen Einheiten, das Fehlen anerkannter, gemeinsamer Interessen und gemeinsamer Ziele macht es notwendig, irgend in Band zu finden, das an die Stelle der natürlichen Familienbande tritt. Die Familien-Einheiten in einer Gesellschaft scheinen zunächst mehr Rivalen als Brüder und Schwestern zu sein. Daher werden sich leichter Hass-Emotionen regen als Liebe-Emotionen und es ist notwendig, irgendein Mittel zu finden, um die Harmonie aufrechtzuerhalten; dies geschieht durch die Verwandlung der Liebe-Emotionen in Tugenden.

§ 3. Die Entstehung der Tugenden

Wir haben gesehen, dass, wenn Mitglieder einer Familie aus dem kleinen Kreis der Verwandten heraustreten und mit Menschen zusammenkommen, deren Interessen andere oder gar entgegengesetzte sind, dann zunächst zwischen ihnen und den anderen kein gegenseitiges Gefühl der Liebe herrscht. Leichter zeigt sich Hass, der sich von wachsamer Aufmerksamkeit des Verdachts bis zur zerstörenden Wut des Kampfes steigern kann. Wie vermag sich dann die Gesellschaft aus diesen getrennten Familien-Einheiten zu bilden?

Es kann nur dadurch geschehen, dass alle die emotionellen Stimmungen, die der Liebe entspringen, dauernd gemacht, und alle die, die vom Hass stammen, ausgerottet werden. Eine dauernde Stimmung der Liebe-Emotion gegen ein lebendes Wesen ist eine Tugend, eine dauernde Stimmung der Hass-Emotion gegen ein lebendes Wesen ist ein Laster. Diese Verwandlung geschieht durch den Intellekt, der den Emotionen einen dauernden Charakter verleiht, und zwar dadurch, dass er in allen Verhältnissen Harmonie zu schaffen sucht, damit Glücksgefühl entsteht. Das, was zur Harmonie und daher zum Glück in der Familie führt, da es unwillkürlich aus der Liebe entspringt, ist Tugend, wenn es gegen alle, in allen Verhältnissen des Lebens ausgeübt wird. Die Tugend entspringt aus der Liebe und ihre Folge ist Glücksgefühl.

So ist andrerseits das, was zur Disharmonie und daher zum Elend in der Familie führt, da es unwillkürlich aus dem Hass entspringt, Laster, wenn es gegen alle und in allen Verhältnissen des Lebens ausgeübt wird.

Gegen diese Theorie, dass die dauernde Stimmung der Liebe-Emotion eine Tugend ist, hat man eingewendet, dass. Ehebruch, Diebstahl und andere Laster auch aus der Liebe-Emotion entspringen können. Da ist es nötig, die Elemente, die bei der mentalen Stellungnahme mitwirken, auseinanderzuhalten. Sie ist nicht einfach, ist sogar sehr kompliziert. Die Handlung des Ehebruchs hat ihren Beweggrund in der Liebe, doch nicht in der Liebe allein. Es tritt noch hinzu die Missachtung der Ehre eines anderen, Gleichgültigkeit gegen das Glücksgefühl eines anderen, die selbstsüchtige Begierde nach persönlichem Vergnügen auf Kosten des gesellschaftlichen Zusammenhalts, der gesellschaftlichen Ehre, des gesellschaftlichen Anstandes. Alle diese entspringen den Hass-Emotionen.

Die Liebe ist der einzige erlösende Zug bei dem ganzen Vorgang, die einzige Tugend in dem Haufen von niedrigen Lastern. Ähnliche Untersuchung wird stets zeigen, dass, wenn die Betätigung einer Liebe-Emotion unrecht ist, das Unrecht in den Lastern liegt, die sich bei dieser Betätigung mit ihr verbinden, und nicht in der Liebe-Emotion selbst.

§ 4. Recht und Unrecht

Wir wollen uns nun einen Augenblick der Frage zuwenden, was ist Recht und was Unrecht, und das Verhältnis betrachten, in welchem sie zu Glück und Elend stehen. Es ist nämlich die Idee weit verbreitet, dass etwas Niedriges und Materialistisches in der Ansicht liegt, dass die Tugend ein Mittel zum Glück sei. Viele meinen, dass dieser Gedanke die Tugend herabwürdigt, er ihr den zweiten Platz anstatt den ersten anweist und sie zu einem Mittel anstatt zu einem Ziel macht. Wir wollen deshalb sehen, weshalb die Tugend der Pfad zur Seligkeit, zum Glück sein muss und wie dies in der Natur der Dinge liegt.

Wenn der Intellekt die Welt untersucht und die unzähligen Beziehungen sieht, die in ihr bestehen, wenn er beobachtet, dass harmonische Verhältnisse Glück herbeiführen, unharmonische Elend, dann wird er daran gehen, den Weg zu finden, um allgemeine, friedliche Zustände herbeizuführen, und dadurch allgemeines Glücksgefühl.

Ferner entdeckt er, dass die Welt auf einem Wege sich weiter bewegt, den sie gezwungen ist, einzuschlagen, – den Weg der Entwicklung und er findet das Gesetz der Entwicklung. Wenn sich ein Teil, eine Einheit dem Gesetz des Ganzen, zu dem sie gehört, fügt, so bedeutet dies für sie Friede, Harmonie und daher Glück, während, wenn sie sich gegen das Gesetz auflehnt, Reibung, Disharmonie und somit Elend die Folge ist. Daher ist Recht das, was Glücksgefühl bringt, da es mit dem großen Gesetz in Harmonie ist und Unrecht das, was Elend bringt, da es im

Widerstreit mit dem Gesetz steht. Wenn der Intellekt, durch den spirituellen Geist erleuchtet, die Natur als einen Ausdruck der göttlichen Gedanken ansieht, das Gesetz der Entwicklung als einen Ausdruck des göttlichen Willens, das Ziel als einen Ausdruck der göttlichen Seligkeit, dann können wir – anstatt in Harmonie mit dem Gesetz der Entwicklung – sagen, in Harmonie mit dem göttlichen Willen und das Hechte heißt dann das, was in Harmonie mit dem Willen Gottes ist und der innige Zusammenhang zwischen Moral und Eeligion tritt deutlich hervor.

§ 5. Tugend und Glückseligkeit

Vervollkommnung, Harmonie mit dem göttlichen Willen kann von Glückseligkeit nicht getrennt werden. Die Tugend ist der Weg zur Seligkeit, und wenn irgendetwas nicht dahinführt, dann ist es keine Tugend. Die Vervollkommnung der göttlichen Natur findet ihren Ausdruck in der Harmonie, und wenn die zerstreuten *Teile des Göttlichen* zur Harmonie gelangen, empfinden sie Seligkeit.

Diese Tatsache wird manchmal durch eine andere verschleiert, nämlich durch die Tatsache, dass die Ausübung einer Tugend unter gewissen Umständen Unglücksgefühl hervorruft. Das ist richtig; aber dies Gefühl ist nur zeitweilig und oberflächlich und wägt man das äußere Leid gegen die innere Freude ab, die aus dem tugendhaften Verhalten entspringt, so schlägt dies zugunsten der letzteren aus. Ferner ist das Leid nicht Schuld der Tugend, sondern der Umstände, die sich ihrer Ausübung widersetzen, die Reibung zwischen dem das Gute Wollenden und den üblen Umständen. Wenn sie einen harmonischen Akkord inmitten einer Menge von Disharmonien ertönen lassen, dann erhöht er zunächst die Disharmonie.

Der tugendhafte Mensch wird in Konflikt mit dem Bösen gebracht, aber das sollte uns nicht blind für die Tatsachen machen, dass Glücksgefühl unlöslich mit dem Rechten verbunden ist und Elend mit dem Unrechten. Selbst wenn der Rechtschaffene zeitweilig leiden muss, so kann doch nichts als Rechttun zur Seligkeit führen. Und wenn wir das Bewusstsein des Rechtschaffenen prüfen, dann finden wir, dass er glücklicher ist bei seinem Rechttun, wenn auch oberflächliches Leid entstehen mag, – als beim Unrechttun, das den inneren Frieden stören würde. Das Begehen einer unrechten Handlung würde ihn in eine ängstliche Unruhe versetzen, die das äußere Vergnügen weit überwiegt. Selbst in dem Fall, dass das Rechttun zu äußerem Leid führt, ist dies Leid doch geringer als das, was durch Unrechttun verursacht wird. Miss Helen Taylor bat ganz richtig gesagt, dass für den Menschen, der für die Wahrheit stirbt, der Tod leichter ist, als das Leben in Unwahrheit. Es ist leichter und erfreulicher für den Rechtschaffenen als Märtyrer zu sterben, denn als Heuchler zu leben.

Da die Natur des Selbst Seligkeit ist und diese Seligkeit nur durch widerstrebende Umstände in ihrer Betätigung gehindert wird, muss dasjenige, was dies Hindernis beseitigt und den Weg zu ihr freimacht, zur Selbst-Verwirklichung führen, d. h. zur Verwirklichung, zu eigner Erfahrung der Seligkeit. Die Tugend tut dies und deshalb ist die Tugend ein Mittel zur Seligkeit. Wo die innere Natur der Dinge Friede und Freude ist, da muss die Harmonie, die dieser Natur gestattet, sich zu offenbaren, Friede und Freude bringen und diese Harmonie herbeizuführen, ist das Werk der Tugend.

§ 6. Die Verwandlung der Gemütsbewegungen in Tugenden und Laster

Wir haben uns nun noch gründlicher klar zu machen, dass, wie oben schon erwähnt wurde, aus Gemütsbewegungen Tugenden werden und wie weit es wahr ist, dass eine Tugend oder ein Laster nur die dauernde permanente Stimmung einer Gemütsbewegung ist. Unsere Definition geht dahin, dass Tugend eine dauernde Stimmung der Liebe-Emotion ist und das Laster eine dauernde Stimmung der Hass-Emotion.

Die Emotionen, die zur Liebe gehören, sind aufbauende Kräfte, die die Menschen zusammenziehen, die Familie, den Stamm, die Nation bilden.

Die Liebe ist eine Manifestation der Anziehung und hält deshalb die Dinge zusammen. Dieser Vorgang der Zusammenfassung zu einem Ganzen fängt an mit der Familie und die Beziehungen, die sich im gewöhnlichen Leben der Familie bilden, haben ein hilfreiches und freundliches Benehmen ihrer Mitglieder zur Folge^ und Glück und Freude wird in ihr walten. Die Obliegenheiten, die erfüllt werden müssen, damit Glück in diesem Familienverhältnis herrscht, werden Pflichten genannt. Wenn diese Pflichten nicht erfüllt werden, dann wird das Verhältnis zu einer Quelle des Elends, da das enge Zusammenleben in der Familie das Glück des einen von seiner Behandlung seitens der anderen abhängig macht. Kein Verhältnis kann sich zwischen menschlichen Wesen bilden, das nicht eine Verbindlichkeit zwischen ihnen schafft, eine Pflicht des einen gegen den anderen; der Ehemann liebt sein Weib, das Weib ihren Mann und nichts Weiteres ist nötig, um jeden zu veranlassen, des anderen Glück zu suchen, als der intensive, unwillkürliche Wunsch, den Geliebten glücklich zu machen. Das führt den einen, der geben kann, dazu, das zu liefern.

Was der andere bedarf. Im vollsten Sinn ist die Liebe die Erfüllung des Gesetzes;[87] da ist es nicht nötig, eine Verpflichtung zu fühlen, denn die Liebe sucht stets, zu helfen und Segen zu bringen und es bedarf nicht des *Du sollst!* oder *Du sollst nicht!*

Wenn aber jemand, der durch Liebe getrieben wird, alle seine Pflichten zu tun, die aus dem Verhältnis mit einem anderen entspringen, zu solchen in Beziehung tritt, die er nicht liebt, wie kann dann ein harmonisches Verhältnis zu diesen herbeigeführt werden? Durch Anerkennung und Ausübung der Pflichten dieses Verhältnisses, in das er eingetreten ist.

Das Handeln, das in dem einen Fall aus der Liebe entspringt, stellt sich in dem anderen, wo keine Liebe vorhanden ist, als Obliegenheit, als Pflicht dar. Klare Vernunft macht aus den unwillkürlichen Handlungen der Liebe dauernde Obliegenheiten oder Pflichten und die Liebe-Emotion, die zu einem dauernden Element des Betragens geworden ist, wird eine Tugend genannt. Dies ist die Bestätigung der Behauptung, dass eine Tugend die dauernde Stimmung einer Liebes-Emotion ist. Ein dauernder Zustand der Gemütsbewegung zeigt sich, wenn ein Verhältnis sich bildet; der Mensch übt die Pflichten aus, die aus diesem Verhältnis entspringen; er ist ein tugendhafter Mensch. Er wird bewegt durch Gemütsbewegungen, die durch seinen Intellekt dauernd geworden sind, da dieser einsah, dass das Glück von der Schaffung der Harmonie in allen Verhältnissen abhängt. Die Liebe, die der Intellekt erfasst und dauernd macht, ist Tugend.

In dieser Weise kann eine Wissenschaft der Ethik ausgearbeitet werden, deren Gesetze ebenso folgerichtig und zwingend sind, wie die, auf denen sich andere Wissenschaften aufbauen.

Zwischen den Hass-Emotionen und den Lastern besteht ein ähnliches Verhältnis. Die dauernde Stimmung einer Hass-Emotion ist ein

Laster. Ein Mensch verletzt den anderen, der andere gibt die Schädigung zurück; das Verhältnis zwischen diesen beiden ist unharmonisch und bringt Elend; und da jeder vom anderen Schädigung erwartet, sucht jeder des anderen Macht der Schädigung zu schwächen; dies ist das unwillkürliche Handeln des Hasses. Wenn diese Stimmung eine dauernde wird und jemand sie in jedem Verhältnis zeigt, die zu ihrer Betätigung Gelegenheit gibt, dann wird sie Laster genannt.

Ein Mensch von unbeherrschten. Leidenschaften, von unentwickeltem Charakter schlägt im unwillkürlichen Ausbruch des Hasses um sich. Er wiederholt dies häufig und es wird zu seiner Gewohnheit, wenn er zornig ist. Er fügt anderen Leid zu und es macht ihm das Leid-Antun Freude. Das Laster der Grausamkeit entwickelt sich, und wenn er mit einem Kinde zusammentrifft oder mit jemanden, der schwächer ist, als er selbst, kommt leicht seine Grausamkeit zum Vorschein, sobald sich ein Verhältnis zwischen ihnen gebildet hat. Wie die Liebe-Emotion, geleitet und befestigt durch klare Vernunft, Tugend ist, so ist die Hass-Emotion, geleitet und befestigt durch verwirrte, verblendete Vernunft, Laster.

§ 7. Anwendung der Theorie auf die Lebenspraxis

Wenn wir so das Wesen der Tugend und des Lasters erkannt haben, dann ist es klar, dass der kürzeste Weg ist, um die Tugenden zu stärken und die Laster los zu werden, unmittelbar auf die emotionelle Seite unsres Charakters einzuwirken.

Wir können suchen, die Liebe-Emotion zu entfalten und so das Material zu schaffen, das die Vernunft zu der charakteristischen Tugend ausarbeitet. Die Verstärkung der Liebe-Emotion ist der wirksamste Weg seinen moralischen Charakter zu entwickeln; denn die Tugenden sind nur die Blüten und Früchte, die aus der Wurzel der Liebe erwachsen.

Der Wert dieser klaren Einsicht der Verwandlung der Gemütsbewegung in Tugenden und Laster liegt darin, dass sie uns eine bestimmte Theorie gibt, nach welcher wir arbeiten können; es ist ähnlich, als wenn wir einen entfernten Ort aufsuchen und es wird uns eine Karte gezeigt; wir können dann auf dieser den Weg verfolgen, der von unserem augenblicklichen Standpunkt nach dem Ziel führt. So viele wirklich wohlwollende, ernste Menschen verbringen Jahre in unbestimmtem Streben nach dem Guten und machen doch nur wenig Fortschritte; sie sind gut im Wollen, aber schwach im Erreichen; das kommt hauptsächlich daher, dass sie den Boden nicht kennen, auf dem sie arbeiten und nicht die beste Methode, ihn zu kultivieren. Sie sind wie ein Kind in seinem Garten, das gern sein Beet voll farbiger, duftender Blumen sehen möchte, aber nicht versteht, sie zu pflanzen und zu pflegen und das Unkraut auszujäten, das sie zu ersticken droht. Wie das Kind verlangen sie nach dem Duft der Tugend-Blüten und finden ihren Garten überwuchert von dem üppigen Unkraut der Laster.

§ 8. Der Nutzen der Gemütsbewegungen

Der Nutzen der Liebes-Emotionen ist so augenscheinlich, dass es kaum nötig sein mag, dabei zu verharren, und doch kann die Tatsache nicht genug betont werden, dass die Liebe die aufbauende Kraft im Universum ist. Wenn sie die Familien-Einheiten gebildet hat, schmiedet sie diese zu größeren Stammes- und National-Einheiten zusammen und wird diese zukünftig in eine große Brüderschaft der Menschheit überführen. Auch dürfen wir nicht vergessen, die Tatsache hervorzuheben, dass die kleineren Einheiten die Kraft zur Liebe stärken und sie zu vollerer Ausdrucksfähigkeit vorbereiten.

Ihr Nutzen besteht darin, die schlummernde göttliche Kraft der Liebe innerhalb des spirituellen Geistes dadurch zur Betätigung zu bringen, dass sie diesem Gegenstände nahe bringen, die ihn anziehen. Die Liebe kann sich nicht innerhalb dieser engen Grenzen halten; wenn sie durch Übung Kraft gewonnen, breitet sie sich aus, bis sie alle fühlenden Wesen umschließt.

Wir können das Gesetz der Liebe folgendermaßen formulieren: *Betrachte jeden älteren Menschen als deinen Vater oder deine Mutter, betrachte jeden gleichaltrigen Menschen als deinen Bruder oder deine Schwester; betrachte jeden jüngeren Menschen als dein Kind.* Dies umfasst alle menschlichen Verhältnisse. Die Erfüllung dieses Gesetzes würde die Erde zu einem Paradies machen und eben zu dem Zweck, damit die Erde ein Paradies werde, gibt es die Familie.

Wenn jemand den Wirkungskreis seiner Liebe erweitern möchte, sollte er damit anfangen, die Wohlfahrt seiner Gemeinde so ins Auge zu fassen, wie die Wohlfahrt seiner Familie. Er sollte versuchen, für das öffentliche Wohl seiner Gemeinde mit der Energie und dem Interesse zu wirken, wie er es für seine Familie tut. Später wird er dann sein liebendes

Interesse und sein Wirken auf seine Nation ausdehnen. Dann kommt die große Tugend des nationalen Gemeinsamkeitsgefühls zum Vorschein, dem sicheren Vorläufer nationaler Wohlfahrt. Noch später erstreckt er seine Liebe und sein Wirken auf die ganze Menschheit und zuletzt schließt er alle fühlenden Wesen in seine Liebe ein und wird *der Freund eines jeglichen Geschöpfs.*

Wenige sind auf ihrer jetzigen Stufe der Entwicklung wirklich fähig, die ganze Menschheit zu lieben und nur zu viele sprechen davon, dass sie alle Menschen lieben, und sind doch nicht bereit, irgendein Opfer zu bringen, um einem leidenden Bruder oder einer Schwester ganz in ihrer Nähe zu helfen.

Der Diener der ganzen Menschheit darf nicht die menschlichen Wesen vor seiner Tür übersehen, noch mit gefühlsseliger Sympathie einen fernen Garten bewässern wollen, während bei seinem Hause die Pflanzen vor Durst verdorren. –

Der Nutzen des Hasses ist zunächst nicht so leicht ersichtlich; er ist aber nichts destoweniger bedeutsam. Zuerst, wenn wir den Hass untersuchen und sehen, dass sein Wesen in Zersetzung, in Zerstörung besteht, dann mag alles an ihm böse erscheinen: *Wer seinen Bruder hasset, der ist ein Todschläger, sagte ein großer Lehrer;*[88] denn Mord ist nur ein Ausdruck des Hasses; und selbst, wenn der Hass nicht so weit geht, einen Totschlag zu begehen, ist er doch eine zerstörende Kraft; er zersetzt die Familie, die Nation und wo er sein Wesen treibt, trennt er die Menschen. Welchen Nutzen hat dann noch der Hass?

Zunächst treibt er nicht zusammenpassende Elemente auseinander, Elemente, die nicht geeignet sind, sich zusammenzuschließen und verhindert so die fortdauernde Reibung. Wo es sich um nicht zusammenpassende unentwickelte Menschen handelt, ist es besser für sie, sich weit voneinander zu trennen, um ihre verschiedenen Wege der Entwicklung zu verfolgen, als miteinander in Berührung zu bleiben und sich gegenseitig zu immer böseren Gefühlen zu reizen.

Zweitens ist es auf dem jetzigen Durchschnitts-Standpunkt gut für die Seele, wenn sie sich von einem bösen Menschen abgestoßen fühlt, solange dieser böse Mensch die Macht hat, sie auf falsche Wege zu leiten; denn diese Abstoßung, wenn sie auch Hass ist, behütet doch die Seele vor einem Einfluss, dem sie sonst erliegen könnte.

Verachtung des Lügners, des Heuchlers, des Grausamen gegen Schwache ist eine Gemütsbewegung, die nützlich für den ist, der sie empfindet und auch für den, gegen den sie gerichtet ist; denn sie wirkt darauf hin, den einen davor zu bewahren, dass er sich dem gleichen Laster hingibt und in dem anderen, dem Verachteten, ein Gefühl der Scham zu wecken, das ihn aus den Sumpf ziehen kann, in den er gesunken ist. Solange ein Mensch noch eine Neigung zu einer Sünde hat, so lange ist der Hass gegen solche, die dieselbe Sünde begehen, ein Schutz für ihn und deshalb von Nutzen. Sobald er sich entwickelt, lernt er zwischen der Sünde und dem Sünder unterscheiden und er bedauert den Sünder und beschränkt seinen Hass auf die Sünde.

Noch später, wenn er sicher in der Tugend geworden ist, hasst er weder den Sünder noch die Sünde, sondern erkennt ruhig eine niedere Stufe der Entwicklung, von welcher er sich bestrebt, seinen jüngeren Bruder durch geeignete Mittel zu erheben. *Rechtschaffene Entrüstung, edler Zorn, gerechte Verachtung*, das sind alles Ausdrücke, die die Nützlichkeit dieser Gemütsbewegungen kennzeichnen, während sie die Tatsache zu verschleiern suchen, dass sie im Grunde Formen des Hasses sind; – eine Verschleierung, die dem Gefühl entspringt, dass der Hass etwas Unrechtes ist. Aber, wie sie auch genannt werden mögen, sie sind dem Wesen nach Formen des Hasses, obgleich sie eine nützliche Rolle in der Entwicklung spielen und ihre Stürme die gesellschaftliche Atmosphäre reinigen.

Unduldsamkeit gegen das Böse ist viel besser als Gleichgültigkeit dagegen, und bis ein Mensch aller Versuchung zu einer bestimmten Sünde entwachsen ist, ist Unduldsamkeit gegen die, welche sie noch begehen, für ihn ein notwendiges Schutzmittel.

Lassen Sie uns den Fall nehmen, wir beobachteten einen wenig entwickelten Menschen; er wünscht, grobe Sünden zu vermeiden, aber er fühlt noch die Versuchung zu ihnen in sich. Der Wunsch, sie zu vermeiden, zeigt sich in dem Hass gegen die, bei denen er sie noch bemerkt; seinem Hass entgegenzutreten, hieße ihn in Versuchungen stürzen, denen er nicht stark genug ist, zu widerstehen. Wenn er immer mehr der Gefahr entwächst, den Versuchungen nachzugeben, wird er die Sünde hassen, wird aber in Bedauern mit dem Sünder sympathisieren. Nicht vordem er ein Heiliger geworden ist, bringt er es fertig, auch die Sünde nicht zu hassen.

Wenn wir uns von einem Menschen abgestoßen fühlen, können wir sicher sein, dass wir noch verborgene Spuren von dem in uns haben, was wir in ihm verabscheuen. Das Ego, das eine Gefahr sieht, zieht sein Vehikel fort. Ein Mensch, der vollständig mäßig ist, fühlt weniger Abscheu vor einem Trinker, als ein solcher, der sich gelegentlich noch der Unmäßigkeit hingibt. Eine wirklich vollkommen reine Frau fühlt sich nicht von einer gefallenen Schwester abgestoßen, vor deren Berührung die weniger reine ihr Kleid zu bewahren sucht. Wenn wir vollkommen geworden sein werden, dann werden wir den Sünder wie den Heiligen lieben, und vielleicht zeigen wir sogar dem Sünder mehr unsere Liebe, da der Heilige sich allein wird helfen können, während der Sünder leichter fallen könnte, wenn unsere Liebe ihm nicht beisteht.

Wenn der Mensch den Standpunkt erreicht hat, dass er weder den Sünder noch die Sünde haßt, dann wird die zerstörende Kraft, die zwischen menschlichen Wesen sich als Hass kundgibt, einfach eine Energie, die benutzt werden kann, um die Hindernisse zu zerstören, die den Pfad der Entwicklung erschweren. Wenn vollkommene Weisheit die aufbauenden und zerstörenden Mächte leitet und vollkommene Liebe ihre Triebkraft ist, dann allein kann die zerstörende Energie benutzt werden, ohne die Ursünde des Gefühls der Absonderung auf sich zu laden. Uns von anderen getrennt, verschieden zu fühlen, ist die *große Ketzerei*; denn wenn das Ganze sich zur Einheit entwickelt, ist Absonderung Widerstand gegen das Gesetz. Das Gefühl des Sonderseins ist durchaus unrecht, ob es dazu führt, dass man sich rechtschaffener dünkt oder sündiger. Der vollkommene Heilige dünkt sich ebenso sehr eins mit dem Verbrecher wie mit einem anderen Heiligen; denn der Verbrecher wie der Heilige sind gleichermaßen göttlich, wenn sie auch auf verschiedenen, Stufen der Entwicklung stehen. Wenn ein Mensch so empfinden kann, dann hat er Fühlung mit dem Leben des *Christus* im Menschen. Er empfindet keine Trennung, sondern fühlt sich eins mit allen. Für ihn ist seine eigene Heiligkeit die Heiligkeit der Menschheit und die Sünde eines jeden ist seine Sünde. Er errichtet keine Schranke zwischen sich und dem Sünder und nimmt teil an dem Bösen des Sünders, wie an dem Guten.

Die, welche diese *Weisheit der Vollendung* als wahr empfinden können, sollten sie in ihrem täglichen Leben auszuführen suchen, wenn auch zuerst noch unvollkommen. Im Umgang mit dem weniger Vorgeschrittenen sollten sie immer suchen, den trennenden Wall abzutragen;

denn das Gefühl des Sonderseins ist heimtückisch und so zart, dass es fast unmerklich das Sein durchdringt, bis die Christus-Stufe erreicht ist. Aber durch unsere Anstrengung können wir dies Gefühl abschwächen; und das Bemühen, sich mit den Niedrigsten eins zu fühlen, heißt die aufbauende Kraft ausüben lernen, die die Welten zusammenhält, heißt ein Kanal der göttlichen Liebe werden.

V. – Die Gemütsbewegungen (Fortsetzung)

§ 1. Die Schulung der Gemütsbewegungen

Die Emotion, die Gemütsbewegung ist, wie wir gesehen haben, die treibende Kraft im Menschen; sie ruft die Gedanken hervor, sie regt das Handeln an, sie ist für den Menschen, was der Dampf für die Maschine; ohne sie würde der Mensch untätig, trag, passiv sein. Aber es gibt viele, die fortwährend das Opfer ihrer Emotionen sind, die durch ihre Gemütserregungen hierhin und dorthin gezogen werden, wie ein steuerloses Schiff auf dem Meer bei stürmischem Wetter, die durch Wogen von freudiger oder leidvoller Erregung auf die höchsten Höhen gehoben und – in die tiefsten Tiefen herabgezogen werden, die zwischen Entzücken und Verzweiflung hin und her schwanken. Solch ein Mensch wird beherrscht, wird unterjocht durch seine Gefühle und wird fortwährend durch ihre Widersprüche gepeinigt.

Im Innern herrscht ein mehr oder weniger ausgesprochenes Chaos und sein Handeln ist nicht folgerichtig und konsequent; er wird vom Impuls des Augenblicks getrieben, er überlegt nicht und zieht die Umstände nicht richtig in Betracht, sodass sein Handeln keine feste Richtung zeigt.

Er ist häufig ein sogenannter *guter Mensch*, voll großmütiger Regungen, die ihn zu freundlichem Tun veranlassen, von Mitgefühl mit den Leidenden und eifrig, Hilfe zu leisten; er stürzt sich schnell in Unternehmungen, die den Zweck haben, den Armen und Elenden zu helfen. Wir haben es hier nicht mit stumpfen und grausamen Menschen zu tun, sondern mit solchen, deren Gefühle sie zu Taten hinreißen, vordem sie sich die Verhältnisse ordentlich überlegt und sich die Folgen ihrer Tätigkeit, außer der augenblicklichen Erleichterung des Elends, das ihnen vor Augen trat, klar gemacht haben.

Wenn auch solch ein Mensch von dem Wunsch, zu helfen, getrieben wird, wenn das Motiv auch Mitleid ist und das Verlangen, Leiden zu lindern, so tut er doch häufig mehr Schaden als Gutes, da er die Folgen seines Handelns nicht in Betracht zieht. Das Gefühl, das ihn antreibt, entspringt der Charakterseite der Liebe in ihm, der Seite, die die Menschen einander näher bringt, der Wurzel der aufbauenden, erhaltenden

Tugenden, und grade in dieser Tatsache liegt die Gefahr für einen solchen Menschen.

Wenn die Emotion ihre Wurzel im Bösen hätte, dann würde er der Erste sein, sie auszurotten; aber grade weil sie in dem Gefühl der Liebe erwächst, aus dem all die sozialen Tugenden entspringen, scheint sie ihm nicht verdächtig, und er gibt sich keine Mühe, sie zu beherrschen. *Ich bin so mitleidig, die Leiden erregen mich so sehr, ich kann den Anblick des Elends nicht ertragen!* In solchen Ausrufen verbirgt sich ein gewisser Teil Eigenliebe, obgleich sie wie Entschuldigung oder Abbitte klingen. Wahrhaftes Mitleid ist bewundernswert, – als Mitleid, – aber die unüberlegte Ausübung stiftet nur zu häufig Schaden.

Manchmal schädigt sie geradezu den, welchem das Mitleid gilt, sodass er schließlich schlimmer daran ist, als früher. Nur zu oft dient die Art und Weise der Hilfe mehr dazu, das peinliche Gefühl des Mitleidigen zu beruhigen, als das Übel des Leidenden zu heben; einer augenblicklichen Pein hilft er ab auf Kosten dauernden Schadens und im Grunde, wenn er es sich auch nicht eingesteht, um sein eigenes Schmerzgefühl zu erleichtern. Die Rückwirkung des Mitleids auf die mitleidigen Menschen ist eine gute, es vertieft das Liebe-Gefühl; aber die Wirkung auf die anderen ist nur zu oft eine schlimme, weil das ruhige Überlegen fehlt.

Es ist leicht, beim Anblick von Leiden Erde und Himmel mit unserm Geschrei zu erfüllen, sodass die Atmosphäre davon widerhallt, aber es ist schwer, an sich zu halten, die Ursachen des Elends und seine Heilung zu erwägen und dann ein Mittel, anzuwenden, das es heilt, anstatt es zu verewigen.

Richtiges logisches Denken muss die Emotion beherrschen und leiten, wenn gutes aus ihren Anregungen entstehen soll. Die Gemütsbewegung soll den Antrieb zum Handeln geben, aber nicht die Leitung übernehmen. Die Leitung gehört der Intelligenz und ihr Vorrecht, zu leiten, sollte ihr nie entrissen werden. Wo das Bewusstsein in dieser Weise wirkt, wo die starke Gemütsbewegung den Antrieb gibt, und das logische Denken die Leitung übernimmt, da haben wir den mitleidsvollen und weisen Menschen, der seiner Mitwelt wirklich nützt.

Die Begierden sind sehr passend mit Pferden verglichen worden, die an den Wagen des menschlichen Körpers gespannt sind; diese Begierden haben ihre Wurzel in den Gemütsbewegungen; falls diese nicht beherrscht werden, gleichen sie ungezähmten, ausschlagenden Pferden, die für die Sicherheit des Wagens, wie für das Leben des Fahrenden gefährlich sind. Der Verstand entspricht dann den Zügeln, die die Pferde leiten sollen und die je nachdem, wie es nötig ist, strammer oder loser gehalten werden. – Das ist ein sehr treffendes Bild von dem Verhältnis zwischen den Emotionen, der Intelligenz und dem Handeln. Die Emotion bringt in Bewegung, die Intelligenz soll beaufsichtigen und leiten, dann bringt das Selbst durch sein Tun am meisten Nutzen; das Selbst der Beherrscher, – nicht das Opfer – der Emotionen!

Mit der Entwicklung derjenigen Seite des Bewusstseins, die sich in der sechsten Unterrasse und noch vollständiger in der sechsten Hauptrasse als Buddhi zeigen wird, entfaltet sich in der fünften Rasse bei einigen Fortgeschrittenen sehr schnell die emotionelle Charakterseite und ruft, wenigstens zeitweise, manche schwierige und selbst schlimme Symptome hervor. Mit dem Fortschreiten der Entwicklung wird das überwunden werden und der Charakter wird ausgeglichen und zugleich stark sein, weise und zugleich mitfühlend; aber inzwischen wird die Natur dieses schnell Fortschreitenden einen stürmischen und schlimmen Charakter annehmen und ihnen ernstliche Leiden schaffen. Und doch bringt grade dieses sein jetziges Leiden seine Reinigung und seine zukünftige Stärke, und in dem Verhältnis zur Schärfe seiner Leiden steht die Größe des Resultats. Es sind grade diese kraftvollen Naturen und in denen Buddhi sich zur Geburt durcharbeitet und es sind dies Geburtsschmerzen, die sie zu erleiden haben. In nicht ferner Zukunft wird dann Buddhi geboren, der Christ, das Kindlein: Weisheit und Liebe in eins, und diese, mit hoher Intelligenz verbunden, ist das spirituelle Ich, der wahre innere Mensch, der Herrscher, der Unsterbliche!

Der Schüler, der die Natur seines eignen Wesens erforscht, um seine Entwicklung in die Hand zu nehmen und seiner Zukunft die Richtung zu geben, muss sich über seine eigenen Kräfte und seine eigenen Schwächen ganz klar werden, – um die einen zu leiten und die anderen zu überwinden. In ungleichmäßig entwickelten Menschen stehen oft der Verstand und das Gefühl in umgekehrtem Verhältnis zueinander; sie besitzen starke Emotionen neben schwachem Verstand oder – große Intelligenz neben unentwickeltem Gefühlsleben; im ersteren Fall ist die leitende Macht zu schwach, im anderen die Anregung. Der Schüler muss also bei seiner Selbst-Analyse feststellen, ob sein Verstand gut entwickelt ist, wenn er findet, dass seine Gefühle stark sind; er muss sich prüfen, um zu sehen, ob er ungern in dem klaren kalten Licht des Verstandes auf die Dinge blickt; wenn er fühlt, dass es abstoßend auf ihn wirkt, wenn ein Gegenstand ihm in diesem Licht dargestellt wird, dann kann er sicher sein, dass seine Gefühlsseite zu stark im Verhältnis zu seiner Verstandesseite entwickelt ist.

Denn ist einer gut ausgeglichen, dann weist er weder das kalte, klare Licht des dirigierenden Verstandes zurück noch die starke Kraft der antreibenden Gemütsbewegung. Wenn in früheren Zeiten die eine Seite zu sehr gepflegt worden ist, wenn einer die Gefühle zu sehr genährt hat auf Kosten des Verstandes, dann sollten die Anstrengungen darauf gerichtet werden, den Intellekt zu stärken, und die Abneigung gegen eine kalte, verstandesmäßige Beurteilung sollte ernstlich überwunden werden; denn der Sympathie muss sich die Intelligenz gesellen.

§ 2. Die störende Wirkung der Gemütsbewegungen

Eins übersieht meistens der emotionelle – der Gemüts-Mensch, nämlich die Tatsache, dass die Gemütswallung, die ihn umgebende Atmosphäre mit ihren Schwingungen erfüllt und dadurch den Verstand beeinflusst; alles wird durch diese Atmosphäre hindurch angesehn und von ihr gefärbt und verzerrt, sodass die Dinge nicht in ihrer wahren Form und Farbe den Verstand erreichen, sondern verdreht und falsch gefärbt zu ihm gelangen. Unsere Aura umgibt uns und sie sollte ein vollständig durchsichtiges Medium sein, durch das hindurch alles in der äußeren Welt uns in seiner wahren Form und Farbe erreichen könnte; wenn aber die Aura in diesen Wallungen vibriert, dann kann sie nicht als ein solches Medium wirken, und alle Strahlen, die hindurch gehen, werden gebrochen und überbringen ein ganz falsches Bild.

Wenn jemand unter Wasser ist und versucht, nach einem Stock zu greifen, der nahe bei ihm in der Luft gehalten wird, dann wird seine Hand in ganz falscher Richtung sich bewegen, denn er wird sie nach der Stelle ausstrecken, an der er den Stock sieht, und da die Strahlen, die von dem Stock ausgehen, beim Eintritt in das Wasser abgelenkt werden, so scheint ihm der Stock ganz wo anders zu sein, als er wirklich ist. Ganz ähnlich ist es, wenn ein Eindruck von der Außenwelt uns durch eine Aura hindurch erreicht, die vor Wallungen zittert; dann werden die Verhältnisse ganz verzerrt und die wirkliche Sachlage ganz falsch angesehn; deshalb sind dann die Daten, die dem Verstand zufließen, unrichtig und die Beurteilung, die sich auf diese stützt, notwendigerweise falsch, wenn der Verstand auch noch so logisch arbeitet.

Auch die sorgfältigste Selbstanalyse wird uns nicht ganz gegen diese emotionelle Trübung schützen. Der Intellekt hat immer die Neigung, günstig über das zu urteilen, was wir gern mögen, und ungünstig über das, was wir nicht leiden können, infolge der oben erwähnten *Ablenkung*. Die Beweggründe zugunsten einer bestimmten Richtung werden durch unsere Wünsche, dieser zu folgen, in grelles Licht gerückt und die Gründe dagegen in den Schatten gestellt. Die einen scheinen so klar und bestimmend, die anderen so zweifelhaft und schwach; und für unsern Verstand, der durch die Wallungen hindurchblickt, ist es so sicher, dass wir recht haben und dass irgend ein andrer, der die Sache nicht so ansieht, wie wir, durch Vorurteile geleitet wird, oder absichtlich nicht einsehen will.

Gegen diese fortwährend lauernde Gefahr können wir ans nur durch Sorgfalt und andauernde Anstrengung bewahren; aber wir können ihr nicht eher vollständig entfliehen, bevor wir nicht über den Gemütswallungen stehen, und die absolute Herrschaft über sie erlangt haben.

Es gibt noch einen Weg, der uns zu einer richtigen Beurteilung führen kann, nämlich das Funktionieren des Bewusstseins in anderen zu studieren und ihre Entscheidungen unter ähnlichen Umständen, wie wir sie erlebt haben, zu erwägen. Die Urteile, die uns am stärksten missfallen, sind meistens grade die lehrreichsten für uns, weil sie in einem Gemüts-Medium entstanden sind, das von dem unsern vielleicht sehr verschieden ist. Wir können ihre Entscheidungen mit den unseren vergleichen und wenn wir uns die Punkte merken, die für sie die wichtigsten und für uns die unwichtigsten sind, und die, welche für uns am meisten in die Wagschale fallen und für sie am wenigsten, dann können wir die Gefühls- und die Verstandes-Elemente in der Entscheidung voneinander sondern. Wenn auch unsere Schlussfolgerungen irrige sein sollten, das Bemühen, solche Folgerungen zu ziehen, wird uns zur Berichtigung und Aufklärung unsrer Ansichten verhelfen; es hilft in der Bemeisterung der Gemütswallungen und stärkt das intellektuelle Element. Solche Studien müssen natürlich nur dann angestellt werden, wenn bei uns selbst keine Gefühlserregung vorhanden ist und ihre Ergebnisse sollten zum Gebrauch bereit gehalten werden, wenn zu Zeiten sich unser Gemüt in Wallung befindet.

§ 3. Methoden zur Beherrschung der Gemütsbewegungen

Die erste und wirkungsvollste Methode, um die Herrschaft über die Gemütsbewegungen zu erlangen, ist – wie bei allem, was das Bewusstsein berührt, – die Meditation. Vordem die tägliche Einwirkung der äußeren Welt die Gefühle erregt hat, sollte man die Hilfe der Meditation in Anspruch nehmen. Wenn das Ego nach der Periode des physischen Schlafes aus einer ätherischeren Welt als die physische in den Körper zurückkehrt, findet es diese Behausung im Ruhezustand vor, und kann ungestört von seinem ausgeruhten Gehirn- und Nervenapparat Besitz ergreifen. Die Meditation ist später am Tage, wenn die Gefühle wieder in reger Bewegung und in voller Tätigkeit sind, nicht so wirksam.

Die Ruhe nach dem Schlaf sollte man benutzen; dann ist die richtige Zeit für erfolgreiche Meditation, da der Körper des Verlangens, die emotionelle Seite unsrer Natur dann ruhiger ist, als wenn sie sich erst in das Getriebe der Welt gestürzt hat. Von dieser friedevollen Morgenstunde strömt dann der Einfluss aus, der während des ganzen Tages andauert das Gemüt zeigt sich der Beeinflussung und Beherrschung zugängig, wenn es besänftigt und beruhigt ist.

Wo es möglich ist, ist es sehr zweckmäßig, dann die Fragen, die während des Tages sich vielleicht einstellen werden, vorher zu erwägen und zu bestimmten Entschlüssen zu kommen, sowohl in Betreff des Standpunktes, den wir einnehmen, als auch über das Verhalten, das wir durchführen wollen. Wenn wir wissen, dass wir bestimmte Umstände zu erleben haben, in bestimmte Verhältnisse kommen, die unsere Gefühle erregen werden, dann können wir uns schon vorher über unsere mentale Stellungnahme entschließen und zu einer Entscheidung auch über unser Handeln kommen.

Angenommen, wir sind zu einer solchen Entscheidung gekommen, dann wird diese Stellungnahme, wenn die Umstände eintreten, sich wieder in Erinnerung bringen und zur Ausführung drängen, selbst wenn die Wogen der Gefühle uns nach einer anderen Richtung treiben.

Z. B. wir werden im Lauf des Tages mit jemanden zusammentreffen, für den wir eine starke Zuneigung empfinden, und wir beschließen in unsrer Meditation eine bestimmte Behandlungsweise als die richtigste, entscheiden in dem klaren Licht des ruhigen Verstandes, was das Beste für alle Beteiligten ist. An dieser Entscheidung sollten wir festhalten, selbst falls im entscheidenden Momente eine Neigung sich einstellt, zu fühlen, man habe einer gewissen anderen Ansicht nicht das richtige Gewicht beigelegt. In Wirklichkeit ist unter letzteren Umständen irgend einem Punkt zuviel Gewicht beigelegt; das richtige Abwägen fand bei der ruhigen Gedankenüberlegung statt und es ist am weisesten trotz dem Drängen des Gefühls des Augenblicks dem Plan zu folgen, den man sich im voraus skizziert hatte. Man mag sich ja trotzdem geirrt, sich getäuscht haben; aber wenn man den Irrtum während der Meditation nicht erkannt hatte, dann ist es nicht wahrscheinlich, dass man ihn mitten im Wirbel der Gefühle herausfindet.

Eine andere Methode, seine Gefühle zu zügeln, ist, zu bedenken, was man sagen will – vor dem Aussprechen, der Zunge einen Zaum anzulegen. *Der Mensch, der seine Sprache zu beherrschen gelernt, hat alles besiegt*, sagt ein alter orientalischer Gesetzgeber.

Wenn jemand nie ein scharfes oder unüberlegtes Wort spricht, dann ist er auf dem besten Wege, seine Gefühle zu beherrschen. Die Rede meistern, heißt die ganze Natur meistern. Es ist ein guter Plan, nicht zu sprechen, absichtlich der Rede Einhalt zu tun, – bis man sich darüber klar ist, was man in Begriff ist, zu sprechen, bis man sicher ist, dass die Rede wahr ist, dass sie sich dem anpasst, für den geeignet ist, an den sie gerichtet wird und dass sie so und nicht anders sein sollte.

Die Wahrheit ist das erste und wichtigste und nichts kann die Unwahrheit einer Rede entschuldigen; manche Worte, die unter dem Antrieb der Gefühle gesprochen werden, sind unwahr, sind entweder eine Übertreibung oder eine falsche Darstellung. –

Sodann wird auch zu oft, in der Überstürzung, bei einer Gemütserregung oder im Eifer eines starken Gefühls vergessen, die Worte dem Zuhörer anzupassen. Man kann so von einer großen Wahrheit ein ganz falsches Bild hervorrufen, wenn einer den Gesichtsstandpunkt des Hörers nicht in Betracht zieht. Ein Mitfühlen ist nötig, – nötig, die Sache so anzusehen, wie er sie ansieht, denn nur dann kann die Wahrheit nützlich und hilfreich sein. – Man will sich ja nicht selbst helfen, sondern dem anderen dadurch, dass man ihm eine Wahrheit bringt.

So mag vielleicht die Auffassung der göttlichen Gesetze als unveränderlich, unumstößlich und absolut unparteiisch, für den Redenden erhebend, kräftigend und begeisternd sein, während diese Auffassung für eine unentwickelte Individualität unbarmherzig und niederdrückend ist und ihr Schaden tut, anstatt ihr zu helfen. Die Wahrheit soll nicht niederdrücken, sondern erheben, und wir machen einen schädlichen Gebrauch von der Wahrheit, wenn wir sie jemanden geben, der noch nicht für sie reif ist. Es ist der Wahrheiten die Fülle für die Not eines jeden vorhanden; aber die Vorsicht ist nötig, weise auszuwählen; eine enthusiastische Begeisterung darf nicht eine vorzeitige Erleuchtung forcieren wollen. Mancher junge Theosoph tut mehr Schaden als Gutes durch seinen Übereifer, die Schätze, die er so hoch hält, anderen aufzunötigen.

Schließlich sollte die Form der Rede, die Notwendigkeit oder Nützlichkeit der gewählten Ausdrucksweise in Betracht gezogen werden. Eine Wahrheit, die helfen könnte, vermag in eine Wahrheit verwandelt zu werden, die hindert, durch die Art und Weise, wie sie vorgebracht wird.

Sprich nie etwas, was unwahr ist, sprich nie etwas was unerfreulich (unpleasant) ist. Das ist eine goldene Regel für das Reden. Alles Sprechen sollte wahrhaft, sanft, freundlich und gefällig (agreeable) sein. Dass die Rede gefällig und freundlich sein soll, wird von sonst wohlwollenden Menschen zu häufig vergessen, und sie rühmen sich dann sogar ihrer Offenheit, wenn sie ganz einfach roh sind, und rücksichtslos gegen die Gefühle derer, zu denen sie so sprechen. Aber solche Weise ist weder erzieherisch noch religiös, denn die Religion ist nicht ungesittet. Die Religion verbindet vollkommne Wahrheit mit vollkommner Freundlichkeit (courtesy).

Ferner – das Überflüssige, das Nutzlose ist nachteilig; und viel Schaden geschieht durch das fortwährende Überwallen in nichtigen, bedeutungslosen Gefühlen, beim Schwatzen und Plaudern. Leute, die nicht das Sprechen einmal lassen können und immer schwatzen müssen, vertändeln ihre intellektuellen und moralischen Kräfte und sprechen viel närrisches Zeug, was viel besser ungesprochen bliebe.

Sich vor dem Schweigen zu fürchten, ist ein Zeichen mentaler Schwäche; ruhiges Schweigen ist besser als närrisches Sprechen. Beim Schweigen wachsen die Emotionen und werden stark, während sie zugleich beherrscht werden, und so steigert sich die antreibende Kraft der menschlichen Natur und sie wird gleichzeitig zur Unterwerfung gebracht.

Die Macht des Schweigens ist groß und übt oft eine sehr besänftigende Wirkung aus; andrerseits muss der, der zu schweigen gelernt hat, darauf achthaben, dass sein Stillesein nicht seine Höflichkeit beeinträchtigt, denn ein unangebrachtes Stillschweigen erregt in seiner Umgebung eine frostige Kälte und bereitet Unbehaglichkeit.

Manche mögen vielleicht fürchten, dass solches Überlegen vor dem Aussprechen, wie sie oben angedeutet ist, so sehr den Austausch der Gedanken hindern möchte, dass die Unterhaltung gelähmt wird; aber alle, die solche Kontrolle ausüben, werden bezeugen, dass nach einer kurzen Praxis keine bemerkenswerte Pause vor der Antwort eintritt. Schneller als der Blitz arbeitet der Intellekt, und er leuchtet über die zu betrachtenden Punkte schneller, als wir einen Atemzug tun. Es ist richtig, zuerst wird wohl eine leichte Verzögerung eintreten, aber in wenigen Wochen ist keine Pause mehr nötig, und die Betrachtung und Kontrolle der beabsichtigten Äußerung wird viel zu schnell vor sich gehen, als dass eine Störung eintritt.

Mancher Redner wird bezeugen können, dass während des schnellen Verlaufs einer Rede-Periode der denkende Geist ganz in Ruhe ist und verschiedene Sätze überlegt und ihre respektiven Vorzüge erwägt, vordem er einen wählt und die übrigen verwirft; und doch merkt keiner in der aufmerksamen Zuhörerschaft etwas von diesem Nebenspiel oder ahnt, dass hinter dem Redestrom irgend eine solche auswählende Gedankentätigkeit vor sich geht. –

Eine dritte Methode, seine Emotionen zu meistern, ist die, sich des Handelns infolge eines plötzlichen Impulses zu enthalten. Die Hast, zu handeln, ist charakteristisch für den modernen Geist und sie ist der Ausfluss der Entschlossenheit, der Bereitwilligkeit und das ist das Gute an ihr. Aber wenn wir das Leben ruhig betrachten, so können wir uns überzeugen, dass niemals irgendeine Notwendigkeit für die Hast existiert; es ist immer Zeit genug, um das Handeln, auch wenn es noch so geschwind zu geschehen hat, gut zu überlegen und nicht in Überstürzung vor sich gehen zu lassen.

Wenn von irgendeiner starken Gemütserregung ein Impuls, ein Antrieb kommt, und wir springen dann sofort auf, um ihn ohne weitere Überlegung auszuführen, dann handeln wir unweise. Wenn wir uns daran gewöhnen, in allen täglichen Angelegenheiten nachzudenken, vordem wir handeln, dann wird, wenn ein Unfall oder irgendetwas anderes passiert, bei dem sofortiges Handeln notwendig ist, der geschwind arbeitende Intellekt das im Augenblick Notwendige erwägen und schnelles Handeln anordnen; aber es gibt dann keine Hast, kein unweises, unüberlegtes Dreinfahren.

Aber soll ich nicht meiner Intuition folgen? mag mancher fragen. Impuls und Intuition werden jedoch nur zu häufig verwechselt, trotzdem sie dem Ursprung und dem Charakter nach grundsätzlich verschieden sind.

Der Impuls entspringt der Begierden-Natur, er stammt aus dem Bewusstsein, das durch den Astralkörper wirkt, und ist eine Energie, die nach auswärtsgerichtet ist in der Gegenwirkung auf einen Reiz von außen. Diese Kraft wird von der Intelligenz nicht geleitet, wirkt Hals über Kopf, hastig, unbedacht. Die Intuition entspringt dem spirituellen Ego und ist eine Energie, die nach außen strömt, um einer Anforderung (demand) von außen zu entsprechen; diese Energie wird vom spirituellen *Ich* geleitet, und ist stark, ruhig, zielbewusst.

Um beide zu unterscheiden, ist, solange der Charakter noch nicht vollständig ausgeglichen ist, ruhige Überlegung notwendig, und ein nicht sofortiges Vorgehen wesentlich. Ein Impuls lässt nach unter solcher Überlegung und Verzögerung; eine Intuition wird unter solchen Bedingungen klarer und stärker; die Ruhe befähigt das niedere Manas sie aufzunehmen und die erhabene Herrscherstimme zu erkennen. Ja, wenn das, was uns eine Intuition scheint, in Wirklichkeit eine Gedankeneingebung irgendeines höheren Wesens ist, dann wird die Eingebung um so lauter und bestimmter bei unsrer ruhigen Meditation tönen, und wird durch solchen ruhigen Aufschub nichts an ihrer Energie verlieren.

Es ist wohl wahr, dass es gewissermaßen Freude bereitet, dem Impuls Hals über Kopf nachzugeben und dass die Zurückhaltung, die man sich auferlegt, eine Zeit lang leidvoll ist.

Aber will man ernstlich das höhere Leben führen, dann muss man auf viele solche Vergnügen verzichten und viel Leid auf sich nehmen; aber allmählich gelangen wir doch dahin, dass wir fühlen: die ruhig überlegte Handlung gewährt uns eine höhere Freude, als dem überstürzten Tun sich hinzugeben und wir merken, dass wir eine beständige Quelle der Reue beseitigt haben. Denn regelmäßig erweist sich ein solches Nachgeben als ein Fehler und die Folge davon ist Kummer. Wenn die Handlung, zu der es den Menschen treibt, eine gute ist, dann lässt der Entschluss, sie auszuführen, nicht nach, sondern er befestigt sich durch sorgfältiges Nachdenken. Wird aber der Entschluss schwächer beim Nachdenken, dann ist es sicher, dass er aus der niedrigen Quelle stammt, nicht aus der höheren.

Tägliche Meditation, sorgfältige Überlegung vor dem Sprechen, sich weigern, dem Impuls zum Handeln sofort nachzugeben, das sind die Hauptmittel, um die Gefahr abzuwenden, dass die Gemütsbewegungen uns beherrschen, die Hauptmittel, um sie anstatt dessen zu unsern nützlichen Dienern zu machen.

§ 4. Die Benutzung der Gemütsbewegungen

Nur der kann eine Emotion nützlich anwenden, der sie zu meistern gelernt hat und der weiß, dass die Gemütsbewegungen nicht sein Ich selbst sind, sondern sich in den Vehikeln abspielen, in welchen er wohnt und die Folgen der Wechselwirkung zwischen dem Selbst und dem Nicht-Selbst sind.

Ihr immer wechselnder Charakter zeigt, dass sie den Vehikeln angehören; ins Leben gerufen werden sie durch die Dinge von außen, auf die das Bewusstsein im Innern dann durch sie die Antwort gibt. Der Zustand des Bewusstseins, von dem die Emotionen ausgehen, ist der der Glückseligkeit, der Wonne (bliss), und Freude und Leid sind die Antwort, die das Selbst auf die Berührungen des Vehikels des Verlangens mit der Außenwelt als Bewegungen in diesen Vehikeln gibt, gerade wie die Gedanken Bewegungen sind, die durch ähnliche Berührungen und durch die Antwort des Selbst (als Wissen) auf diese hervorgerufen werden. Wenn das Selbst sich erkennt und sich von seinen Vehikeln unterscheidet, dann wird es der Beherrscher der Emotionen, und Freude und Leid werden beide zu Formen der Glückseligkeit (modes of bliss).

Wenn der Mensch weiter fortgeschritten ist, dann empfindet er, dass er unter dem Ungestüm der Freude und des Leides nun besser sein Gleichgewicht aufrechtzuerhalten vermag und dass die Emotionen nicht länger den Gleichmut seiner Seele erschüttern. Solange die Freude ihn noch übermütig macht und das Leid ihn lähmt, sodass er daran gehindert und davon zurückgehalten wird, seine Pflicht zu tun, solange ist er ein Sklave und nicht der Herr seiner Gemütsbewegungen.

Wenn er gelernt hat, sie zu beherrschen, dann kann: er die höchste Woge der Freude und den schärfsten Stachel des Leides fühlen und doch bleibt sein Geist unerschüttert: und er geht ruhig an die Arbeit, die ihm gerade obliegt. Denn was auch kommen mag, alles muss ihm Nutzen bringen. Aus dem Leid erwächst ihm Energie, wie aus der Freude Lebendigkeit und Mut. Alle werden zu Kräften, die ihn fördern, anstatt zu Hindernissen, die ihn zurückhalten.

Die Beredsamkeit kann uns hierfür als Illustration dienen. Sie hören einen Menschen lichterloh brennend vor Leidenschaft, seine Worte überstürzen sich, seine Gesten sind heftig, er ist von seinen Emotionen besessen und sie reißen ihn mit sich fort; aber er überzeugt und überredet seine Zuhörerschaft nicht.

Der Redner, der überzeugt und überredet, ist der, welcher seine Emotionen bemeistert und sie benutzt, um auf sein Publikum zu wirken; seine Worte sind überlegt und gut gewählt, selbst im Strom seiner Rede, und seine Gesten sind angemessen und würdig. Er fühlt diese Gemütsbewegungen im Augenblick nicht, sondern er hat sie gefühlt und er benutzt die Vergangenheit, um die Gegenwart zu gestalten.

Je mehr ein Redner gefühlt und je mehr er sich über die Emotionen erhoben hat, desto mehr Macht hat er, sie zu benutzen. Niemand kann ein großer Redner werden, der keine starke Gemütsbewegung kennt; aber seine Größe wächst in dem Maße, in welchem er sie zu beherrschen gelernt hat. Eine wirkungsvollere Explosion wird bei sorgfältiger Anordnung der Explosivstoffe und bei überlegter Anwendung des Streichholzes oder der sonstigen Zündung erfolgen, als wenn man sie beliebig hinwirft, das Zündholz hinterher und nun hofft, dass sie irgendwie Feuer fangen.

Solange jemand noch durch Emotionen aufgeregt wird, solange wird das klare Sehen, das zu einem nützlichen Helfen nötig ist, getrübt. Der wertvollste Helfer ist der, welcher ruhig und gleichmütig und doch voll von Mitgefühl ist. Was wäre das für ein Arzt, der mitten während einer Operation in Tränen ausbräche? Aber viele Menschen sind so ergriffen beim Anblick von Leiden, dass ihr ganzes Wesen dabei erbebt und sie das Leiden dadurch verstärken, anstatt es zu erleichtern. Alle Emotionen verursachen starke Schwingungen und die gehen vom einen auf den anderen über. Will jemand wirklich helfen, dann muss er ruhig und fest sein, unerschüttert bleiben und Frieden ausstrahlen. Wenn jemand über den Wogen auf einem Felsen steht, kann er besser einem anderen helfen, diesen Kettungsboden zu gewinnen, als wenn er selbst noch von den Wogen auf und niedergerissen wird.

Ein anderer Gebrauch der Emotionen, falls einer sie ganz in seiner Hand hat, ist, die zweckentsprechende in sich zu wecken und sie in jemand anderem hervorzurufen, für den sie wohltätig ist. Wenn jemand zornig ist, so ist die natürliche Antwort auf die Schwingungen der Zorn bei dem, auf welchen er sich richtet, denn alle Schwingungen haben die Neigung, gleichartige Schwingungen hervorzurufen.

Da wir alle einen Emotions- (Astralkörper haben, so wird irgendein solcher Körper, der in unserer Nähe in bestimmter Weise schwingt, ähnliche Schwingungen in uns wachrufen, wenn wir in unserm Körper die entsprechende Materie besitzen.

Zorn erweckt Zorn, Liebe weckt Liebe, Freundlichkeit weckt Freundlichkeit. Wenn wir Herr unserer Emotionen sind, und fühlen den Zorn in uns aufsteigen, als Antwort auf die Zornes-Schwingungen in einem anderen, dann sollten wir sofort diese Antwort zurückhalten und die Wogen des Zornes ruhig an uns anprallen lassen und dabei selbst ganz unerregt bleiben. Der Mensch, der seinen Emotionskörper ganz ruhig halten kann, während der der anderen um ihn her stark vibrieren, hat die Aufgabe der Selbstkontrolle gut gelernt.

Wenn das geschehen ist, dann ist er reif, den nächsten Schritt zu tun, die Schwingungen einer üblen Gemütsbewegung mit den Schwingungen der entsprechenden guten zu begegnen; er enthält sich also nicht nur des Zorns, sondern er sendet auch Schwingungen aus, die die Tendenz haben, die Zorneserregung des anderen zu dämpfen. Er beantwortet Zorn mit Liebe, Übelwollen mit Freundlichkeit.

Zuerst muss man sich zu dieser Art Beantwortung gewissermaßen zwingen, es muss extra dazu der Beschluss gefasst werden und zornige Leute sollte man dazu benutzen, um an ihnen die Ausübung zu lernen. Wenn wir mit einem solchen zusammentreffen, dann benutzen wir ihn; der Versuch wird zweifellos zuerst kalt und trocken sein, nur mit dem Willen erfüllt, zu lieben, nicht mit dem Liebesgefühl selbst; aber nach einiger Zeit wird der Wille, zu lieben, eine kleine Gemütsbewegung hervorrufen und zuletzt wird eine Gewohnheit daraus und Freundlichkeit wird die ganz von selbst kommende Antwort auf Unfreundlichkeit sein. Durch die stetige, vorsätzliche Übung wird es dem Emotionskörper ganz zur Gewohnheit werden, und er wird ganz automatisch so auf die Schwingungen böser Emotionen, die uns von außen treffen, antworten.

Erwidere Böses mit Gutem! darin stimmen die Lehren aller Meister der Ethik überein. Und diese Lehre stützt sich auf die Wechselwirkung der Schwingungen, die aus den Emotionen der Liebe und des Hasses entstehen. Die Erwiderung durch Böses verstärkt das Böse, während die Erwiderung durch Gutes es neutralisiert.

Gefühl der Liebe in anderen dadurch hervorrufen, dass man ihnen einen Strom solcher Gefühle zusendet, wodurch man alles Gute in ihnen anregt, alles Böse dämpft, das ist der höchste Zweck, zu dem wir unsere Gemütsbewegungen im täglichen, praktischen Leben anwenden können. Es ist eine gute Idee, eine Reihe von sich gegenüberstehenden Gefühlen im Gedächtnis zu bewahren und danach entsprechend vorzugehen, sodass man den Stolz durch Bescheidenheit begegnet, Unhöflichkeit durch Freundlichkeit, Anmaßung durch Selbstverleugnung, hartes Wesen durch Sanftmut, Erregtheit durch Ruhe. So bildet man einen Charakter, der alle böse Emotionen durch entsprechende gute erwidert und als ein Segen auf seine Umgebung wirkt, da er das Böse schwächt und das Gute stärkt.

§ 5. Der Wert der Gemütsbewegungen für die Entwicklung

Wir haben gesehn, dass die Gemütsbewegung die Triebkraft im Menschen ist, und «um sie zu einem Hilfsmittel in der Entwicklung zu machen, müssen wir sie benutzen, um uns zu heben und nicht gestatten, dass sie uns herabzieht. Das Ego braucht in seiner Entwicklung *Dinge, die ihn anziehen*, wie *die Stimme der Stille* sagt; denn der Weg empor ist steil und ein anziehender Gegenstand, höher als wir, nach dem wir streben können, ist eine Hilfe, die gar nicht überschätzt werden kann. Nur zu oft bleiben wir auf dem Weg zurück und fühlen kein Verlangen, weiter zu schreiten; das Streben ist eingeschlummert, der Eifer, sich zu erheben, ist dahin. Dann sollten wir die Emotion zur Hilfe rufen, das Gemüt sollte sich einem Gegenstand der Verehrung hingeben und so den Antrieb erlangen, den wir nötig haben, die erhebende Kraft gewinnen, nach der wir seufzen.

Diese Form der Gemütserregung wird oft Heroenkultus genannt, die Fähigkeit, jemanden, der edler ist, als man selbst, zu bewundern und hingebend zu lieben, und imstande sein, so zu lieben und zu bewundern, heißt eine der großen, erhebenden Energien in der menschlichen Entwicklung zur Verfügung haben. Der Heroen-Kultus wird oft getadelt, weil ein vollkommenes Ideal unter den in der Welt lebenden Menschen nicht zu finden ist; aber ein auch noch nicht vollkommnes Ideal, das man lieben und dem man nacheifern kann, ist eine Hilfe in der Beschleunigung der Entwicklung. Es ist wahr, dass solch ein nicht ganz vollkommnes Ideal Schwächen besitzen wird und es ist nötig, die heroischen Eigenschaften von den Schwächen, die sich diesen beimischen, zu unterscheiden; aber sein Augenmerk sollte man auf die heroischen Eigenschaften richten, die uns antreiben und nicht auf die Fehler, die jedem noch anhaften, der sich noch nicht über die Menschheitsstufe erhoben hat.

Die Einsicht, dass die Schwächen zum Nicht-Selbst gehören und verschwinden werden, während der Edelsinn zum Selbst gehört und dauernd ist. – die Liebe für alles, was groß ist und die Fähigkeit, über das Kleine hinweg zu sehen, – diese stammen aus dem Geist, der zur Jüngerschaft der Großen führt. Nur dann bringt der Heroenkultus Gewinn, wenn er die Größe ehrt und die Schwäche unbeachtet lässt; – das Karma seiner eigenen Unzulänglichkeit wird auf den Heroen fallen.

Aber man hat gesagt: wenn wir den Edelsinn des Selbst inmitten menschlicher Schwächen anerkennen, dann tun wir nur, was wir bei allen Menschen tun sollten, und weshalb einen Helden aus jemanden machen, solange noch irgendeine menschliche Schwäche in ihm ist?

Weil der Held uns dadurch hilft, dass er Begeisterung in uns entfacht und uns als Maßstab für unsere eigene Leistung dient. Kein gewöhnlicher Mensch kann zu einem Helden gemacht werden, nur wo man das Selbst mit hellerem Schein als gewöhnlich hindurch leuchten sieht, entsteht die Neigung zum Heroenkultus. Einsolcher Mensch ist ein Heros, wenn auch noch kein übermenschlicher und seine Schwächen sind, den Flecken der Sonne vergleichbar.

Es gibt ein Sprichwort: *Niemand ist vor seinem Kammerdiener ein Held* und der Zyniker versteht darunter, dass der heroische Mensch nur aus einer gewissen Entfernung als solcher wirkt. Aber sollte der eigentliche Sinn nicht vielmehr der sein, dass die Diener-Seele, die nur auf den Glanz der Stiefel und das Sitzen der Krawatte bedacht ist, das nicht zu schätzen imstande ist, was den Heros ausmacht, da er im Innern nichts besitzt, was mit den Tönen sympathisch mitschwingt, die der Heros anschlägt? Denn bewundern können, heißt selbst leisten können, und die Liebe und Verehrung für Große ist ein Zeichen, dass der Mensch auf dem Wege ist, es diesen gleichzutun.

Wenn die Gemütsbewegung so hervorgerufen ist, sollten wir uns nach unserm Ideal beurteilen und beschämt sein, wenn wir etwas tun oder denken, was dem, den wir verehren, einen Schatten der Trauer bereiten könnte. Wir sollten uns stets in seiner Gegenwart fühlen, da diese uns erhebt, und uns im Licht der größeren Leistungsfähigkeit beurteilen, bis wir finden, dass auch wir anfangen, leistungsfähig zu werden.

Daß das reine Licht des Selbst nicht aus denen hervorleuchtet, die hier auf Erden unreine Wege wandeln, ist wahr; aber es gibt doch einige, durch die genug Licht hindurchscheint, um die Finsternis zu erhellen, sodass wir sehen können, wohin wir unsern Fuß zu setzen haben; es ist besser, diesen zu danken und sie zu ehren, sich zu freuen und in ihnen froh zu sein, als sie zu verkleinern, weil sie noch nicht ganz himmlischer Natur sind, weil bei ihnen noch einige Berührungspunkte mit menschlichen Schwächen vorhanden sind.

Gesegnet sind in Wirklichkeit die, welche etwas von solcher Heroen-Natur in sich bergen und daher ihre Verwandtschaft mit diesen älteren Brüdern, den Heroen, empfinden; denn ihrer wartet die offene Pforte zu höheren Regionen und je mehr sie lieben, je mehr sie ehren, desto geschwinder nähern sie sich dieser Pforte. Es gibt kein besseres Karma für den Menschen, als den Held zu finden, der ihn zum Eintritt geleitet; kein schlimmeres Karma, als ihn in einem Augenblick der Erleuchtung gesehn zu haben und, geblendet durch eine Unvollkommenheit, der er zu entwachsen im Begriff ist, ihn verworfen zu haben.

VI. – Der Wille

§ 1. Der Wille, der seine Freiheit gewinnt

Wir kehren jetzt zur Betrachtung der Kraft im Menschen zurück, von der wir ausgingen, – zur Betrachtung des Willens.

Wie sich der Leser erinnern wird, stellten wir fest, dass es der Wille des Seihst sei, des individualisierten Selbst – wenn es sich auch seiner Individualisierung noch nicht bewusst war, – der es zur Manifestation drängte. Nicht durch Zwang, nicht in Folge äußerer Notwendigkeit, nicht durch etwas veranlasst, das ihm äußerlich gegenübersteht, sondern infolge des großen Willens, von dem sein eigner Wille einen Teil bildet, – sein Wille, der als ein *Mittelpunkt* individualisiert, aber noch nicht durch die ihn umgebende *Kreislinie* der Materie abgetrennt ist, – infolge des großen Willens, der in ihm pulsiert, wie das Lebensblut der Mutter in dem Kinde vor der Geburt, schreitet das Selbst hervor zur Manifestation mit dunklem Verlangen nach dem reichen Pulsieren des Lebens, gehüllt in Schleier der Materie, um Kräfte auszuüben, die nach Betätigung streben, um Welten zu erleben, die voll sind von stürmischer Bewegung. Das, was der Logos bewusst will, – sich in einem Universum verkörpern, – wollen auch alle Zentren des individualisierten Seins innerhalb seiner selbst, wenn auch noch sozusagen blind und tastend nach einem volleren Leben. Es ist der Wille zu leben, zu wissen, und dieser weitertreibende Wille drängt zur Manifestation.

Wir haben gesehn, dass dieser Wille, diese Kraft des Selbst auf den dichteren Ebenen die Form annimmt, die wir Verlangen nennen, und dass, geblendet durch die Materie und unfähig, seinen Weg zu sehen, er sich seine Richtung durch die Anziehungen und Abstoßungen äußerer Gegenstände bestimmen lässt. Daher können wir in dieser Periode vom Selbst nicht sagen, das es sich selbst leitet; seine Leitung geschieht vielmehr durch Anziehung und Abstoßung von Dingen, die es an seiner Peripherie treffen. Ferner haben wir gesehen, dass, wenn das Verlangen mit der Intelligenz in Berührung kommt und diese zwei Aspekte des Selbst aufeinander einwirken, die Gemütsbewegung, die Emotion entsteht, die die Spuren ihrer Abstammung zeigt, vom Verlangen, der Mutter und von der

Intelligenz, dem Vater. Und wir haben die Methoden näher betrachtet, durch welche wir die Emotionen beherrschen, Nutzen aus ihnen ziehen und sie unsrer menschlichen Entwicklung – anstatt gefährlich – dienstbar machen können.

Jetzt haben wir zu betrachten, wie dieser Wille, diese verborgene Kraft, die immer zur Tätigkeit trieb, aber sie noch nicht beherrschte, allmählich ihre Freiheit gewinnt, das heißt ihre Selbst-Bestimmung. Wir wollen zunächst kurz besprechen, was unter dem Wort *Freiheit* zu verstehen ist.

Seinem Wesen und seinem Urgrund nach frei, – als ursprüngliche Kraft des Selbst, – wurde der Wille gebunden und beschränkt durch seine Versuche, die Materie zu bemeistern, in die das Selbst hinabgestiegen. Wir brauchen nicht vor der Behauptung zurückzuschrecken, dass die Materie das Selbst meistert, nicht das Selbst die Materie; dies tritt dadurch ein, dass das Selbst die Materie als sich selbst betrachtet, sich mit ihr identifiziert; da es durch die Materie will, durch sie denkt, durch sie handelt, erscheint die Materie ihm völlig es selbst und in seiner Verblendung ruft es aus: *Ich bin die Materie*; und während sie das Selbst beschränkt und bindet, fühlt es sich eins mit der Materie und es ruft: *Ich bin frei*. Und doch ist diese Meisterung des Selbst durch die Materie nur ein zeitweiliger Zustand; denn der Stoff wechselt fortwährend, kommt und geht, ist ewig veränderlich, wird immer neu gestaltet und unbewusst herangezogen und entfernt von den sich entfaltenden Kräften des Selbst, dem Unvergänglichen inmitten des Vergänglichen.

Wir kommen jetzt zu der Stufe in der menschlichen Entwicklung, auf der das Gedächtnis stärker geworden ist, als das instinktive Aufsuchen des Vergnügens und das Vermeiden des Leidvollen, auf der die Intelligenz das Verlangen beherrscht und die Vernunft über die Triebe triumphiert. Die Erfolge der Zeitalter langen Entwicklung reifen heran und ein Teil dieser Erfolge ist die Freiheit.

Solange der Wille sich als Verlangen äußert und in seiner Richtung durch die Anziehungskräfte von außen bestimmt wird, ist er augenscheinlich nicht frei, sondern sehr entschieden gebunden. Gerade wie irgendein lebendes Geschöpf durch eine Kraft, die größer ist als seine eigene, nach einer Richtung gezogen werden kann, die es selbst nicht bestimmt hat, so wird der Wille durch die Anziehungen von Dingen hingerissen, nach der

Richtung gezogen, die Freude verspricht und die, zu verfolgen, erfreulich erscheint; der Wille ist nicht als selbst-bestimmende Kraft tätig, sondern im Gegenteil das Selbst wird durch eine äußere, zwingende Anziehung fortgerissen.

Es gibt kein lebhafteres und entsprechenderes Bild des Selbst in diesem Zustand, als das schon einmal zitierte aus einer alten indischen Schrift, in der das Selbst als ein Mensch geschildert wird, der in einem Wagen fährt; die Sinne, die von den freude-bereitenden Dingen angezogen werden, sind die ungezähmten Pferde, die mit dem Wagen, dem Körper, samt seinem Besitzer davonlaufen. Obgleich der Wille die wahre Kraft des Selbst ist, ist er doch, so lange diese zügellosen Pferde mit dem Selbst davonlaufen, vollständig gebunden und nicht frei.

Es hat keinen Sinn, bei einem Menschen, der der Sklave der Dinge um ihn her ist, von einem freien Willen zu sprechen. Er ist fortwährend in Fesseln, er kann nicht selbstständig wählen, denn wenn wir auch sagen können, dass ein solcher die Wahl trifft, den Weg zu wandeln, wo ihm Vergnügen lockt, so kann in Wahrheit nicht von einer Wahl, noch von dem Gedanken einer Wahl die Rede sein. Solange noch Anziehung und Abstoßung den Pfad bestimmen, ist alles Gerede von Freiheit leer und töricht. Selbst wenn ein Mensch sich in der Wahl des wünschenswerten Gegenstandes frei fühlt, ist doch dieses Gefühl der Freiheit eine Illusion, denn er wird von der Anziehungskraft des Gegenstandes oder Verlangens nach Vergnügen bewegt. Er ist ebenso frei (oder ebenso unfrei), wie das Eisen frei ist, sich nach dem Magnet hin zu bewegen oder nicht. Die Bewegung wird durch die Stärke des Magneten bestimmt und durch die Natur des Eisens, infolge welcher es dieser Anziehung nachgibt.

Um zu verstehen, was wir mit dem Ausdruck Freiheit des Willens meinen, müssen wir vorher die Schwierigkeit beseitigen, die der Ausdruck *Wahl* bereitet. Wenn wir frei zu sein scheinen, zu wählen, bedeutet diese sogenannte Freiheit der Wahl Freiheit des Willens? Oder ist es nicht eher so, dass der Ausdruck Freiheit der Wahl nur bedeutet, dass keine äußere Kraft uns zwingt, diese oder jene Alternative zu wählen? Aber die wichtige Frage, die sich hier hinter verbirgt, ist: *Was veranlasst uns zu wählen?* Ob wir frei sind, so zu handeln, wie wir gewählt haben, ist etwas ganz anderes, als ob wir frei sind, zu wählen oder ob die Wahl durch etwas bestimmt wird, was im Hintergrunde liegt.

Wie oft hören wir als Beweis für die Freiheit des Willens anführen: *Ich bin frei, zu wählen, ob ich das Zimmer verlassen will oder nicht; ich bin frei, zu wählen, ob ich dies Gewichtstück fallen lassen will oder nicht.* Aber solcher Beweisversuch trifft nicht die eigentliche Frage. Niemand leugnet die Macht eines Menschen, der physisch nicht gehindert ist, ein Zimmer zu verlassen oder darin zu bleiben; ein Gewichtstück fallen zu lassen oder es festzuhalten.

Die Frage, die uns hier interessiert, ist die: *Weshalb wähle ich so?* Wenn wir die Wahl analysieren, sehen wir, dass sie durch Beweggründe veranlasst wird und der Determinist (der nicht an die Freiheit des Willens glaubt, sondern dafürhält, dass der Wille bestimmt wird), folgert etwa so: *Ihre Muskeln können das Gewicht festhalten oder fallen lassen; aber wenn sich z. B. unter ihm ein wertvoller, zerbrechlicher Gegenstand befindet, dann werden sie wählen, es nicht fallen zu lassen. Der Umstand, der ihre Wahl bestimmt, es nicht fallen zu lassen, ist der, dass sich dort der zerbrechliche Gegenstand befindet. Ihre Wahl wird durch Beweggründe bestimmt und der stärkste Beweggrund entscheidet.* – Die Frage ist nicht: *Bin ich frei, zu handeln?* sondern: *Bin ich frei, zu wollen?* Und wir sehen klar ein, dass der Wille durch den stärksten Beweggrund bestimmt wird und dass soweit der Determinist recht hat.

In Wirklichkeit ist diese Tatsache, dass der Wille durch den stärksten Beweggrund bestimmt wird, die Grundlage aller Gesellschaftsordnungen, aller Gesetze, aller Strafen, aller Verantwortlichkeit, aller Erziehung. Der Mensch, dessen Wille nicht auf diese Weise bestimmt wird, ist unverantwortlich, ist irrsinnig.

Er ist ein Geschöpf, das nicht vor Gericht gezogen werden kann, mit dem man nicht logisch verhandeln, auf den man sich nicht verlassen kann; es ist ein Wesen ohne Vernunft, ohne Logik, ohne Erinnerung, ohne die Eigenschaften, die den *Menschen* kennzeichnen.

Dem Gesetz nach wird ein Mensch nicht für verantwortlich gehalten, wenn kein Beweggrund ihn leitet, wenn keine gewöhnlichen, vernünftigen Gründe auf ihn einwirken; er ist irrsinnig und die gesetzlichen Strafen finden auf ihn keine Anwendung. Einen Willen, dessen Energie sich nach ganz beliebiger Richtung wendet, der ohne Beweggründe, ohne Sinn und Vernunft zum Handeln getrieben wird, kann man vielleicht *frei* nennen, aber dies ist nicht, was man unter *Freiheit des Willens* versteht. In jeder vernünftigen Erörterung der Freiheit des Willens muss man von dem Grundsatz ausgehen, dass der Wille durch den stärksten Beweggrund bestimmt wird.

Was versteht man denn unter Freiheit des Willens? Es kann im höchsten Fall nur eine bedingte, verhältnismäßige Freiheitsein; denn das Sonder-Selbst ist ein Teil des Ganzen und das Ganze muss größer sein, als alle seine Teile und muss sie beherrschen.

Und dies trifft gleichermaßen zu auf das Selbst, wie auf die Körper, in die es gehüllt ist. Niemand stellt infrage, dass die Körper Gesetzen unterliegen, und sich nach Gesetzen bewegen, sich nur in gesetzmäßiger Weise bewegen können und die Freiheit, mit welcher sie sich bewegen, ist nur die Freiheit der Bewegung relativ zueinander, und diese besteht nur dank dem Aufeinander-Einwirken der zahllosen Kräfte, die sich in der endlos verschiedensten Weise gegenseitig ausgleichen und in dieser Endlosigkeit und Verschiedenheit unzählige Möglichkeiten darbieten; so ist eine Freiheit der Bewegung möglich innerhalb starrster Gebundenheit.

Auch das Selbst unterliegt den Gesetzen; -sie ist in sich -ti das Gesetz, als ein Teil der Natur, die das Wesen aller Wesen ist. Kein gesondertes Selbst kann sich von dem Ur-Selbst, welches das All ist, trennen; und wie frei es sich auch in Bezug auf andere gesonderten Selbste bewegen mag, so kann - es sich doch nicht außerhalb des Lebens bewegen, das jedes Sonder-Selbst erfüllt, das seine Natur und sein Gesetz ist, in dem es lebt und webt.

Die Teile fesseln nicht die Teile, ein Sonder-Selbst fesselt nicht ein anderes Sonder-Selbst; aber das Ganze fesselt und beherrscht die Teile, das Ur-Selbst fesselt und beherrscht die Sonder-Selbste. Da diese Selbste das Ur-Selbst sind, geht die Freiheit auch hier mitten aus scheinbarem Gebundensein hervor und *niemand anders zwingt*.

Diese Freiheit eines Teils in Bezug auf andere Teile, neben dem Gebundensein in Bezug auf das Ganze ist in' der physischen Natur klar zu beobachten. Wir sind Teile einer Welt, die durch den Raum fliegt und die sich zugleich um ihre eigene Achse dreht, immer in der Richtung nach Osten. Hiervon merken wir nichts, da ihre Bewegung uns mit sich führt und sich alles zusammen und in gleicher Geschwindigkeit und nach derselben Richtung bewegt. Ostwärts drehen wir uns mit unsrer Erde und nichts können wir dazu tun, um die Richtung zu ändern. Aber im Verhältnis zueinander und zu den Örtlichkeiten um uns können wir uns frei bewegen und unsere gegenseitige Stellung ändern. Ich kann mich so bewegen, dass ich mich schließlich westlich von einer Person oder einem Ort befinde, trotzdem wir alle unausgesetzt nach Osten fliegen.

Und die Bewegung eines Teils im Verhältnis zu einem anderen Teil werde ich mir bewusst, so klein und langsam sie ist, während der großartige, schnelle Flug, der alle fortwährend weiter nach Osten trägt, mir vollständig unbewusst bleibt. Ich rufe dann in meiner Unwissenheit aus: *Sieh, ich habe mich westwärts bewegt!* Und die hohen Götter könnten verächtlich über die Unwissenheit der Teile lachen, die von der Richtung ihrer Bewegung sprechen, nur dass sie, die Weisen, von der Bewegung innerhalb der Bewegung wissen und von der Wahrheit, die unrichtig scheint und doch richtig ist.

Und wiederum können wir sehen, wie der große Wille unbeirrt auf dem Pfad der Entwicklung weiter drängt, und alle zwingt, auf diesem Pfad voranzugehen und doch jedem überlässt, die Methode seiner Vorwärtsbewegung und die Art und Weise seines unbewussten Wirkens zu wählen. Denn jener Wille braucht bei seiner Ausführung jede Art und Weise des Wirkens und jede Methode des Wandelns; er nimmt sie alle auf und benutzt sie.

Ein Mensch hat einen edlen Charakter entwickelt, huldigt hohem Streben und sucht stets, seinen Mitmenschen redlich und treu zu dienen; dann wird er wiedergeboren, wo große Notstände laut nach Helfern schreien und der *Wille* wird durch ihn in einer Nation ausgeführt, die solcher Hilfe bedarf und er spielt die Rolle eines Helden. Die Rolle ist von dem großen Autor geschrieben; die Fähigkeit, sie zu übernehmen, hat der Mensch sich selbst erworben.

Oder ein Mensch gibt jeder Versuchung nach und tut leicht Böses; er benutzt die Fähigkeiten, die er besitzt, schlecht und missachtet Barmherzigkeit, Gerechtigkeit und Wahrheit bei geringfügigen Dingen und im gewöhnlichen Leben. Dann wird er wiedergeboren, wo Unterdrückung nötig ist und Grausamkeit und andere schlimme Mittel und auch durch ihn wird der *Wille* in einer Nation ausgeführt, die die bösen Folgen einer bösen Vergangenheit auswirkt, und er wird zu denen gehören, die die Nation grausam und in niedriger Weise tyrannisieren und das Volk schänden, das sie ertragen muss. Wiederum ist die Rolle vom großen Autor geschrieben und die Begabung zu dieser Rolle hat der Mensch sich selbst erworben. – So wirken die kleinen Willen innerhalb des großen Willens.

Wenn wir also sehen, dass der Wille durch Beweggründe bestimmt wird, durch die Schranken der Materie, die das gesonderte Selbst einhüllen, und durch das Selbst, von dem das Sonder-Selbst, das den Willen ausführt, ein Teil ist, bedingt wird – was ist dann unter Freiheit des Willens zu verstehen? Wir begreifen sicher, dass Freiheit heißt, von innen bestimmt zu werden, gebunden sein, von außen bestimmt zu werden; der Wille ist frei, wenn das Selbst, das handeln will, seinen Beweggrund zum Wollen aus Quellen entnimmt, die in ihm selbst liegen und nicht durch ein Motiv veranlasst wird, dessen Quelle außen entspringt.

Und in Wahrheit ist dies Freiheit; denn das größere; Selbst, in dem das Sonder-Selbst lebt und webt, ist eins mit ihm: *Ich bin Das!* und das noch umfassendere Selbst, in welchem das größere Selbst lebt und webt, ist eins mit dem größeren, das auch sagt: *Ich bin Das!* und so weiter und weiter, höher und höher, wenn wir an Welten-Systeme und Weltall-Systeme denken; jedoch kann das niedrigste *Ich*, das sich selbst kennt, sich nach innen wenden und nicht nach außen, und sich eins wissen mit dem inneren Selbst, dem Pratyagâtmâ, dem Einen und sich damit in Wahrheit frei wissen. Blickt es nach außen, dann ist es immer gebunden, wenn auch die Grenzen dieser Bande endlos und unbegrenzt zurückweichen; blickt es nach innen, dann ist es immer frei, dann ist es Brahman, das Ewige.

Wenn der Mensch durch sich selbst bestimmt wird, dann können wir sagen, dass der Mensch frei ist in jedem Sinn, in welchem das Wort Freiheit wertvoll ist, und seine Selbstbestimmung ist keine Fessel in irgendeinem lähmenden Sinn dieses Worts.

Das, was ich in meinem innersten Selbst, zu tun, den Willen habe, das zu dem mich niemand anders zwingt, das trägt das Zeichen der Freiheit im Unterschied zur Gebundenheit.

Wie weit können wir in diesem Sinn des Wortes Freiheit sagen, dass unser Wille frei ist? Nur wenige von uns werden sich dieser Freiheit in beträchtlichem Maßstab rühmen können. Abgesehen von dem früher erwähnten Gebundensein durch Anziehung und Abstoßung, sind wir an die Gleise gefesselt, die wir uns gefurcht haben durch unser früheres Denken, durch unsre Gewohnheiten, – vor allem durch unsere Denk-Gewohnheiten, – durch die Eigenschaften und den Mangel an Eigenschaften, die wir vom vergangenen Leben mit herübergebracht haben, durch die Schwächen und die Kräfte, die mit uns geboren sind, durch unsre Erziehung und unsre Umgebung, durch den gebieterischen Zwang unsrer Stufe in der Entwicklung, durch unsre physische Erbschaft und unsere nationalen und Kassen-Überlieferungen.

Es ist daher nur ein enger Weg gelassen, auf dem unser Wille sich bewegen kann; er stößt fortwährend gegen die Vergangenheit, die in der Gegenwart als Mauer, als Schranke auftritt. Für alle Zwecke und Absichten ist der Wille in uns nicht frei.

Er ist erst auf dem Wege, frei zu werden, und er wird erst frei sein, wenn das Selbst vollständig Herr seiner Vehikel geworden ist, und sie zu seinen eigenen Zwecken benutzt, wenn jedes Vehikel nur ein Werkzeug ist, das jedem Anstoß des Selbst gehorcht und nicht mehr ein widerspenstiges Roß, das schlecht gezähmt ist und seinen eignen Willen hat.[89] Wenn das Selbst über die Unwissenheit hinaus ist, die üblen Gewohnheiten, die Zeichen vergangener Unwissenheit, besiegt hat, dann ist das Selbst frei und dann wird man erst das Paradoxon verstehen, *in dessen Dienst vollkommene Freiheit herrscht.*

Denn dann wird man erfahren, dass es in Wirklichkeit kein Sonder-Sein, keinen Sonder-Willen gibt, dass dank unsres göttlichen Wesenskernes unser Wille ein Teil des göttlichen Willens ist und dass dieser es ist, der uns unsere lange Entwicklung hindurch die Kraft gegeben hat, die Entwicklung weiter- und durchzuführen, und dass diese Erfahrung, dies Erleben der Einheit des Willens, die Erfahrung, das Erleben der Freiheit ist.

In Verfolgung dieser Gedankengänge haben manche das Ende des Zeitalter langen Streits über *Freiheit* des Willens und Determinismus gefunden, und während sie die Wahrheit anerkennen, für die der Determinismus kämpft, haben sie das Gefühl festgehalten, verteidigt und gerechtfertigt: *Ich bin frei, ich bin nicht gebunden.*

Die Idee der aus sich selbst entspringenden Energie, der aus dem innersten Quell unsres Wesens hervorbrechenden Kraft ist auf die eigentliche Essenz des Logos gegründet, auf das Ich, welches das Selbst ist, das Selbst, das göttlich ist und daher frei.

§ 2. Weshalb so viel Kampf?

Wenn wir den langen Lauf der Entwicklung, den langsamen Vorgang der Entfaltung des Willens überblicken, dann drängt sich unwillkürlich die Frage auf: *Weshalb müssen alle diese Kämpfe und Schwierigkeiten sein? Weshalb müssen so viele Missgriffe sein und. so viele Niederlagen? Weshalb dieses lange Gebundensein, bevor die Freiheit erreicht wird?*

Ehe wir hierauf antworten können, müssen wir einen allgemeinen prinzipiellen Punkt besprechen. Beim Beantworten einer Frage muss man genau im Auge behalten, was die Frage besagt und wie weit sie geht, und die Antwort darf man nicht für unzutreffend halten, wenn sie vielleicht eine andere Frage unbeantwortet lässt, die bei der Stellung der -ersten stets im Hintergrunde schwebte.

Die Beantwortung einer Frage mag zutreffend sein, ohne damit alle Fragen endgültig zum Abschluss zu bringen, und ihre Richtigkeit würde man falsch einschätzen, wenn man sie bestreitet, weil die Antwort nicht noch eine weitere Frage erledigte, die man vorbringen könnte. Dass so viele nach Wahrheit Suchende nicht zur befriedigenden Einsicht gelangen, kommt zum großen Teil von ihrer hastigen Ungeduld; sie behandeln die Fragen, die sich ihrem Geist aufdrängen, ohne irgendwelche Ordnung oder System und verlangen, dass sie alle auf einmal beantwortet werden und dass die Antwort auf eine Frage zugleich auch alle anderen erledigen soll. Die Angemessenheit der Mittel muss im Verhältnis zu dem Zweck beurteilt werden, zu welchem diese Mittel angewandt werden. In allen Fällen muss die Antwort danach beurteilt werden, wie weit sie die Frage, die gestellt ist, befriedigend erledigt, und nicht danach, ob sie auf Fragen passt, die mit der gestellten in Zusammenhang stehen und die der Fragende im Sinne hatte.

So muss die Angemessenheit irgendwelcher Mittel, die wir in einem Universum antreffen, nach dem Ziel beurteilt werden, nach dem wir das Universum streben sehen, wir dürfen in der Beantwortung der obigen Frage nicht zugleich die Antwort auf die weitere Frage erwarten: *Weshalb existiert überhaupt irgendein Universum?* Auch diese Frage kann ja gestellt und beantwortet werden; aber diese Antwort wird nicht gegeben durch den Beweis der Angemessenheit der Mittel in einem Universum zu einem Zweck, das diesem Universum gegeben scheint. Und es ist kein

Beweis dafür, dass die Antwort auf die ursprüngliche Frage (nach der Notwendigkeit des Kampfes) unbefriedigend ist, wenn der Fragesteller erwidert:

Ja, aber weshalb ist überhaupt ein Universum da? Wenn wir auf die Frage: *Weshalb müssen so viele Missgriffe sein und so viel Niederlagen beim Wandeln auf dem Pfad der Entwicklung?* eingehen wollen, dann müssen wir das Universum als vorhanden annehmen, als eine Tatsache, von der wir ausgehen, und müssen es erforschen, um sein Ziel zu entdecken oder wenigstens eins seiner Ziele, nach dem es hinstrebt.

Weshalb es dorthin strebt, ist, wie gesagt, eine andere Frage, und zwar eine vom größten Interesse; aber nur nach dem entdeckten Ziel können wir die Mittel beurteilen, die dahin führen sollen.

Eine auch nur flüchtige Untersuchung des Teils des Universums, in dem wir uns befinden, zeigt uns, dass wenigstens eins der Ziele – wenn nicht sein Ziel – ist, lebende Wesen von hoher Intelligenz und starkem Willen hervorzubringen, die fähig sind, tätigen Anteil zu nehmen an der Weiterführung und Leitung der Tätigkeit der Natur und mitzuwirken an dem allgemeinen Plan der Entwicklung.

Weitere Untersuchung (durch sich entfaltende innere Kräfte), deren Ergebnisse durch alte Schriften bestätigt, werden, zeigt uns, dass diese unsere Welt nicht die einzige ist, sondern nur eine von vielen, dass ihr menschliche Wesen älterer Herkunft bei der Entwicklung der Menschheit geholfen haben, und dass auch ihr Menschen entwachsen sollen, die wieder jüngeren Welten helfen werden in Zeiten, die noch kommen sollen.

Ferner zeigt die Untersuchung uns eine großartige Hierarchie von übermenschlichen Wesen, die die Entwicklung leiten und führen, und als den Mittelpunkt des Universums den dreifachen Logos, den Herrscher und Herrn seines Systems, und sie berichtet uns, dass die Frucht, die Ernte eines Systems nicht nur eine große Hierarchie mächtiger Intelligenzen ist, mit Graden von immer mehr verblassendem Glanz unter ihnen, sondern auch diese höchste Vollkommenheit eines Logos, als die Krone von allen.

Und sie entschleiert uns ein Bild nach dem anderen in immer wachsender Glorie von Universen, in denen jedes System nur wie ein Weltkörper erscheint und so fort und fort immer großartiger, in sich erweiternden Reihen unbegrenzter, glänzender Fülle des Lebens ohne Ende.

Und dann erhebt sich die Frage: *Durch welche Mittel entwickeln sich diese Mächtigen, die vom Staube zu den Sternen aufsteigen und von diesen Sternen, die der Staub großartigerer Systeme sind, zu den Steinen, die für sie das sind, was für unsern Staub unsere Sonne?*

Bei solcher Forschung- bemüht sich die Einbildungskraft vergeblich, einen Weg zu finden, auf welchem die hohen selbstherrschenden, sich selbst bestimmenden Wesen jenes vollkommne Gleichgewicht, jene standfeste Unbeirrtheit der Weisheit erreichen können, die sie geeignet macht, die *Natur* eines Systems zu werden, wenn es nicht dieser Weg des Kampfes und der Erfahrung ist, auf dem wir heute suchen, weiter zu kommen. Würde es einen außerkosmischen Gott geben können, mit einer anderen Natur, als die des Selbst, die wir sich um uns her in sicherer Harmonie einer festgegliederten Folgerichtigkeit entfalten sehen, – mit einer unregelmäßigen und launigen Natur, wechselnd, willkürlich, unberechenbar, – dann könnte es sein, dass einem solchen Chaos ein Wesen entstiege, das *vollkommen* genannt werden mag, aber in Wahrheit höchst unvollkommen ist, voller Schranken, da es keine Erfahrung hinter sich hat und deshalb ohne Vernunft und Urteilsfähigkeit ist, wie eine Maschine die in, d. h. in Übereinstimmung mit, einem jeglichen Schema der Dinge *richtig* arbeiten und – wie eine Maschine – die Folgen des ihm Gegebenen herausspinnen mag.

Aber solch ein Wesen würde nur in ein solches Schema hineinpassen und außerhalb nutzlos und unzuständig sein; noch würde dort Leben herrschen, eine wechselnde Selbst-Anpassung an wechselnde Bedingungen ohne den Verlust, ohne die Auflösung seines Zentrums. Durch den mühevollen Pfad, auf dem wir emporklimmen, werden wir auf alle Vorkommnisse in den Universen, mit denen wir in der Zukunft zu tun haben mögen, vorbereitet und das ist ein Ziel, das wohl der Prüfungen wert ist, 'denen wir ausgesetzt sind. Auch müssen wir nicht vergessen, dass wir hier sind, weil wir den Willen gehabt haben, unsere Kraft durch die Erfahrungen des Lebens auf den niederen Ebenen zu entfalten; dass unser Los ein selbst erwähltes ist, nicht ein uns aufgenötigtes; dass wir in der Welt sind infolge unsres *Willens, zu leben*; dass wenn der Wille sich ändern sollte, – wenn er auch in Wirklichkeit nicht so veränderlich ist, – wir aufhören würden, hier zu leben und zu dem Frieden zurückkehren würden – aber ohne die Ernte zu sammeln, um derentwillen wir kamen. – *Kein andres zwingt uns.*

§ 3. Die Macht des Willens

Der Macht des Willens, – die im Okkultismus immer, als die spirituelle Energie im Menschen anerkannt wurde und als der Art nach eins mit der, welche in den Welten hervorbringt, erhält und zurückruft, – dieser Macht sucht man jetzt in der äußeren Welt auf die Spur zu kommen und wird jetzt fast unbewusst von vielen als ein Mittel benutzt, um Erfolge zu erzielen, die auf andere Weise nicht erreicht werden könnten.

Die Schulen der *Christlichen Wissenschaft* (Christian Science), der mentalen Wissenschaft (Mental-Science), der Gedanken-Heilkur (Mind-Cure), usw. sind alle in ihren Erfolgen abhängig von der ausströmenden Macht des Willens; Krankheiten weichen diesem Energiestrom und nicht nur nervöse Störungen, wie manche meinen. Nervöse Störungen weichen am leichtesten, weil das Nervensystem als Ausdrucksmittel für die spirituellen Kräfte auf der physischen Ebene ausgestaltet wurde und als solches zu dienen hat.

Die Erfolge treten am schnellsten ein, wenn zuerst auf das sympathische System eingewirkt wird; denn dies steht am unmittelbarsten mit dem Aspekt des Willens, in der Form des Verlangens, in Zusammenhang, wie das Zerebro-Spinal-System unmittelbar mit dem Aspekt des Erkennens und des reinen Willens verbunden ist.

Die Verteilung eines Geschwülste, eines Krebses, usw. und die Aufhebung ihrer Ursachen, – die Heilung von Verletzungen und Knochenbrüchen setzen bei dem heilenden meistenteils beträchtliche Kenntnisse voraus. Ich sage *meistenteils*, weil es möglich ist, dass der Wille beim Fehlen physischer Kenntnisse, falls es sich um einen Heiler auf einer vorgeschrittenen Stufe der Entwicklung handelt, von der höheren Ebene geleitet wird.

Die Methode des Heilens würde, wenn Kenntnisse vorhanden sind, etwa folgende sein: Der Heiler stellt eine Mentalform her, eine Gedankenform von dem betr. Organ in vollständig gesundem Zustand, er erschafft durch die Fantasie diesen Teil in Mental-Materie; er formt diesen dann in Astral-Materie, verdichtet das Bild also und benutzt dann die Kraft des Lebens-Magnetismus, es in ätherische Materie weiter zu verdichten und in diese Form das noch dichtere gasförmige, flüssige und feste Material hineinzubauen, wobei er brauchbares Material des Körpers benutzt und irgend fehlendes von außen ergänzt. Bei all diesem ist der Wille die leitende Energie und solch eine Behandlung der Materie ist nur eine Frage des Wissens, auf dieser wie auf den höheren Ebenen.

Es sind bei den Kuren nach dieser Methode nicht die Gefahren vorhanden, die bei denen drohen, welche nach einer leichteren und daher verbreiteteren Heilweise durchgeführt werden, – durch die früher erwähnte Einwirkung auf das sympathische System.

Man wird in einigen dieser jetzt verbreiteten Methoden angewiesen, seine Gedanken auf das Sonnengeflecht zu konzentrieren und *unter dessen Herrschaft* (control) zu leben. Das sympathische System beherrscht die Lebensprozesse – die Tätigkeit des Herzens, der Lunge, der Verdauungs-Organe – und das Sonnengeflecht bildet sein wichtigstes Zentrum. Die Herrschaft über diese Lebensprozesse und die Aufgabe der Aufrechterhaltung ist nun, wie schon oben erklärt[90], im Laufe der Entwicklung auf das sympathische System übergegangen,, als das Zerebro-Spinal-System mehr und mehr in den Vordergrund trat.

Die Wiederbelebung der Herrschaft dieses Systems durch den Willen, durch die Methode der Konzentrierung der Gedanken ist daher ein Rückschritt, nicht ein Schritt vorwärts, obgleich sie häufig einen gewissen Grad des Hellsehens herbeiführt. Diese Methode wird, wie gesagt, häufig in Indien befolgt, in dem System, das dort Hatha Yoga genannt wird, der Schüler lernt die Tätigkeit des Herzens, der Lunge und der Verdauungs-Organe zu beherrschen: er kann so das Schlagen des Herzens, die Tätigkeit der Lunge anhalten, kann die peristaltische Bewegung umkehren etc.

Und wenn das erreicht ist, dann entsteht die Frage: *Was haben Sie mit ihrem Erfolg gewonnen? Sie haben ein System, das zum großen Vorteil seines Besitzers im Lauf der Entwicklung automatisch geworden ist, wieder unter die Herrschaft des Willens gebracht, – und haben so einen Schritt in der Entwicklung rückwärts gemacht.* Ein solches Tun muss sich im Lauf der Zeit als ein Fehler erweisen, selbst wenn sich für den Augenblick ein greifbarer Erfolg zeigen sollte.

Ja noch mehr, die Konzentration der Gedanken auf ein Zentrum des sympathischen Systems und vor allem auf das Sonnengeflecht birgt eine ernstliche physische Gefahr, wenn der Schüler nicht unter der physischen Obhut eines Lehrers steht, oder nicht imstande ist, die Belehrungen zu empfangen und durch sein physisches Gehirn hindurch zu bringen, die ihm vielleicht auf einer höheren Ebene gegeben werden. Die Gedanken-

Konzentration auf das Sonnengeflecht kann eine Krankheit von besonders schwer zu behandelndem Charakter hervorrufen. Sie bestellt in einer tiefen Melancholie, die fast unmöglich zu lieben ist, in Anfüllen von schrecklichem Niedergedrücktsein und manchmal in einer Form von Lähmung. Nicht solche Richtung sollte der ernste Schüler befolgen, der die Absicht hat, die Erkenntnis des Selbst zu erlangen.

Wenn diese Erkenntnis auf andere Weise erreicht ist, dann wird der Körper zum Instrument, auf dem das Selbst spielen kann und alles, was inzwischen Not tut, ist, es zu reinigen und zu verfeinern, sodass es in Harmonie mit den höheren Körpern gebracht wird und imstande ist, rhythmisch mit ihnen zu schwingen.

Das Gehirn wird so antwortfälliger gemacht und durch Gedanken-beherrschung und Meditation, – nicht über das Gehirn, sondern über erhabene Dinge, – allmählich verfeinert. Das Gehirn wird ein besseres Organ, wenn es geübt wird und diese Methode liegt in der Richtung der Entwicklung; direkt auf die sympathischen Geflechte zu arbeiten, wirkt jedoch gegen die Entwicklung an.

Manche kommen und bitten um Erlösung von den üblen Folgen dieser Praktiken und man kann nur traurig erwidern: *Das Unglück wieder gut zu machen, braucht es Jahre!* Resultate können durch das Rückwärts-gehen manchmal schnell erreicht werden; aber es ist besser, das Aufwärts-klimmen ins Auge zu fassen und dann das physische Instrument von oben zu benutzen, nicht von unten. –

Es ist noch ein andrer Punkt bei dem Heilen von Krankheiten durch den Willen zu betrachten, – die Gefahr, das Übel in ein höheres Vehikel zu treiben, während man es aus dem physischen Körper entfernt. Eine Krank-heit ist oft das schließlich sich Auswirken eines Übels, das ursprünglich auf den höheren Ebenen existierte und es ist weit besser, es sich ruhig auswirken zu lassen, als ihm mit Gewalt Einhalt zu tun und es auf die feineren Vehikel zurückzudrängen.

Es ist das letzte Wirken eines bösen Verlangens oder eines bösen Denkens und in solchem Fall ist die Benutzung physischer Heilmittel sicherer, als die Anwendung mentaler Kur, denn die ersteren können es nicht auf höhere Ebenen zurückwerfen, während die letztere dazu imstan-de ist; der Heil-Magnetismus läuft nicht diese Gefahr, da er ja zur phy-sischen Ebene gehört. Die andere Methode mag bei denen angewandt werden, deren Leben, Gedanken und Wünsche rein sind. Aber sobald Willenskräfte auf die physische Ebene hinab ausgeströmt werden, dann besteht die Gefahr einer Reaktion, sodass das Übel in die zarteren Vehikel zurückgetrieben wird, von denen es stammt.

Wenn die mentale Heilung durch die Reinigung der Gedanken und Wünsche geschieht und durch das natürliche ruhige Wirken der gereinigten Gedanken und Wünsche auf den physischen Körper, dann kann kein Schaden eintreten; die physische Harmonie wieder herzustellen, indem man das astrale und mentale Vehikel harmonisch macht, das ist eine richtige Methode der mentalen Heilung; aber sie wirkt nicht so schnell, wie die Willens-Heilung und ist viel schwerer.

Reinheit des Geistes bedeutet Gesundheit des Körpers; und dieser Gedanke ist es, – dass, wo der Geist rein ist, der Körper gesund sein muss,. – der viele dazu geführt hat, diese Methoden der mentalen Heilung aufzunehmen. Der, dessen Geist vollkommen rein und ausgeglichen ist, erzeugt keine neue körperliche Krankheit, obgleich er ein noch wirkendes Karma zu erdulden haben mag; oder aber er hat einige der Disharmonien auf sich genommen, die andere verursacht haben. Reinheit und Gesundheit gehen in Wahrheit zusammen.

Wenn sich Heilige finden, wie der Fall vorgekommen ist und noch vorkommt, die physisch leiden, dann ist das die Wirkung noch von schlechten Gedanken in der Vergangenheit oder sie tragen etwas von der Disharmonie der Welt, haben Kräfte der Disharmonie auf sich gezogen, wandeln sie im Innern zu Harmonie um und senden sie wieder aus als Ströme des Friedens und des Wohlwollens.

Es hat viele verwirrt, wenn sie sahen, dass die Größten und Reinsten noch litten, sowohl mental wie physisch. Sie leiden für andere, nicht für sich selbst und sie sind wahre weiße Magier, die durch spirituelle Alchemie im Tiegel ihrer eigenen leidenden Körper das niedrige Metall der menschlichen Leidenschaft in das reine Gold der Liebe und des Friedens verwandeln.

Außer der Frage, wie der Wille auf den Körper wirkt, erhebt sich beim Nachdenken noch eine andere: Ist es recht, den Willen in dieser Weise zu seiner eignen Hilfe zu benutzen? Liegt nicht eine gewisse Herabwürdigung darin, die höchste Macht des Göttlichen in uns im Dienst unsres Körpers zu gebrauchen, nur um einen guten Zustand physischer

Gesundheit zu schaffen? Ist es recht, dass das Göttliche Stein in Brod verwandeln soll und dass wir so derselben Versuchung unterliegen, der Christus widerstand? Die Erzählung mag historisch oder mythisch genommen werden, das bleibt sich gleich; sie enthält jedenfalls eine tiefe Wahrheit und ein Beispiel des Gehorsams gegen ein okkultes Gesetz. Auch bleibt die Antwort dessen, der versucht wurde, wahr: *Der Mensch lebt nicht von Brod allein, sondern von einem jeglichen Wort, das durch den Mund Gottes gehet.*[91]

Diese Ethik scheint auf einer höheren Stufe zu stehen, als die, welche das Göttliche in den Dienst des physischen Körpers zwingt. Eine der Gefahren der Gegenwart ist die, dass man dem Körper zu sehr huldigt, ihn auf ein zu hohes Piedestal stellt, – eine Reaktion gegen übertriebene Askese. Wenn wir den Willen benutzen, um den Körper zu dienen, machen wir den Willen zu seinem Sklaven und die Praxis, fortwährend kleine Schmerzen und geringes Weh dadurch zu heben, dass man will, dass sie fortgehen, untergräbt die höhere Fähigkeit des Ertragens.

Jemand, der so vorgeht, wird leicht erregt bei kleinem physischen Unbehagen, das der Wille nicht beseitigen kann und die höhere Macht des Willens, die den Körper beherrschen kann und ihn in seiner Aufgabe unterstützt, selbst falls diese Aufgabe Leiden wäre, ist unterminiert. – Ein Schwanken, ob wir die Macht des Willens zum besten unseres eigenen Körpers benutzen wollen oder nicht, sollte nicht aus einem Zweifel darüber entstehen, ob der Gedanke selbst richtig ist, ob das Gesetz wirklich existiert, auf das sich solches Vorgehen gründet, sondern aus der Furcht, dass wir der Versuchung erliegen, das, was in die spiruellen Gebiete erbeben sollte, zum Diener des Physischen zu machen, sodass wir Sklaven des Körpers werden und hilflos dastehen, wenn der Körper in der Stunde der Not versagt.

Es ist ein okkultes Gesetz, das jeden Initiierten verpflichtet, keine okkulte Macht zu seiner eigenen Hilfe zu gebrauchen; wenn er es tut, verliert er die Kräfte, anderen zu helfen und es ist nicht der Mühe wert, das Große zum Vorteil des Kleinen zu verwirken. Die Erzählung von der Versuchung Christi, auf die wir schon Bezug genommen haben, hat noch eine weiterreichende Bedeutung, als man meistens denkt. Wenn er seine okkulte Macht, Steine in Brot zu verwandeln, benutzt hätte, um seinen Hunger zu stillen, anstatt in ausdauernder Geduld auf die Nahrung zu warten, die ihm die Leuchtenden brachten, dann würde er später nicht fähig gewesen sein, das mystische Opfer des Kreuzes auf sich zu nehmen. Die höhnischen Worte, die ihm zugerufen wurden, enthalten eine okkulte Wahrheit: *Er hat anderen geholfen und kann sich selbst nicht helfen!*[92] Er konnte nicht die Kraft, mit der er dem Blinden die Augen geöffnet hatte und den Aussätzigen gereinigt, benutzen, um sich eine Qual zu ersparen.

Die, welche sich selbst retten wollen, müssen die göttliche Mission aufgeben, Retter der Welt zu sein. Sie müssen zwischen dem einen und dem anderen wählen, wenn sie sich entwickeln.

Wenn sie dann das Niedere wählen und die großen Kräfte, die sie gewonnen haben, dem Dienst ihrer selbst und ihres Körpers widmen, dann müssen sie die höhere Mission aufgeben, die Kräfte zur Erlösung der Rasse zu benutzen. Es herrscht eine solche immense Tätigkeit des Geistes, des Denkens in jetziger Zeit, dass es um so nötiger ist, diese Kraft auf die höchsten Zwecke hinzulenken.

§ 4. Weiße und schwarze Magie

Magie ist die Benutzung des Willens zur Leitung der Kräfte der äußeren Natur und ist in Wahrheit, wie der Name besagt, die *große Wissenschaft*. Der menschliche Wille als Macht des Göttlichen im Menschen kann sich die niederen Energien unterwerfen und sie beherrschen und so die gewünschten Wirkungen erzielen.

Der Unterschied zwischen weißer und schwarzer Magie liegt in dem Beweggrund, der den Willen bestimmt; wenn der Wille sich darauf richtet, anderen wohl zu tun, ihnen zu helfen und allen zum Segen zu sein, mit denen er zusammenkommt, dann ist er ein weißer Magier und die Wirkungen, die er durch die Ausübung seines geschulten Willens herbeiführt, sind wohltätig und helfen der Menschheit in ihrer Entwicklung.

Er nimmt durch solche Tätigkeit immer mehr zu, erweitert sieb, die Absonderung von seinem Geschlecht wird immer geringer und geringer, und er selbst wird zu einem Mittelpunkt weit wirkender Hilfe. – Wenn jedoch der Wille zum Vorteil des niederen Selbst benutzt, wenn er zu persönlichen Zielen und Zwecken angewandt wird, dann ist der Mensch ein schwarzer Magier, eine Gefahr für seine Rasse und sein Wirken schädigt und verzögert die menschliche Entwicklung. Er zieht sich immer mehr zusammen, verkleinert sich durch sein Tun, trennt sich immer mehr und mehr von seinen Mitmenschen, schließt sich in eine Schale ein, die ihn isoliert und die mit der Ausübung seiner geschulten Kräfte immer stärker und dichter wird. Der Wille des Magiers ist immer stark, aber der Wille des weißen Magiers ist stark in der Kraft des Lebens, ist biegsam wenn nötig, starr wenn nötig, fügt sich immer ein in den großen Willen, dem Gesetz des Weltalls. – Der Wille des schwarzen Magiers hat die Kraft des Eisens, das immer nach dem Pol des persönlichen Interesses zeigt und er kämpft gegen den großen Willen, und muss sich früher oder später an ihm zerschellen.

Es ist diese Gefahr der schwarzen Magie, gegen die der Schüler des Okkultismus durch das Gesetz gehütet wird, das ihm verbietet, seine okkulten Kräfte für sich selbst zu benutzen; denn wenn auch erst dann jemand ein schwarzer Magier ist, wenn er absichtlich seinen persönlichen Willen gegen den großen Willen setzt, so ist es doch gut, den Grundzug der schwarzen Magie zu erkennen, um gleich gegen die ersten Spuren dieses Übels anzugehen.

Grade wie der obenerwähnte Heilige, der die Kräfte der Disharmonie in seinem Innern in harmonische verwandelt, in Wahrheit ein weißer Magier ist, so ist der ein schwarzer Magier, der zu seinem eigenen Vorteil all die Kräfte benutzt, die er durch sein Wissen erlangt hat, sie für seine eigene Sonderheit in Dienst stellt und so durch sein selbstisches An-sich-Raffen die Disharmonie der Welt vergrößert, während er die Harmonie in seinen eigenen Vehikeln zu erhalten strebt.

§ 5. Der Eingang zum Frieden

Wenn das Selbst seinen Vehikeln gegenüber so gelassen geworden ist, dass deren Schwingungen ihn nicht mehr beeinflussen, wenn er sie zu allen Zwecken benutzen kann, wenn sein Schauen vollkommen klar geworden ist, Wenn seine Werkzeuge keinen Widerstand mehr leisten, da das Elementar Leben sie verlassen hat und nur das Leben, das aus ihm selbst fließt, sie beseelt, dann umgibt ihn Frieden und das Ziel des langen Kampfes ist erreicht. Dann erkennt er in seinem Selbst seinen Mittelpunkt und verwechselt sich nicht mehr mit seinen Vehikeln. Sie sind Instrumente, um damit zu arbeiten, Werkzeuge, mit denen er nach seinem Willen verfährt. Er erlebt dann den Frieden des Meisters, des Wesens, das seine

Werkzeuge vollständig bemeistert und deshalb auch Meister ist über Leben und Tod. Der Meister ist imstande, den Tumult der Welt in diese Vehikel aufzunehmen und ihn in Harmonie zu verwandeln; imstande, durch sie die Leiden der anderen zu fühlen, aber keine eigenen Leiden; er steht außerhalb aller Stürme, über allem Ungewitter. Und doch ist er fähig, sich in das Unwetter hinabzubeugen, um andere darüber hinaus zu heben, ohne den Halt seiner eigenen Füße auf dem Felsen des Göttlichen zu verlieren, das er bewusst als sein Selbst erkennt. Solche Wesen sind wahrlich Meister und ihren Frieden mögen die fühlen, wenigstens zu Zeiten, die danach streben, denselben Pfad zu wandeln, wenn sie auch noch nicht denselben Felsen des göttlichen Selbstbewusstseins erreicht haben.

Diese Vereinigung des Sonder-Willens mit dem einen Willen: der Welt helfen, – das ist das Ziel, das würdiger des Strebens ist, als irgendeines, das die Welt bieten kann. Nicht getrennt zu sein von den Menschen, sondern eins mit ihnen; nicht Frieden und Seligkeit allein Zugewinnen, sondern mit dem chinesischen großen Heiligen zu sprechen: *Nicht will ich jemals in den endgültigen Frieden allein eintreten, sondern allezeit und allerorten will ich leiden und kämpfen, bis alle mit mir eintreten.*

Das ist das krönende Ziel der Menschheit. In dem Verhältnis, wie wir in uns in Wirklichkeit erfahren, dass das Leiden und das Kämpfen um so wirksamer ist, je mehr wir nur leiden in den Leiden andrer und nicht für uns selbst, werden wir zum Göttlichen aufsteigen und den Pfad *so scharf wie ein Rasiermesser* wandeln, den die Großen gewandelt sind, und werden finden, dass der Wille, der uns auf diesen Pfad geleitet hat und sich verwirklicht hat durch das Wandeln auf diesem Pfad, stark genug ist, noch weiter zu leiden und zu kämpfen, bis das Leid und der Kampf für alle vorüber ist und alle zusammen in den Frieden eingehen.

Friede allen Wesen!

Fußnoten

1) Aus dem Pranava-vâda, einem noch nicht veröffentlichten Sanskrit-Manuskript.

2) Wer weiter hierin eindringen will, sollte Bhagavân Dâs *Science of Peace* (*Die Wissenschaft des Friedens*) sorgfältig studieren, in welchem die betreffenden metaphysischen Fragen mit seltenem Scharfsinn und Geschick erörtert werden.

3) Macht – Weisheit – Liebe ist eine andere beliebte Ausdrucksweise für diese Dreiheit; aber die lässt die Tätigkeit außer Spiel und gibt die Liebe doppelt, wenn nicht Liebe für gleichbedeutend mit Tätigkeit angenommen wird; denn Liebe ist ihrem Wesen nach tätig. Weisheit und Liebe scheinen mir derselbe Aspekt, dieselbe Ansichtsseite des Bewusstseins zu sein; das, was oben sich als Weisheit manifestiert als die Verwirklichung der Einheit, offenbart sich in den Welten der Form als Liebe, als die Anziehungskraft, die die Einigkeit in der Welt der Sonderformen herbeiführt.

4) Mind ist hier als *denkender Geist*. Anm. des Übers.

5) Emerson.

6) Man muss ja festhalten, dass dies *Auseinanderrücken* nur im Bewusstsein stattfindet. Die abstrakte Idee *Geist* trennt sich von der abstrakten Idee *Materie*. In dem phänomenalen Universum gibt es keinen Geist, der nicht bedingt wäre durch die Materie, kein kleinstes Partikelchen Materie, das nicht beseelt wäre vom Geist. Alle Formen sind bewusst – alle Bewusstseine haben Formen.

7) Chandogyopanishat VI, n, 3.

8) „Licht auf dem Weg". (Anmerkungen zum 2. Abschnitt, 5. Lehre).

9) Römer VIII, 29.

10) Römer VIII, 19.

11) Bhagavad Gita X, 42.

12) Die Geheimlehre I, 696.

13) Tamas, Rajas und Satva, die drei Gunas.

14) Die Geheimlehre I, 105.

15) Tanmâtra, das Maß des *Das*, *Tat*. – *Das* ist der göttliche Geist.

16) Zusammengefaßt ein Tattwa.

17) Siehe u. a. Sir Norman Lockyer in seiner „Inorganic Evolution" 1900. S. 58–59, 81. (d. Übers.)

18) Chit wirkt auf Kriyâ, d. h., die Weisheit wirkt auf die Tätigkeit und es entsteht das Manas, die Intelligenz, der denkende Geist (mind).

19) Ichchhâ.

20) Diese Beziehung ist eine magnetische, aber der Magnetismus ist von feinster Art, Fohat genannt oder Daioiprakriti, *das Licht des Logos*. Er ist von Substanz (of substance) und aus ihm besteht das Wesen des Bewusstseins, das Wesen der Materie, jedoch polarisiert, nicht getrennt.

21) Das Ausdehnen und das Zusammenziehen des Herzens.

22) Hebr. II, 10.

23) Athanasianisches Glaubensbekenntnis.

24) 1. Kor. XV, 28.

25) 1. Kor. XV, 43.

26) Siehe H. P. Blavatsky, Schlüssel zur Theosophie in Bezug auf das Prinzip, wenn es dort auch auf eine niedere Stufe angewandt wird.

27) Okkulter Katechismus, zitiert in der Geheimlehre 1,145.

28) The Pedigree of Man, pag. 11, 12, von Annie Besant.

29) Geheimlehre I, 285.

30) *Im vollsten Sinne* d. h. keine gesonderte Individualität haben; ungetrennt in Wahrheit bleiben sie stets dort oben, immer seheinend in der Flamme.

31) Die Geheimlehre I 267.

32) So schaff ich am sausenden Webstuhl der Zeit
Und wirke der Gottheit lebendiges Kleid.
Goethe, Faust.

33) Diese Zuweisung ist nur ein Versuch. Da die Materie die weibliche Seite darstellt, scheint Sarasvati zu Brahma gehörig, auf die jnânendriyas, und Durgâ auf die karmendriyas hinzudeuten.

34) The Secret Doctrine III S. 444.

35) „The pedigree of Man" pag. 25, 27 etwas abgeändert, da in diesem Buch der Satz sich nur auf die vierte Weltenkette bezieht.

36) Die Bezeichnung Jivâtmâ ist natürlich auch für die Monade selbst anwendbar, wird aber häufiger ihrem Wiederschein beigelegt.

37) Durch die Tanmâtras, die göttlichen Maße.

38) Die Geheimlehre II, 18. 81. 95.

39) Die Übersetzung dieser beschreibenden Bezeichnung mit dem Ausdruck *Götter* hat vielfach Veranlassung dazu gegeben die orientalische Denkart misszuverstehen. Jeder der *33 Crores = 330.000.000) von Göttern* ist nicht ein Gott im okzidentalischen Sinn des Wortes, das gleichbedeutend ist mit dem *universellen Selbst*, und in zweiter Linie mit einem Logos, sondern ein Deva ein *Leuchtender*.

40) Siehe die Entwicklung des Lebens und der Form S. 157. A. Besant, deutsch, M. Altmann, Leipzig. Mk. 3.60

41) Dieser Ausdruck wird für verschiedene Dinge angewandt, aber stets in demselben Sinne, als ein Faden, der getrennte Einzelteile verbindet. Er wir! für das sich wiederverkörpernde Ego gebraucht, als der Faden, durch den viele Einzellelen aneinandergereiht sind; für den zweiten Logos als der Schnur, die durch alle Wesen in seinem Universum hindurchgeht u. s. f. Er bedeutet mehr eine ausgeübte Tätigkeit, eine Funktion, als ein besonderes Wesen oder eine Klasse von Wesen.

42) Es gibt keinen englischen (oder deutschen) Namen für diesen Durchgang; es ist ein Gefäß oder Kanal, der vom Herzen zum dritten Ventrikel verläuft, und wird unter obigem Namen allen Yoga-Schülern bekannt sein. Der primäre Sushumna ist der Rückgrats-Kanal.

43) Siehe „The Pedigree of Man" (der Stammbaum des Menschen) S. 24 v. A. Besant, Theos. Publ. Soc. London W 161. New Bond Street.

44) H. P. Blavatsky lässt ein Wort fallen, eine Andeutung über diese *schlafenden Atome*. Siehe: Die Geheimlenre II, 710.

45) H. P. Blavatsky nennt den permanenten Kern von den niederen zweieinhalb Ebenen *die Lebens-Atome*; sie sagt: *Die Lebens-Atome unseres Lebens-Prinzipes (Prana) gehen niemals ganz verloren, wenn ein Mensch stirbt*, sie werden *vom Vater auf den Sohn übermittelt*. Die Geheimlehre II, 709.

46) Die Geheimlehre I, 243, 244.

47) Siehe das „Denkvermögen; seine Beherrschung, Entwicklung und richtige Anwendung" S. 77–80 von A. Besant.

48) Die Geheimlehie I. 281.

49) Diese Einzelheiten sind einem Vortrag entnommen, den Professor Bose an der Royal Institution am zehnten Mai 1901 gehalten hat, und den erbetitelt: „The Response of Inorganic Matter to Stimulus". („Die Antwort unorganischer Materie auf Reize".)

50) Der Professor hat diesen Vortrag nicht veröffentlicht, aber die Tatsachen finden sich in seinem Buch: „Response in the Living and Non Living". („Das Antworten im Lebenden und im Nicht-Lebenden"). Ich hatte die günstige Gelegenheit, diese Versuche in seinem eigenen Hause zu sehen, wobei ich sie genau beobachten konnte.

51) „Consciousness in Vegetable Matter." („Bewusstsein in Pflanzen-Materie.") Pall Mall Magazine Juni 1902.

52) Die N-Strahlen treten infolge von Schwingungen im Ätherkörper auf, und verursachen Wellen im umgebenden Äther. Chloroform treibt den Ätherkörper aus, und daher hören die Wellen auf. Beim Tode verlässt der Ätherkörper den dichten Leib, und daher sind dann keine Strahlen mehr zu beobachten.

53) Der Ausdruck *Leben* bezeichnet eine Bewusstseins-Einheit, gibt aber nicht näher die Art des so gesonderten Bewusstseins an, noch schließt er notwendigerweise die Anwesenheit eines Jivâtmâ ein. Er bedeutet einen erkennbaren *Tropfen* aus dem Meer des Bewusstseins, ein Atom oder eine Ansammlung von Atomen, die von Bewusstsein beseelt sind und die als Einheit handeln. Ein Atom ist ein *Leben* und sein Bewusstsein ist das des dritten Logos. Eine Mikrobe ist ein *Leben* und dessen Bewusstsein ist das des zweiten

Logos, das, wie schon erwähnt, durch den Planeten-Logos und den Erdgeist angepasst und modifiziert worden ist.

54) Infolge des Tanmätra und des Tattwa dieser Ebene und der sechs Unter-Tanmâtras und Unter-Tattwas.

55) Die Geheimlehre I, S. 577.

56) Ebendaselbst S. 579.

57) Ebendaselbst S. 586.

58) Wie z. B. in Schaf er's „Histology", in Quains Anatomy, 10. Ausgabe. Halliburtons Handbook of Physiology. 1901. Wilsons The Cell in Development and Inheritance. (Auch in deutschen Werken wie Max Verworrn: „Allgemeine Physiologie." Jena 1897. 4. Auflage 1903; Oskar Hertwig: „Die Zelle und die Gewebe" 2 Bde. Jena 1893 und 1898; Valentin Hacker: „Zellen- und Befruchtungslehre" Jena 1898. Der Übersetzer.)

59) Gruppen von Nervenzellen.

60) Nervenfortsätze oder Verlängerungen oder Auswüchse, die aus Zellensubstanz bestehen und in einer Markscheide stecken.

61) Die Geheimlehre I, 285.

62) Bhagavad-Gita XV 7.

63) Bhagavad-Gita XIII 5.

64) Über diese Zustände findet man Weiteres in den von der Verfasserin veröffentlichten Vorträgen über „Theosophie und moderne psychische Forschung".

65) Siehe 9. Kap. §§ 1 und 2 in betreff des Unterschiedes zwischen Bewusstsein und Selbstbewusstsein, und 6. Kap. § 3 in betreff der Erklärung des physischen Bewusstseins, das nicht mit dem Wach-Bewusstsein verwechselt werden darf.

66) Der Leser wird gut tun, sorgfältig C. W. Leadbeaters nützliches Buch über „Träume" zu lesen.

67) The Secret Doctrine III 479, 480.

68) Siehe W. H. Myers. Proceedings of the Society for Psychical Research. London Vol. VI 1889/90. Part XV pag. 188; ferner Pierre Janet „L'automatisrne psychologique" Paris 1889; Prof. Mas Dessoir „Das Doppel-Ich". Karl Siegesmund 1889. S. 25. (Der Uebers,)

69) Zitiert in Prof. James oben erwähntem Buch S. 19. Für *Verstand* (mind) lies *Gehirn*.

70) Zitiert in Prof. James oben erwähntem Buch S. 25.

71) Siehe 7. Kapitel § 1.

72) Siehe 4. Kapitel §4 und §5.

73) Siehe 7. Kapitel § 2.

74) Hier soviel wie ein System, ein Sonnensystem. (Der Uebers.)

75) Chhândogyopanishat VIII, XII, I, 4, 5.

76) Siehe I. Teil 4. Kap. § 3.

77) Siehe I. Th. 9. Kap. § I.

78) Bindopanishat I.

79) Kathopanishat VI 15.

80) Brihadâranyakopanishat IV IV 6.

81) Matth V 29. 30.

82) Licht auf den Weg 4.

83) Bhagavad Gita V 22.

84) Bhagavad Gita II 59.

85) Das Ego richtet seine Aufmerksamkeit während des Schlafes nach innen, solange bis es gelernt hat, seinen Astralkörper selbstständig zu gebrauchen; daher ist seine Herrschaft über ihn nur schwach.

86) Bhagavad-Gita II. 59. (Engl. Ausgabe von A. Besant.)

87) Rom. XIII, 10.

88) I. Joh III, 15.

89) Dies wird erst erreicht, wenn anstatt der nach unten strebenden Elementar-Essenz das Leben des Selbst die Materie seiner Vehikel erfüllt, d. h., wenn das Gesetz des Geistes und des Lebens herrscht und nicht mehr das Gesetz der Sünde und des Todes.

90) Siehe I. Teil. 10. Kap. § 1.

91) Matth. IV. 4.

92) Marc. XV, 31.